EINE KURZE GESCHICHTE DER FOTOGRAFIE

Laurence King Verlag GmbH
Jablonskistraße 27, 10405 Berlin
www.laurencekingverlag.de

Erstmals erschienen bei Laurence King Publishing in Großbritannien 2019

Laurence King Publishing ist ein Imprint von
The Orion Publishing Group Ltd
Carmelite House, 50 Victoria Embankment
London EC4Y 0DZ

Ein Unternehmen von Hachette UK

Gestaltung: John Round Design

Für die deutsche Ausgabe
Übersetzung: Sarah Pasquay, Hildesheim
Lektorat: Redaktionsbüro Korn, hauffe publishing, Dortmund
Satz: Igor Divis, Dortmund
Projektleitung: hauffe publishing, Dortmund

ISBN: 978-3-96244-056-5
3. Auflage 2023
Gedruckt in China bei Asia Pacific Offset Ltd

www.laurenceking.com
www.orionbooks.co.uk

MIX
Paper | Supporting responsible forestry
FSC® C012521
FSC www.fsc.org

S. 10 *Nach dem Bad, Frau ihren Rücken abtrocknend*, Edgar Degas
S. 44 *Der Kuss vor dem Rathaus in Paris* (Ausschnitt), Robert Doisneau
S. 154 *James Dean auf dem Times Square* (Ausschnitt), Dennis Stock
S. 188 *Ceylon*, Anna Atkins und Anne Dixon

EINE KURZE GESCHICHTE DER FOTOGRAFIE

Ein Überblick über die wichtigsten Genres, Werke, Themen und Techniken

Ian Haydn Smith
Aus dem Englischen von Sarah Pasquay

Laurence King Verlag

Inhalt

THEMEN

TECHNIKEN

Einführung

HENRI CARTIER-BRESSON: „ES IST EIN TRUGSCHLUSS, DASS FOTOS MIT DER KAMERA GEMACHT WERDEN ... SIE WERDEN MIT DEM AUGE, DEM HERZEN UND DEM KOPF GEMACHT."

Die Fotografie kann der Welt einen Spiegel vorhalten oder in sie eintauchen und dabei die komplexe Psyche und Gefühlswelt des Menschen erforschen. Sie kann einen flüchtigen Moment festhalten oder den langsamen Lauf der Zeit. In ihrer knapp 200-jährigen Geschichte hat sie sich schneller entwickelt als jede andere Form der bildenden Kunst.

Die ersten Kameras entstanden in der Zeit der Industriellen Revolution. Manche verstanden die Fotografie als ergänzende Kunstform, andere betrachteten sie als Mittel zur Dokumentation des Alltagslebens. Beide Gruppen sahen in ihr eine ernsthafte Disziplin, die Zeit und Aufmerksamkeit erforderte. Dieses frühe Auffächern der fotografischen Herangehensweisen nahm Anfang des 20. Jahrhunderts weiter zu, als verschiedene Kunst- und Designbewegungen die Fotografie für sich entdeckten und sowohl mit der Form als auch mit der Technik experimentierten. Das kommerzielle Potenzial des Mediums wurde zunächst von den Zeitungen, dann von der aufstrebenden Welt der Mode und der Werbung erkannt. Diese unterschiedlichen Bereiche waren häufig miteinander verwoben, da einige Fotografen ihre künstlerischen Arbeiten mit kommerziellen Projekten finanzierten und das Werk mancher kommerzieller Fotografen oder Fotojournalisten als Kunst anerkannt wurde.

Dieses Buch präsentiert eine kurze Geschichte der Fotografie, indem es die bedeutendsten Genres und Stile in der Entwicklung des Mediums vorstellt. Es beleuchtet den technologischen Fortschritt und zeichnet den Weg von der Camera obscura bis zur modernen digitalen Spiegelreflexkamera nach. Und es zeigt beispielhaft 50 bedeutende Werke, vom Piktorialismus über den Fotojournalismus bis hin zur abstrakten Fotografie und der Straight Photography, die die Entwicklung der Fotografie nachhaltig beeinflusst haben. Es ist keine allumfassende Darstellung, aber sie zeigt, wie bedeutend die Fotografie für unser Verständnis der Welt geworden ist.

Genres

ROBERT CAPA: „WENN DEINE BILDER NICHTS TAUGEN, WARST DU NICHT DICHT GENUG DRAN."

Die Geschichte der Fotografie ist von keinem speziellen Stil und keiner bestimmten Bewegung komplett beherrscht worden. In den frühen Jahren gab es eine klare Grenze zwischen jenen, die ihre Umwelt akribisch genau wiedergeben wollten, und jenen, die sich mehr für die ästhetischen Grundsätze der Kunst interessierten. Nachfolgende Bewegungen haben häufig eine dieser Positionen weiter ausgebaut oder die Opposition zu ihnen gesucht. Mit der Veränderung der fotografischen Stilrichtungen verschob sich auch der Fokus vieler Fotografen, die bislang einer bestimmten Bewegung angehört hatten. Deutlich wird das zum Beispiel im Werk von Alfred Stieglitz, der wie Henry Peach Robinson ein Pionier des Piktorialismus war, sich aber später davon distanzierte, um sich stattdessen der Abstraktion und einer modernistischen Art der fotografischen Darstellung zuzuwenden.

Dieser Teil beschäftigt sich nicht nur mit den unterschiedlichen ästhetischen Herangehensweisen in der fotografischen Praxis, sondern widmet sich auch der ideologischen und kommerziellen Entwicklung des Mediums, vom Fotojournalismus über Paparazzi- und Propagandafotografie bis zu Werbe-, Mode- und politischer Fotografie. Er zeichnet Entwicklungen in den Naturwissenschaften nach sowie den Wandel in der Darstellung der Modelle in der Porträtfotografie, angefangen bei den Pionierwerken eines Nadar im späten 19. Jahrhundert bis zum Selfie unserer heutigen Zeit.

Werke

EVE ARNOLD: „ICH HABE VERSUCHT, DIE MENSCHEN, DIE ICH FOTOGRAFIERTE, EINZUBINDEN ... WENN SIE BEREIT WAREN, SICH ZU GEBEN, WAR ICH BEREIT, ZU FOTOGRAFIEREN."

Von den Milliarden Fotos, die seit Nicéphore Niépces Schnappschuss durch das Fenster seines Arbeitszimmers 1826 entstanden sind, gehören viele zu den Meilensteinen in der Entwicklung der Fotografie und stehen beispielhaft für bestimmte fotografische Bewegungen, Stilrichtungen, Zeitalter oder Momente. Die Spanne reicht von innovativen bis zu ikonischen Bildern. Einige, wie Alberto Kordas Porträt von Che Guevara (1960), Robert H. Jacksons *Die Ermordung Lee Harvey Oswalds durch Jack Ruby* (1963) und Richard Drews *Falling Man* (2001) sind Momentaufnahmen. Andere, wie Roger Fentons *Stillleben mit Obst und Dekanter* (1860), Edward Westons *Paprikaschote (Nr. 30)* (1930) und Gregory Crewdsons *Beneath the Roses* (2014) wurden sorgfältig inszeniert. Erklärt wird außerdem die Entwicklung der Porträtfotografie, von Nadars *Selbstporträt* (um 1855) und Julia Margaret Camerons *Beatrice* (1866) bis zu Andy Warhols *Self-Portrait in Drag* (1981) und Rineke Dijkstras *Hilton Head Island, S.C., USA, 24. Juni 1992* (1992) und es wird gezeigt, welche Rolle bestimmte Fotografen in einem kulturellen, sozialen oder politischen Kontext gespielt haben.

Neben der ästhetischen und kulturellen Bedeutung dieser Fotos werden auch die biografischen Hintergründe der Fotografen beleuchtet und die Bedeutung des Einzelnen in der relativ kurzen Geschichte des Mediums hervorgehoben.

Themen

NAN GOLDIN: „EIN FOTO AUFZUNEHMEN BEDEUTET FÜR MICH KEINE LOSLÖSUNG. ES IST EINE ART, JEMANDEN ZU BERÜHREN – ES IST WIE EIN STREICHELN."

Die einzelnen Themen finden sich in der Geschichte der Fotografie oft in verschiedenen Genres wieder. In ihnen werden nicht nur die unterschiedlichen fotografischen Ansätze deutlich, sondern auch die sich im Wandel der Zeiten verändernden Stilrichtungen. Sie helfen uns zu verstehen, wie Innovation und technologischer Fortschritt das Medium vorangebracht haben und wie sich der Umgang mit bestimmten Themen verändert hat. Außerdem dokumentieren sie, wie wir uns selbst sowie die natürliche und urbane Welt um uns herum wahrnehmen.

Techniken

ALFRED STIEGLITZ: „WO LICHT IST, KANN MAN FOTOGRAFIEREN."

Wenn auch die Funktion einer Kamera gleich geblieben ist, so liegt doch eine tiefe Kluft zwischen der frühen fotografischen Ausrüstung und der technischen Komplexität heutiger Geräte. Dieser Abschnitt zeichnet die Entwicklung der Kamera nach, von den ersten Apparaten und ihren Hauptbestandteilen über zunehmend handlichere Kameras und die raffiniertere Verwendung von Licht bis hin zum Aufkommen einer Technologie, mit der ein Bild nicht nur aufgenommen, sondern nach der Aufnahme auch bis zur Unkenntlichkeit bearbeitet werden kann. Er beleuchtet die Rolle einzelner Fotografen und Techniker bei der Entwicklung bestimmter Elemente, von der Schwarz-Weiß- und Farbfotografie über Verschlussmechanismen bis zum Auftauchen des Speicherchips. Jeder Eintrag zeigt Querverbindungen zu Genres, Schlüsselwerken und Themen auf, die die reiche Geschichte des Mediums veranschaulichen.

Wie man dieses Buch benutzt

Dieses Buch ist in vier Bereiche gegliedert: Genres, Werke, Themen und Techniken. Jeder Teil kann unabhängig von den anderen oder ergänzend zu ihnen gelesen werden. Das Herzstück des Buches – Werke – stellt 50 bedeutende Fotos berühmter Fotografen vor. Hilfreiche Querverweise am Fuß jeder Seite führen den Leser von einem Teil zum anderen. In Infokästen werden wichtige Neuerungen oder Biografien vorgestellt.

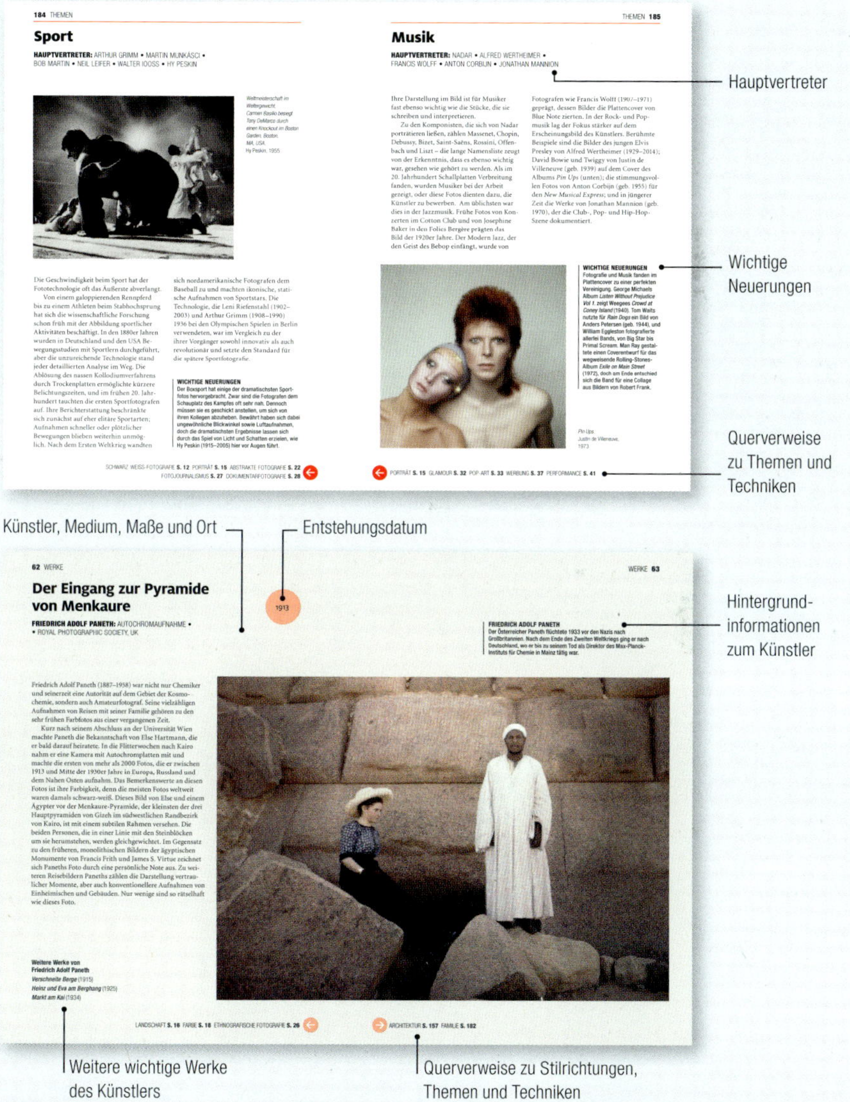

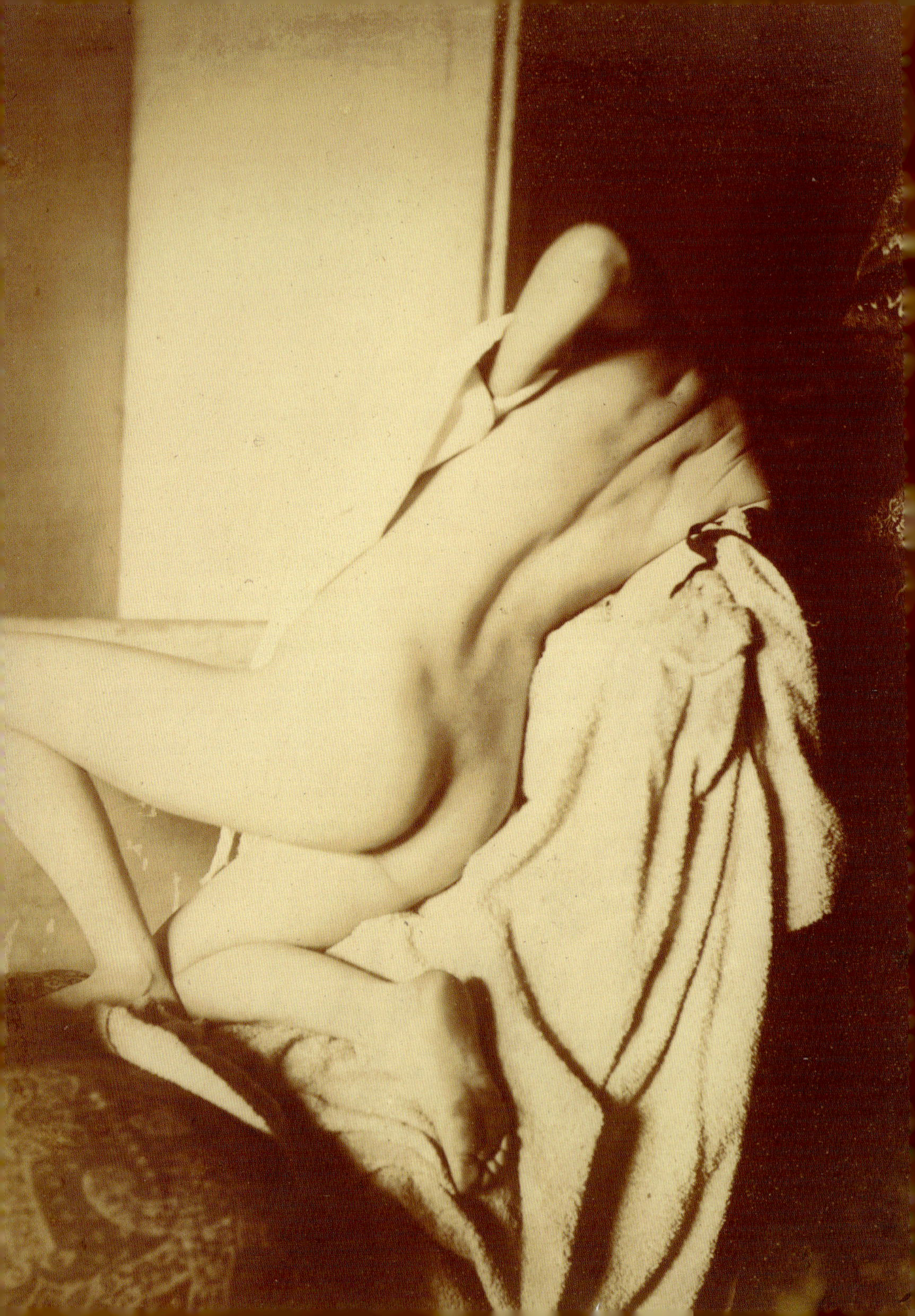

GENRES

Schwarz-Weiß-Fotografie

HAUPTVERTRETER: NICÉPHORE NIÉPCE • ALFRED STIEGLITZ • EDWARD WESTON • DOROTHEA LANGE • WEEGEE • SEBASTIÃO SALGADO

Lange Zeit galt die Schwarz-Weiß-Fotografie mit ihren verschiedenen Grauwerten als einzige ernstzunehmende Form des Mediums; erst in den 1970er Jahren begann die Farbfotografie das Interesse der Kritiker zu wecken.

Dass die frühen Fotos die Welt nur in Schwarz-Weiß-Tönen abbilden konnten, minderte die Faszination des Publikums für das neue Medium keineswegs. Der Tonwert eines Bildes variierte je nach angewandtem Verfahren, von der Daguerreotypie bis zur Kalotypie (siehe Seiten 191 und 192), während das Motiv bei der Cyanotypie blau eingefärbt wurde (siehe Seite 193) und Platindrucke (siehe Seite 197) wie dieses Porträt von Aubrey Beardsley von Frederick H. Evans (1853–1943) durch ihre glänzende Oberfläche hervorstachen. Im frühen 20. Jahrhundert war die Schwarz-Weiß-Fotografie zum Standard geworden, und die zunehmende Verbreitung von Zeitungen sorgte dafür, dass Fotos als glaubwürdige Abbilder der Realität wahrgenommen wurden. Die ernsthafte Fotografie, vom Fotojournalismus über die Dokumentarfotografie bis hin zu Werken mit künstlerischem Anspruch, ignorierte weitestgehend die Entwicklungen im Bereich des Farbfilms. Während Zeitschriften irgendwann begannen, Farbfotos abzudrucken, blieben die „echten" Nachrichten schwarz-weiß. Erst in den 1970er Jahren fand die Farbfotografie mit den Werken von William Eggleston und Joel Meyerowitz (geb. 1938) auch bei der Kritik Anerkennung und wurde als der Schwarz-Weiß-Fotografie ebenbürtige Ausdrucksform akzeptiert.

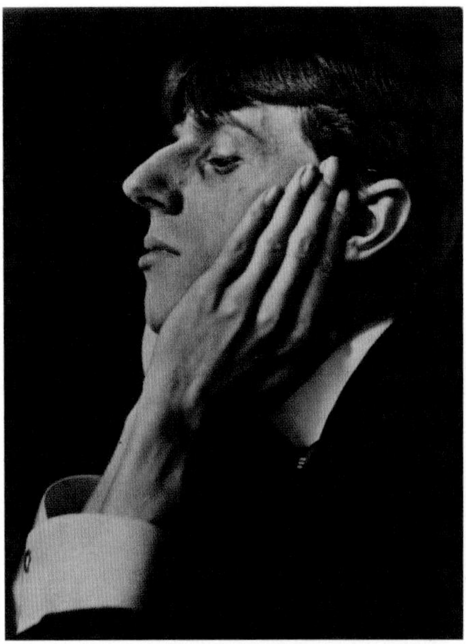

WICHTIGE NEUERUNGEN

Als kleine Variation zum klassischen Schwarz-Weiß-Bild kam im 19. Jahrhundert das Einfärben auf, das für gewöhnlich durch die Verwendung gefärbten Fotopapiers erzielt wurde. Dafür wurde eine einzelne Farbe benutzt, die in den hellen und mittleren Tönen des entwickelten Fotos sichtbar wird. Albuminpapier wurde ab den 1870er Jahren in subtilen Rosa- und Blautönen angeboten; ein Jahrzehnt später waren Gelatinesilberabzüge in lila und rosa Tönen erhältlich.

Aubrey Beardsley, Frederick H. Evans, 1894, Gelatinesilberabzug, 14,9 x 10,8 cm, The J. Paul Getty Museum, Los Angeles, USA

BLICK AUS DEM ARBEITSZIMMER VON LE GRAS **S. 46** DAS ZWISCHENDECK **S. 60** FOTOGRAMM (MOHOLY-NAGY) **S. 84** COP KILLER **S. 86** DER ENTSCHEIDENDE AUGENBLICK **S. 174** DAGUERREOTYPIE **S. 191** KALOTYPIE **S. 192**

Piktorialismus

HAUPTVERTRETER: HENRY PEACH ROBINSON • FRANK MEADOW SUTCLIFFE • ALFRED STIEGLITZ • EDWARD STEICHEN • PAUL STRAND • CLARENCE H. WHITE

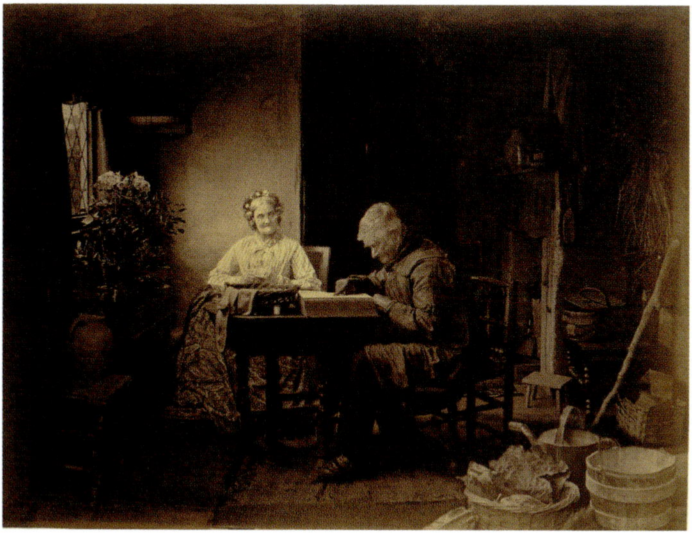

Wenn das Tagwerk getan ist, Henry Peach Robinson, 1877, Albuminsilberabzug, 56 x 74,5 cm, The J. Paul Getty Museum, Los Angeles, USA

Die Piktorialisten kehrten dem dokumentarischen Ansatz den Rücken und strebten nach einer fotografischen Form, die an die ästhetische Qualität der Malerei heranreichte.

Die theoretische Grundlage für diese Bewegung, die zwischen 1880 und 1910 ihre Blüte erlebte, legte Henry Peach Robinson (1830–1901) mit seinem Buch *Pictorial Effect in Photography* (1869). Der Autor vertritt darin die Ansicht, dass ein Fotograf, wenn er auch ein echter Künstler ist, mit seinem Blick auf die Welt die Wahrheit besser abbilden kann als jede dokumentarische Kopie. Zur Verbesserung der künstlerischen Qualität eines Fotos nahm er manipulierende Eingriffe in Kauf. Diese Rebellion gegen das Dogma der meisten Fotografenvereinigungen führte zu einer Reihe von Abspaltungen von Künstler-Fotografen, unter ihnen Robinson, Frank Meadow Sutcliffe, Alfred Stieglitz, Fred Holland Day (1864–1933), Heinrich Kühn (1866–1944), Clarence H. White (1871–1925) und Edward Steichen (1879–1973). Auch frühere Fotografen wie Julia Margaret Cameron hatten sich schon an einer künstlerischen Herangehensweise versucht, aber die Piktorialisten bildeten zusammen mit anderen, neu entstandenen Künstlergruppen die erste zusammenhängende Bewegung, die sich für einen persönlichen Ausdruck in der Fotografie einsetzte.

WICHTIGE NEUERUNGEN

Alfred Stieglitz spielte innerhalb der US-amerikanischen Piktorialisten-Bewegung eine entscheidende Rolle. 1902 gründete er zusammen mit Edward Steichen in New York die Photo-Secession, deren Vordenker er blieb. Später wandte sich Stieglitz wieder von der Bewegung ab.

BEATRICE **S. 56** THE MUDLARKS **S. 58** WETTER **S. 156** SCHÖNHEIT **S. 158** PLATINDRUCK **S. 197**

Straight Photography

HAUPTVERTRETER: ALFRED STIEGLITZ • PAUL STRAND • ANSEL ADAMS • EDWARD WESTON • WILLARD VAN DYKE • IMOGEN CUNNINGHAM

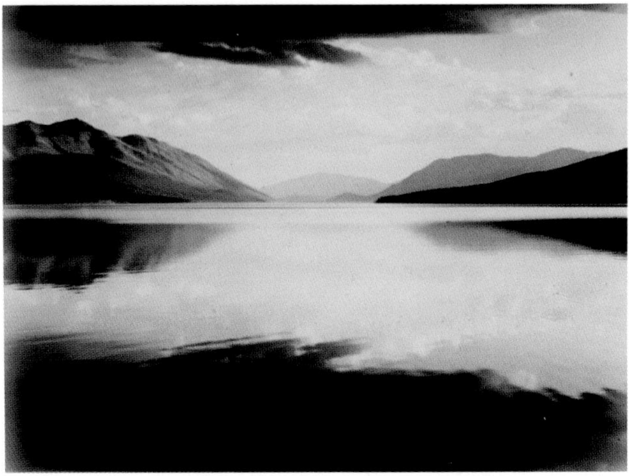

Blick über den See auf die Berge, „Abend, McDonald Lake, Glacier National Park", Montana, Ansel Adams, 1941–1942, National Archives, Washington D.C., USA

Das älteste existierende Foto ist ein Beispiel für die Straight Photography – eine größere Bedeutung erhielt der Begriff erst, als er von einer Gruppe aufgegriffen wurde, die sich gegen den Piktorialismus auflehnte.

Der in Japan geborene und in Deutschland aufgewachsene Kritiker Sadakichi Hartmann prägte den Begriff Straight Photography (auch als Reine Fotografie bekannt). Er selbst war zwar kein praktizierender Fotograf, verhöhnte aber all jene, die dieses Medium der Malerei gleichstellen wollten, anstatt es so zu akzeptieren, wie es ist. Dieser Wandel vollzog sich, als sich der Modernismus in allen Kunstformen durchzusetzen begann. In den USA entwickelte Alfred Stieglitz eine neue, sachliche Ästhetik, die sich der Abstraktion öffnete. Ehemalige Piktorialisten wie Edward Steichen und Paul Strand (1890–1976) folgten seinem Beispiel. Innerhalb weniger Jahre brachte dieser Trend bedeutende Werke wie *Das Zwischendeck* (siehe Seite 96), *Wall Street, New York* (1921) und später *Räder* (1939) von Charles Sheeler (1883–1965) hervor. In Kalifornien war Edward Weston Mitbegründer der Gruppe f/64, die sich für die Straight Photography einsetzte, dabei Großformatkameras verwendete, jede Form der Bildmanipulation ablehnte und detailscharfe Fotos produzierte. Mit seiner Serie über Paprikaschoten huldigte Weston der Schönheit und Reinheit der Form durch Abstraktion (siehe Seite 22).

WICHTIGE NEUERUNGEN

Die Gruppe f/64 war mehr als ein Kollektiv gleichgesinnter Fotografen. Sie wurde in der kleinen Galerie Willard Van Dykes (1906–1986) im kalifornischen Oakland gegründet und brachte mit ihrer modernistischen Ästhetik auch eine politische Haltung zum Ausdruck. Die erste Ausstellung der Gruppe fand am 15. November 1932 statt. Gezeigt wurden Werke der Mitgründer Ansel Adams, Imogen Cunningham (1883–1976), John Paul Edwards (1884–1968), Sonya Noskowiak (1900–1975), Henry Swift (1891–1962), Edward Weston und Van Dyke.

DAS ZWISCHENDECK **S. 60** PAPRIKSCHOTE (NR. 30) **S. 74**
STROMLEITUNGEN IN DER MOJAVE-WÜSTE **S. 90** MODERNE **S. 176**

Porträt

HAUPTVERTRETER: NADAR • CECIL BEATON • YOUSUF KARSH • ARNOLD NEWMAN • EVE ARNOLD

Ein Jahr nachdem Louis Daguerre (1787–1851) das Bild eines Pariser Boulevards aufgenommen hatte, entstanden auch die ersten Porträtfotos, die dem Modell allerdings sehr viel Geduld abverlangten.

Im Oktober 1839 nahm Robert Cornelius (1809–1893) ein Selbstporträt auf. Bald darauf folgte John William Draper (1811–1882) mit einem Porträt seiner Schwester. Für beide Bilder mussten die Porträtierten mehr als eine Minute lang völlig bewegungslos verharren. Die Weiterentwicklung der Linsen und die Verkürzung der Belichtungszeit führten zu einer besseren Qualität der Porträtfotos. Julia Margaret Cameron nahm mit einer Großformatkamera ausdrucksstarke Porträts auf, die auf den Stil der Piktorialisten vorausdeuteten. Zeitgenossen kritisierten sie für ihre technisch unzulänglichen Aufnahmen, die weit hinter denen Nadars zurückblieben. Der Franzose brachte das Potenzial der Porträtfotografie entscheidend voran, indem er seine Modelle nicht die bislang übliche steife Haltung einnehmen ließ, sondern bestimmte Charakterzüge der Porträtierten einfing. Königin Victoria ließ sich regelmäßig fotografieren. Hollywood bediente sich der Fotografie, um Filmstars und ihr vermeintlich glamouröses Leben anzupreisen; außerdem wurde das Medium zum wichtigsten Werkzeug der Modeindustrie. Heute ist die Fotografie aus den sozialen Medien nicht mehr wegzudenken.

WICHTIGE NEUERUNGEN
Dieses Porträt Abraham Lincolns, das Alexander Gardner (1821–1882) 1865 aufnahm, ist nicht das erste Foto eines amtierenden US-Präsidenten, zählt aber sicher zu den ikonischen Aufnahmen. Gardner fotografierte Lincoln bei sieben Gelegenheiten, seine Beerdigung mitgerechnet. Er veröffentlichte auch das zweibändige *Gardner's Photographic Sketch Book of the War* (1866; siehe Seite 52).

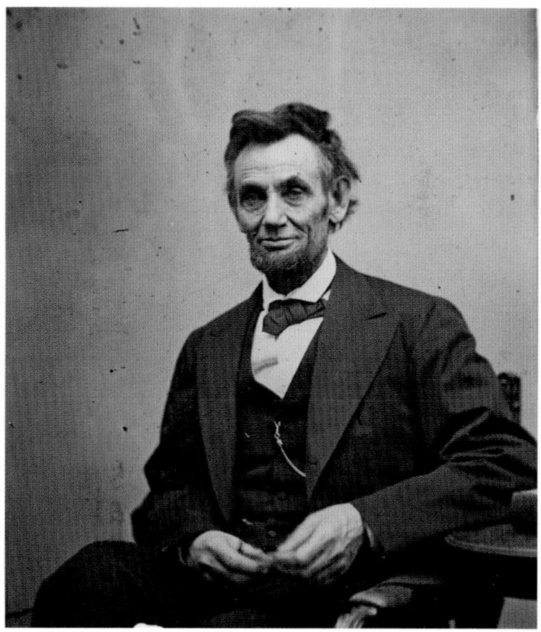

Abraham Lincoln, Dreiviertelporträt, sitzend, seine Brille und einen Stift haltend, Alexander Gardner, 1865, Library of Congress, Washington D.C., USA

BEATRICE **S. 56** PORTRÄT DER MUTTER **S. 68** HEIMATLOSE MUTTER, NIPOMO, KALIFORNIEN **S. 80**
MALCOLM X **S. 106** RUHM **S. 167** MACHT **S. 180**

Landschaft

HAUPTVERTRETER: CARLETON WATKINS • WILLIAM HENRY JACKSON • TIMOTHY H. O'SULLIVAN • EDWARD WESTON • ANSEL ADAMS

Nachdem sich die Landschaftsfotografie zunächst stark an der romantischen Malerei des 19. Jahrhunderts orientiert hatte, erweiterte sie ihren Fokus, um auch das wissenschaftliche Studium von Landschaftsformationen und den Einfluss des Menschen auf seine Umwelt abzubilden.

Sowohl J.M.W. Turner (1775–1851) als auch John Constable (1776–1837) waren in den Kindertagen der Fotografie noch am Leben. Ihre künstlerische Herangehensweise spiegelt sich in den malerischen Techniken früher Landschaftsfotografen wider, die aufbrachen, um in ihren Bildern die Natur einzufangen. Waren die Piktorialisten darauf aus, ihren Werken malerische Qualitäten zu verleihen, so strebten viele amerikanische Dokumentarfotografen ab den 1860er Jahren danach, ein akribisch genaues Abbild der weiten Landschaften ihrer Heimat einzufangen. 1861 fotografierte Carleton Watkins (1829–1916) das Yosemite Valley und setzte damit einen Standard. Während des darauffolgenden Jahrzehnts entstand ein umfangreiches Oeuvre, darunter viele geologische Aufnahmen, die etwa die Werke von William Henry Jackson und Timothy H. O'Sullivan kennzeichnen. Mit ihrem Brückenschlag zur Abstraktion verliehen Alfred Stieglitz und Edward Weston in ihren Fotos den Umrissen und Formen etwas Vieldeutiges und legten zusammen mit den Pionieren des 19. Jahrhunderts den Maßstab für die Landschaftsfotografie fest.

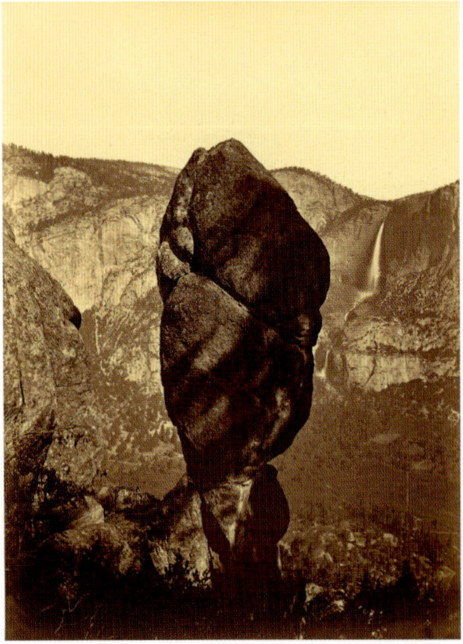

WICHTIGE NEUERUNGEN

Mit seinen Fotos von der Yellowstone-Region wollte William Henry Jackson den US-Kongress davon überzeugen, das Gebiet für zukünftige Generationen zu bewahren – mit Erfolg: 1872 wurde es zum ersten Nationalpark der USA erklärt. Jacksons Arbeit wurde von einer ganzen Reihe nordamerikanischer Fotografen fortgeführt, die sich ebenfalls über den Einfluss des Menschen auf die Umwelt Gedanken machten. 1861 erstellte Carleton Watkins (1829–1916) mit einer riesigen Glasplattenkamera eine breit angelegte Fotodokumentation über das Yosemite-Tal, bei der eindrucksvolle Landschaftsbilder entstanden. Zu den späteren Vertretern des Genres zählen Ansel Adams, Eliot Porter (1901–1990), Philip Hyde (1921–2006), Robert Glenn Ketchum (geb. 1947) und Edward Burtynsky.

Der Agassiz Rock und der Yosemite-Wasserfall vom Union Point aus betrachtet, Carleton Watkins, 1878, 54,4 x 39,2 cm, The J. Paul Getty Museum, Los Angeles, USA

STROMLEITUNGEN IN DER MOJAVE-WÜSTE **S. 90** SALINEN #13 **S. 152**
WETTER **S. 156** NATUR **S. 163** LUFTFOTOGRAFIE **S. 203**

Straßenfotografie

HAUPTVERTRETER: JACOB RIIS • EUGÈNE ATGET • BRASSAÏ • HENRI CARTIER-BRESSON • VIVIAN MAIER • SAUL LEITER • ROBERT FRANK • DIANE ARBUS • MARTIN PARR

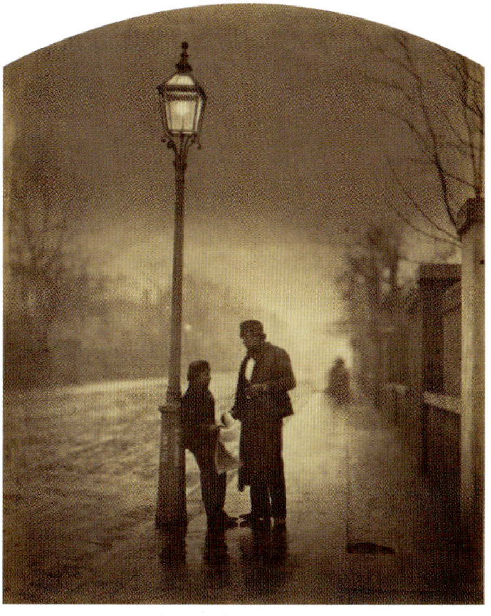

WICHTIGE NEUERUNGEN
Der von Prinz Albert bewunderte Porträtfotograf Camille-Léon-Louis Silvy (1834–1910) war einer der ersten Straßenfotografen. In Paris geboren, hatte er sein Handwerk bei Olympe Aguado (1827–1894), einem Schüler von Gustave Le Gray (1820–1884), gelernt. 1858 zog Silvy nach England und schuf eine Reihe von Bildern, in denen er das Leben auf den Straßen Londons festhielt.

Dämmerung, Camille Silvy, 1859–1860, Albuminsilberabzug, 27,4 x 22 cm, The J. Paul Getty Museum, Los Angeles, USA

Fotografen auf der ganzen Welt nahmen ihre zunehmend handlicheren Kameras mit hinaus auf die Straßen, um das Leben in den Städten einzufangen.

Ende des 19. und Anfang des 20. Jahrhunderts strömten die Menschen scharenweise in die Städte, was den Fotografen die Gelegenheit bot, die Vielgestaltigkeit des menschlichen Treibens festzuhalten. Ein frühes Beispiel ist das Bild *Drei Schornsteinfeger auf dem Quai de Bourbon* (1851) von Charles Nègre (1820–1880), dessen sachliche Herangehensweise auf spätere Arbeiten von Jacob Riis (1849–1914), Eugène Atget (1857–1927), Alice Austen (1866–1952) und Lewis Hine vorausweist. Paris bei Tag und bei Nacht wurde von Brassaï, dann von Henri Cartier-Bresson (1908–2004) und Robert Doisneau eingefangen, dessen humanistische Fotografie nachfolgende Generationen beeinflussen sollte. In New York machte Saul Leiter (1923–2013) subtilen Gebrauch von der Farbe, indem er häufig durch Glasscheiben fotografierte oder verschwommene Objekte in den Vordergrund platzierte. In seinem Buch *The Americans* (1958) präsentierte Robert Frank einen persönlicheren Blick auf die Welt und leitete damit einen Wandel in der Straßenfotografie ein. Im Jahr darauf begann Shigeichi Nagano (geb. 1925) den sozialen und infrastrukturellen Wandel Tokios zu dokumentieren. Ihm folgten Gary Winogrand (1928–1984), Diane Arbus (1923–1971) und Martin Parr, die die Grenze zwischen Straßen- und Amateurfotografie verwischten.

DER KUSS VOR DEM RATHAUS IN PARIS **S. 96** PARADE, HOBOKEN, NEW JERSEY **S. 98** NEW BRIGHTON, ENGLAND **S. 126** OVERPASS **S. 146** DER ENTSCHEIDENDE AUGENBLICK **S. 174** ALLTAG **S. 183** SPIEGELREFLEXKAMERA **S. 208**

Farbe

HAUPTVERTRETER: WILLIAM EGGLESTON • MARIE COSINDAS • JOEL MEYEROWITZ • STEVE MCCURRY • MARTIN PARR • ANDRES SERRANO • NOBUYOSHI ARAKI

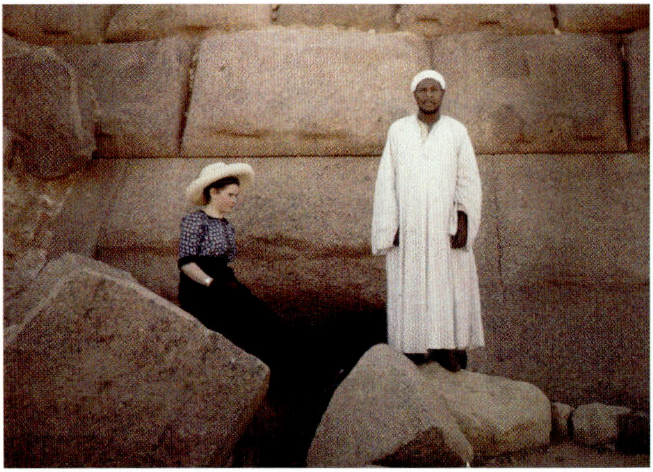

Der Eingang zur Pyramide von Menkaure, Friedrich Adolf Paneth, 1913, Autochromaufnahme, Royal Photographic Society

Die Farbfotografie stand zunächst unter erheblichem Beschuss der Kritiker, die in ihr keinen künstlerischen Wert entdecken konnten, bis es schließlich einer neuen Generation von Fotografen gelang, sie vom Gegenteil zu überzeugen.

Frühe Versuche in der Farbfotografie, wie das *Tartan-Band* von James Clerk Maxwell (1831–1879) oder der *Blick auf Agen, Frankreich* von Louis Arthur Ducos du Hauron (1837–1920) im Jahr 1877, waren rudimentäre Experimente. Das Autochrom- und das Kodachromeverfahren schöpften das Potenzial des Farbfilms voll aus, doch die meisten Kritiker und Fotografen verweigerten sich der Innovation und meinten, sie lenke nur von der Bildkomposition und der Lichtführung ab. Einige sahen in ihr nichts weiter als eine Spielerei, die sich mehr für Touristen denn für Fotografen anbot. Ferenc Berko (1916–2000) war da anderer Ansicht und setzte die Farbe in seinen Aufnahmen von New York in den 1950er Jahren auf ausdrucksstarke Weise ein. Die Werke von Marie Cosindas (1925–2017), Joel Meyerowitz und William Eggleston führten schließlich einen Meinungswandel unter den Kritikern herbei. Heute erfreut sich die Farbfotografie derselben Wertschätzung wie die Schwarz-Weiß-Fotografie.

WICHTIGE NEUERUNGEN

Marie Cosindas zählte 1962 zu den wenigen Auserwählten, die von Edwin H. Land, dem Gründer der Polaroid Corporation, eingeladen wurden, mit der neu entwickelten Sofortbildkamera zu experimentieren. Zuvor hatte Cosindas nur Schwarz-Weiß-Aufnahmen gemacht. Mit der neuen Technologie erkundete sie das Potenzial der Farbe in der Kunstfotografie. Ihre Einzelausstellung im New Yorker MoMA 1966 war eine der ersten, die Farbfotografien zeigte.

DER EINGANG ZUR PYRAMIDE VON MENKAURE **S. 62** ALGIERS, LOUISIANA **S. 114**
OHNE TITEL #96 **S. 122** CYANOTYPIE **S. 193** KOLORIEREN VON HAND **S. 198** FARBE **S. 199** KODACHROME **S. 207**

Akt

HAUPTVERTRETER: ROBERT DEMACHY • MAN RAY • ANDRÉ KERTÉSZ • ALFRED STIEGLITZ • EDWARD WESTON • RUTH BERNARD • NOBUYOSHI ARAKI

Die von der Malerei inspirierte Aktfotografie umfasst erotische, anatomische und pornografische Aufnahmen sowie das Studium der Körperformen und die Geschlechteridentität.

Die malerischen Qualitäten der Aktfotografie treten nirgends so deutlich zutage wie in der Studienreihe, die Eugène Durieu (1800–1974) 1854 für den Maler Eugène Delacroix (1798–1863) anfertigte, oder in dem an Degas erinnernden Foto *Académie* (1900) von Robert Demachy (1859–1936), dessen junge Modelle mit ihrem scheinbar desinteressierten Ausdruck die Neugier des Betrachters gleichermaßen abstoßen und anziehen. Die „Orpheus"-Serie (1907), in der Frederick Holland Day (1864–1933) klassische Figuren heraufbeschwor, war der Inbegriff des Piktorialismus und stand in starkem Kontrast zu den im frühen 20. Jahrhundert entstehenden Stilrichtungen, die der Aktfotografie eine völlig andere Qualität verliehen. Man Ray (siehe Seite 66) und André Kertész nahmen ihre Modelle durch das Prisma des Surrealismus auf, was Bill Brandt (1904–1983) in seiner Serie „Perspective of Nudes" (1961) fortführte. In den USA machten Alfred Stieglitz und Edward Weston in ihren Formstudien von der Abstraktion Gebrauch. Als eine der wenigen Frauen ist Ruth Bernard (1905–2006) für ihre Aktstudien bekannt, in denen sie die weiblichen Formen aus einer weniger sexualisierten Perspektive erkundet als die meisten ihrer männlichen Kollegen.

WICHTIGE NEUERUNGEN

Ende des 19. Jahrhunderts hatte sich Edgar Degas (1834–1917) zu einem leidenschaftlichen Verfechter der Fotografie entwickelt. Die meisten seiner Bilder sind am Abend aufgenommen, häufig nach einer Dinnerparty und bei künstlichem Licht, um Atmosphäre zu erzeugen und dem Psychologischen mehr Gewicht zu geben als dem Physischen. Seine Leidenschaft für das Medium mag von kurzer Dauer gewesen sein, aber sie hat die Vergleiche mit seinem Werk in anderen Kunstformen erleichtert.

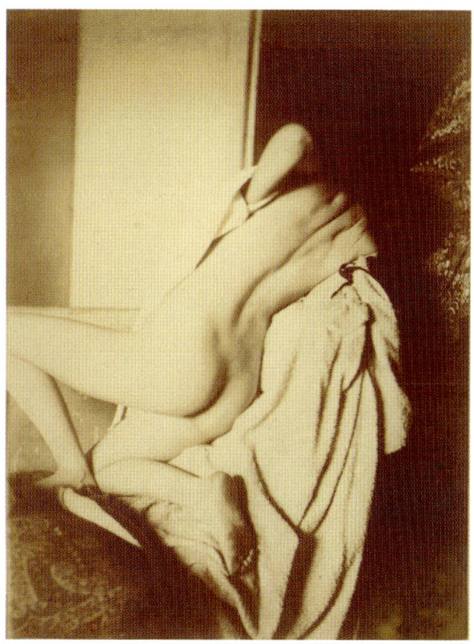

Nach dem Bad, Frau ihren Rücken abtrocknend, Edgar Degas, 1896, Gelatinesilberabzug, 16,5 x 12 cm, The J. Paul Getty Museum, Los Angeles, USA

LE VIOLON D'INGRES **S. 66** LUTZ & ALEX SITZEN IN DEN BÄUMEN **S. 134**
SCHÖNHEIT **S. 158** SURREALES **S. 162** RUHM **S. 167** GENDER **S. 178**

Stillleben

HAUPTVERTRETER: ROGER FENTON • LOUIS DUCOS DU HAURON • JAROMÍR FUNKE • ANDRÉ KERTÉSZ • EDWARD WESTON • ROBERT MAPPLETHORPE

Ein Stillleben war stets mehr als eine bloße Ansammlung von Objekten. Es konnte für Reichtum oder den gesellschaftlichen Status stehen und gleichzeitig technologische Innovationen veranschaulichen sowie veränderte Sichtweisen in Bezug auf Form und Darstellung widerspiegeln.

Der Begriff ist abgeleitet vom holländischen „stil leven", das erstmals um 1650 in einem holländischen Inventar auftaucht. Das Stillleben ist eine visuelle Studie von Alltagsobjekten aus der Natur oder dem häuslichen Bereich. Roger Fenton, der an einem Katalog der Sammlung des British Museum gearbeitet hatte, bewies sein Talent bei der Ausleuchtung und Komposition solcher Arrangements in *Stillleben mit Obst und Dekanter* (siehe Seite 50). Sein Werk ist vergleichbar mit dem der Franzosen Charles Aubry (1811–1877), Adolphe Braun (1812–1877) und Louis Ducos du Hauron. Baron Adolph de Meyer (1868–1946) näherte sich seinen Objekten auf eine eher malerische Weise – etwa in *Glas und Schatten* (1905) –, von der sich neu entstehende Künstlerbewegungen schon bald distanzieren sollten. Modernistische Fotografen erkundeten Formen mit Hilfe der Abstraktion. Beispielhaft für diese Ästhetik sind die Werke von Jaromír Funke (1896–1945), etwa *Spirale* (1924), während André Kertész mit *Die Gabel* (siehe Seite 70) und Edward Weston mit *Paprikaschote* (Nr. 30) (siehe Seite 74) vertraute Objekte verfremdeten, indem sie sie aus ungewohnten Blickwinkeln aufnahmen.

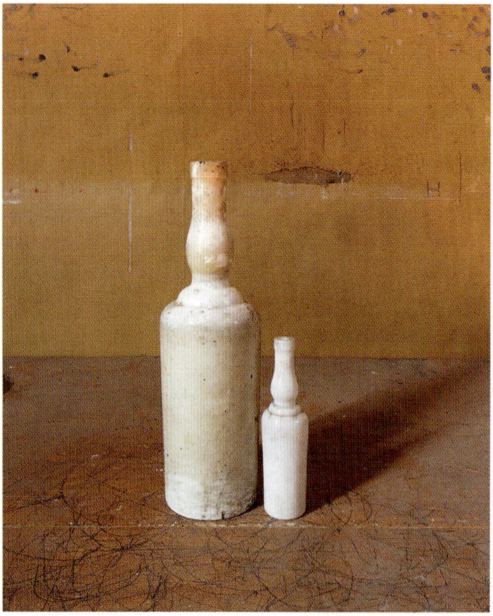

WICHTIGE NEUERUNGEN
Der Pionier der Farbfotografie Joel Meyerowitz fotografierte im ehemaligen Atelier des italienischen Malers Giorgio Morandi (1890–1964) in Bologna und stellte dabei einen faszinierenden Vergleich zwischen der Stilllebenmalerei und -fotografie an. Der Perfektionismus eines Morandi, der monatelang an einem Bild arbeitete, steht dabei den aus Linien, Struktur und Schatten komponierten Bildern von Meyerowitz gegenüber.

Morandis Objekte,
Weiße Flaschen,
Joel Meyerowitz, 2015

DIE GABEL **S. 70** PAPRIKASCHOTE (NR. 30) **S. 74** AMAZON **S. 150** SURREALES **S. 162**
KOMSUMISMUS **S. 169** STRUKTUR **S. 177**

Selbstporträt

HAUPTVERTRETER: NADAR • EL LISSITZKY • CLAUDE CAHUN • ANDY WARHOL • CINDY SHERMAN

Fotografen haben, wie die Maler vor ihnen, Selbstporträts geschaffen. Einige haben dazu beigetragen, die Form zu definieren, bevor das Selfie zu einer Alltagsbeschäftigung wurde.

Die Bandbreite der Selbstporträts reicht von konventionellen Aufnahmen und Schnappschüssen bis hin zu verspielten und provokanten Bildern. Das erste fotografische Porträt, ein Selbstporträt von Robert Cornelius aus dem Jahr 1839, wirkt konventionell im Vergleich zu Werken späterer Fotografen wie El Lissitzky (1890–1941). In dessen Selbstporträt von 1924, einer komplexen Montage verschiedener übereinandergelegter Bilder, spiegelt sich das Ethos der russischen Konstruktivisten wider. Ein Meister des Selbstporträts im 19. Jahrhundert war Nadar. In zahlreichen Bildern von sich selbst posiert er in wechselnder Kleidung vor verschiedenen Hintergründen und trägt dabei die aktuelle Mode zur Schau. Daraus spricht deutlich seine Kunstfertigkeit. Auch Claude Cahun (1894–1954) schlüpfte, häufig unterstützt von ihrer Partnerin und Künstlerkollegin Suzanne Alberte Malherbe alias Marcel Moore (1892–1972), vor der Kamera in verschiedene Rollen. Ihr Ziel war es, Genderkonventionen und -identitäten zu hinterfragen. Einen ähnlichen Ansatz wählte Cindy Sherman (siehe Seite 122), während Andy Warhol das Selbstporträt nutzte, um über zwei Jahrzehnte auszuforschen, welche Rolle er als Star einnahm.

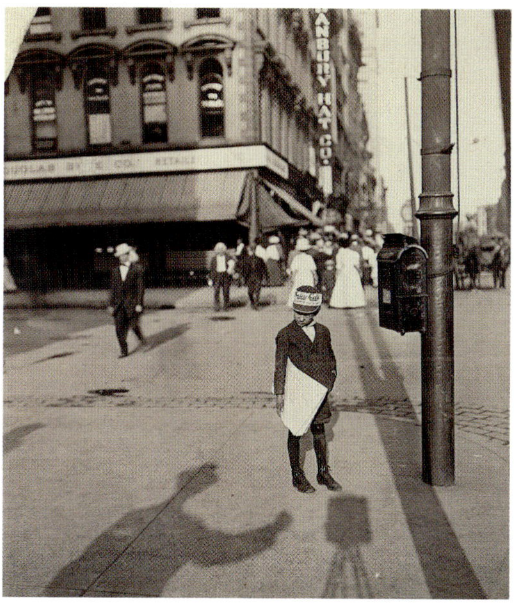

WICHTIGE NEUERUNGEN
Einige Fotografen haben sich in ihren Arbeiten durch eine ausgeklügelte Lichtführung oder mit Hilfe eines Spiegels selbst abgelichtet. Man Ray, Diane Arbus, Nan Goldin, Lee Friedlander (geb. 1934), Eve Arnold und Weegee – sie alle haben sich mittels eines Spiegels in ihre Fotos geschlichen. Andere Fotografen sind als Schatten in ihren Bildern präsent. Der Schatten von Lewis Hine taucht in seinem Foto von einem Zeitungsjungen auf (1908), während sich Claude Monet (1840–1926) nur am unteren Rand seines Fotos *Schatten auf dem Seerosenteich* (1920) verewigte.

Selbstporträt mit Zeitungsjunge, Lewis W. Hine, 1908, Gelatinesilberabzug, 13,8 x 11,8 cm, The J. Paul Getty Museum, Los Angeles, USA

SELBSTPORTRÄT **S. 48** SELF-PORTRAIT IN DRAG **S. 120**
OHNE TITEL #96 **S. 122** SURREALES **S. 162** RUHM **S. 167** GENDER **S. 178**

Abstrakte Fotografie

HAUPTVERTRETER: ALFRED STIEGLITZ • PAUL STRAND • ANDRÉ KERTÉSZ • MAN RAY • LÁSZLÓ MOHOLY-NAGY • EDWARD WESTON • JAN GROOVER

Mit der Entstehung des Modernismus kam auch die abstrakte Fotografie auf, die als Reaktion auf die Piktorialisten die Form über das Figurative stellte.

Die raschen Veränderungen um die Jahrhundertwende brachten eine neu erwachte Wertschätzung der Kunst und ihrer Rolle in der Gesellschaft hervor. Mehrere berühmte Fotografen kehrten Ende des 19. Jahrhunderts dem Realismus den Rücken und wandten sich wieder der Kunst zu. Sie besannen sich auf die Straight Photography, um mit Hilfe der Abstraktion die Form zu erkunden. Frühe Fotomontageexperimente (siehe Seite 212) spielten mit der Form, und in der konventionellen Fotografie fand die Abstraktion in Werken wie *Symmetrische Muster aus natürlichen Formen* (1914) von Erwin Quedenfeldt (1869–1948) und *Wall Street, New York* von Paul Strand Ausdruck. Letzteres wurde in der Ausstellung „Paul Strand, circa 1916" gezeigt, einem Meilenstein der modernistischen Fotografie. So unterschiedliche Künstler wie László Moholy-Nagy, André Kertész, Curtis Moffat (1887–1949) und Man Ray taten es ihnen gleich, während in den USA Alfred Stieglitz über ein Jahrzehnt Wolkenformationen studierte und Edward Weston in seinen Stillleben- und Aktstudien Formen und Struktur erkundete.

WICHTIGE NEUERUNGEN

Ein wichtiges Element im Werk vieler Fotografen, die sich mit der Abstraktion beschäftigten, war die Nebeneinanderstellung verschiedener Objekte. Mit Fotogrammen ließ sich das Abbild einzelner Gegenstände auf lichtempfindlichem Papier effektiv untersuchen. André Kertész' Foto *Mondrians Brille und Pfeife* (1926) wiederum wirkt wie eine Anordnung von Linien, die sich innerhalb der scharf umrissenen Geometrie der Tischecke abzeichnen. Jan Groover (1943–2012) ging in seinem Werk noch weiter, indem er die visuelle Raumwahrnehmung häufig komplett ausblendete, um seinen Objekten innerhalb eines eng gefassten Rahmens Gestalt zu geben.

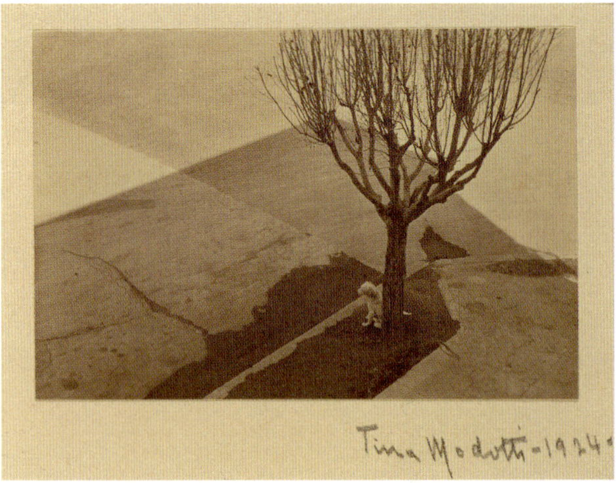

Baum mit Hund, Tina Modotti, 1924, Platindruck, 8,3 x 11,9 cm, The J. Paul Getty Museum, Los Angeles, USA

PAPRIKASCHOTE (NR. 30) **S. 74** FOTOGRAMM (MOHOLY-NAGY) **S. 84**
SURREALES **S. 162** MODERNE **S. 176** CYANOTYPIE **S. 193** FOTOGRAMM **S. 201**

Avantgarde

HAUPTVERTRETER: MAN RAY • LÁSZLÓ MOHOLY-NAGY • ALBERT RENGER-PATZSCH • ALEXANDER RODTSCHENKO • EL LISSITZKY • GUSTAV KLUCIS

In den frühen Jahrzehnten des 20. Jahrhunderts spaltete sich die Fotografie in verschiedene Richtungen auf – sie wurde zu einem Spiegel der politischen und kulturellen Veränderungen in den Künsten und der Gesellschaft im Allgemeinen.

War der Weg der Fotografie im 19. Jahrhundert stets mit Abstand zu den wichtigsten künstlerischen Bewegungen der Zeit verlaufen, so prallten Kunst und Fotografie zu Beginn des 20. Jahrhunderts frontal aufeinander. In der Beschäftigung des Kubismus mit der mechanischen Form deutete sich an, welche Rolle die Fotografie bald innerhalb der Avantgarde spielen sollte, und sowohl die Dadaisten als auch die Surrealisten erkannten das Potenzial des jungen Mediums. In der Weimarer Republik wurde die Fotografie auf Betreiben von László Moholy-Nagy, der mit seinen Fotogrammen und kantigen Landschaftsaufnahmen die kulturelle Landschaft prägte, am Staatlichen Bauhaus als Fach aufgenommen. In der Sowjetunion bildete sie die Vorhut einer Bewegung, die sich für einen radikalen Gesellschaftswandel einsetzte. Alexander Rodtschenko gab die Malerei zugunsten der Fotografie auf und entwickelte einen Stil, der, wie bei Moholy-Nagy, durch schiefe Perspektiven und erhöhte Blickwinkel gekennzeichnet ist. Doch sein Werk, mit dem er die Dynamik des modernen Lebens einfangen wollte, wurde, wie das von El Lissitzky, Gustav Klucis (1895–1938) und Max Penson (1893–1959), vom Stalinregime zu Propagandazwecken missbraucht.

WICHTIGE NEUERUNGEN

Die von László Moholy-Nagy und Sigfried Giedion (1888–1968) kuratierte Ausstellung „Film und Foto" gilt als erste große Präsentation europäischer und amerikanischer Fotografie. Das kultige Plakat zu dem Event wurde von Jan Tschichold (1902–1974) gestaltet, der zum führenden Theoretiker des modernistischen Designs wurde. Sein von einer Ausstellung des Weimarer Bauhauses 1923 inspiriertes Werk übte großen Einfluss auf die Entwicklung der Typografie aus.

Film und Foto
(Internationale Ausstellung des Deutschen Werkbunds, Stuttgart),
Willi Runge, 1929,
Offset-Lithografie, 84 x 58,5 cm,
Museum of Modern Art,
New York, USA

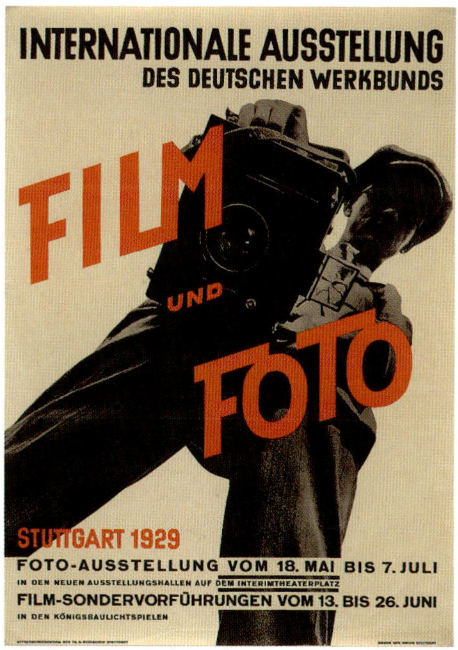

LE VIOLON D'INGRES **S. 66** PORTRÄT DER MUTTER **S. 68**
FOTOGRAMM (MOHOLY-NAGY) **S. 84** SURREALES **S. 162** MODERNE **S. 176** FOTOMONTAGE **S. 212**

Krieg

HAUPTVERTRETER: ROGER FENTON • MATHEW BRADY • TIMOTHY H. O'SULLIVAN • ROBERT CAPA • GERDA TARO • MARGARET BOURKE-WHITE • NICK ÚT • TIM HETHERINGTON

Das Tal der Schatten des Todes, Robert Fenton, 1855, Salzpapierabzug, 27,6 x 34, 9 cm, The J. Paul Getty Museum, Los Angeles, USA

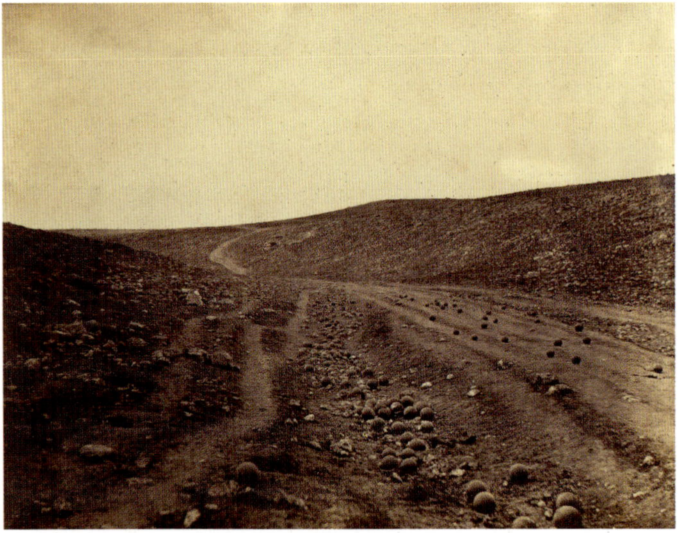

WICHTIGE NEUERUNGEN

Robert Fenton war nur knapp dem Tod durch Kanonenfeuer entronnen, bevor er *Das Tal der Schatten des Todes* (1855) aufnahm. Wenngleich auf dem Foto keine Toten zu sehen sind, ist es doch ein erschreckendes Bild des Krieges. Seine Kraft liegt darin, dass der Betrachter das Grauen, das hier offensichtlich stattgefunden hat, vor seinem inneren Auge selbst heraufbeschwört.

Der Fotojournalismus brachte bewaffnete Konflikte zu den Menschen nach Hause. Zunächst berichtete er nur über Kämpfe und deren Ausgang; später hinterfragte er auch die Gründe dafür, in den Krieg zu ziehen.

Die erste große Kriegsberichterstattung fand während des Krimkriegs statt: Roger Fenton bewies sich als einer der fähigsten Fotografen auf dem Gebiet. Doch wegen der langen Belichtungszeiten musste er sich auf die Abbildung der vom Kampf gezeichneten Schlachtfelder beschränken. Mathew Brady (1822–1896) und sein Team, insbesondere Timothy H. O'Sullivan, konzentrierten sich während des Amerikanischen Bürgerkriegs stärker auf die menschlichen Verluste (siehe Seite 52) sowie auf hochrangige Militärs und Politiker auf beiden Seiten. Der technologische Fortschritt ermöglichte im Ersten Weltkrieg Luftaufnahmen von Kriegsschauplätzen sowie eine größere Präsenz von Fotografen in den Schützengräben, wo eindrucksvolle Bilder von den grausamen Umständen des Soldatendaseins entstanden. Wenngleich die Berichterstattung im Zweiten Weltkrieg im Großen und Ganzen den traditionellen Gepflogenheiten folgte und den Kampf für das Gute herausstellte, so hatte die Herangehensweise der Fotojournalisten während des Spanischen Bürgerkriegs doch einen Wandel erfahren: von der bloßen Dokumentation hin zum Hinterfragen der Gründe. Im späteren 20. Jahrhundert verstärkte sich diese Tendenz weiter, insbesondere während des Vietnamkriegs (siehe Seite 116).

ERNTE DES TODES **S. 52** LANDUNG DER ALLIIERTEN AM OMAHA BEACH **S. 92**
PHAN THỊ KIM PHÚC **S. 116** POLITIK **S. 172** MACHT **S. 180**

Propaganda

HAUPTVERTRETER: ALEXANDER RODTSCHENKO • EL LISSITZKY • HEINRICH HOFFMANN • HUGO JAEGER • ALBERTO KORDA • NICK ÚT

Abgeleitet von der Bezeichnung für eine im 17. Jahrhundert vom Vatikan ins Leben gerufene Missionsgesellschaft, die dem katholischen Glauben zu weiterer Verbreitung verhelfen sollte, erhielt das Wort „Propaganda" in den 1790er Jahren seine moderne, säkulare Bedeutung. Erst 1914 wurde der Begriff auf die Fotografie angewandt.

Im Ersten Weltkrieg ergriffen die Regierungen erstmals breit angelegte Propagandamaßnahmen. Die Fotografie wurde bei der Manipulation der Massen zu einem wesentlichen Instrument. In den 1920er Jahren war sie – wie das Stalinregime belegt – zu einem ausgeklügelten Werkzeug avanciert. Die russische Avantgarde hatte sich zunächst einer Revolution verschrieben, die das Ende der Feudalordnung im Land versprach, doch in den Jahren nach Lenins Tod 1924 wurde die Fotografie zunehmend Teil einer brutalen Methode der Gewaltherrschaft. Da sie sich als äußerst effektives Propagandainstrument erwies, wurde diese Methode in den 1930ern von den Nazis übernommen. Zur selben Zeit erkannte die Farm Security Administration in den USA die Notwendigkeit, auf die Notlage der Landbevölkerung aufmerksam zu machen, um Präsident Franklin D. Roosevelts Pläne für nationale Hilfsmaßnahmen voranzutreiben. Die Bilder von Walker Evans, Dorothea Lange, Gordon Parks (1912–2006) und ihren Kollegen leisteten dazu einen maßgeblichen Beitrag (siehe Seiten 80–83). Im Zweiten Weltkrieg spielten Fotografie und Film eine Schlüsselrolle bei der Propaganda.

WICHTIGE NEUERUNGEN

Dieses Foto eines Soldaten auf dem Berliner Reichstagsgebäude von Jewgeni Chaldej (1917–1997) entstand wenige Tage nach der Kapitulation der Stadt im Jahr 1945. Die Flagge war aus mehreren Stoffstücken zusammengenäht. Der Rauch im Hintergrund wurde durch Effekte verstärkt, und ein oder zwei vermutlich aus Plünderungen stammende Uhren am Handgelenk des Soldaten wurden wegretuschiert.

Rote Flagge auf dem Reichstag, Berlin, Jewgeni Chaldej, 1945

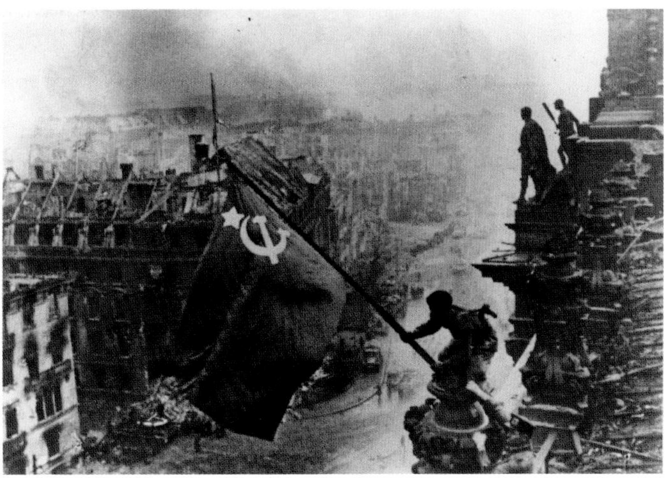

HEIMATLOSE MUTTER, NIPOMO, KALIFORNIEN **S. 80** LANDUNG DER ALLIIERTEN AM OMAHA BEACH **S. 92** CHE GUEVARA **S. 104** IKONEN **S. 166** MACHT **S. 180** FOTOMONTAGE **S. 212**

Ethnografische Fotografie

HAUPTVERTRETER: LOUIS-AUGUSTE BISSON • WILLIAM HENRY JACKSON • FRANK MEADOW SUTCLIFFE • EDWARD S. CURTIS • DORIS ULMANN

Ethnische Minderheiten und Randgruppen haben Fotografen seit den frühen Tagen der Daguerreotypie beschäftigt.

Étienne Serres (1786–1868), Professor am Musée d'histoire naturelle in Paris, erkannte als einer der Ersten die Bedeutung der Fotografie für ethnografische Studien. In den frühen 1940er Jahren stellte er ein Team zusammen, das mit dem Medium arbeiten sollte, darunter Louis-Auguste Bisson (1814–1876) und Henri Jacquart (1809–1887). In den folgenden Jahrzehnten gab es eine deutliche Zunahme fotografischer Studien von Menschen rund um die Welt, angefangen bei Frank Meadow Sutcliffes Dokumentation des englischen Küstenlebens bis hin zu den Bildern der ungarischen Volkskultur von Carol Szathmari (1812–1887). Doch nur wenige Studien waren so umfassend und technisch ausgereift wie die *600 Portraits of American Indians* (1877). Um 1900 gab es verschiedene Ansätze zur Darstellung von Volksgruppen. Immer mehr Fotografen verabschiedeten sich von sorgfältig inszenierten Porträts und nahmen ihre Modelle stattdessen in ihrer alltäglichen Umgebung auf. Darstellungen der Arbeiterklasse waren als Gesellschaftsdokumentationen angelegt, und bei ihren Studien von Gemeinschaften rund um die Welt gingen Fotografen immer differenzierter und sensibler vor.

WICHTIGE NEUERUNGEN

William Henry Jackson (1843–1942) hatte knapp ein Jahrzehnt lang Bilder von Indianerstämmen rund um Omaha aufgenommen, die er in dem Band *600 Portraits* zusammenstellte. Sein Werk wurde von Edward S. Curtis (1868–1952) fortgeführt, der die ersten beiden Jahrzehnte des 20. Jahrhunderts damit zubrachte, ein groß angelegtes Werk aus Fotos, Aufzeichnungen und persönlichen Zeugnissen zusammenzutragen, die das Leben der amerikanischen Ureinwohner dokumentierten.

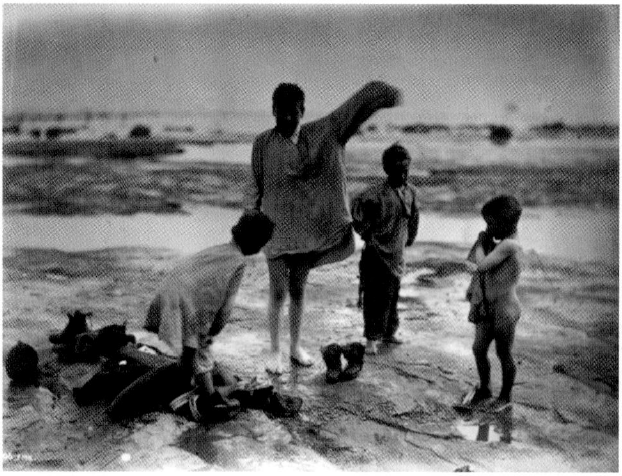

Mudlarks in Whitby,
Frank Meadow Sutcliffe,
um 1880,
Albuminpapierabzug

THE MUDLARKS **S. 58** DAS ZWISCHENDECK **S. 60** HEIMATLOSE MUTTER, NIPOMO, KALIFORNIEN **S. 80** EIN SONNIGER SONNTAGNACHMITTAG, WHITBY, ENGLAND **S. 118** NEW BRIGHTON, ENGLAND **S. 126** RELIGION **S. 160** MENSCHEN **S. 173**

Fotojournalismus

HAUPTVERTRETER: HENRI CARTIER-BRESSON • WEEGEE • ROBERT CAPA • GERDA TARO • MARGARET BOURKE-WHITE • NICK ÚT • RICHARD DREW • TIM HETHERINGTON

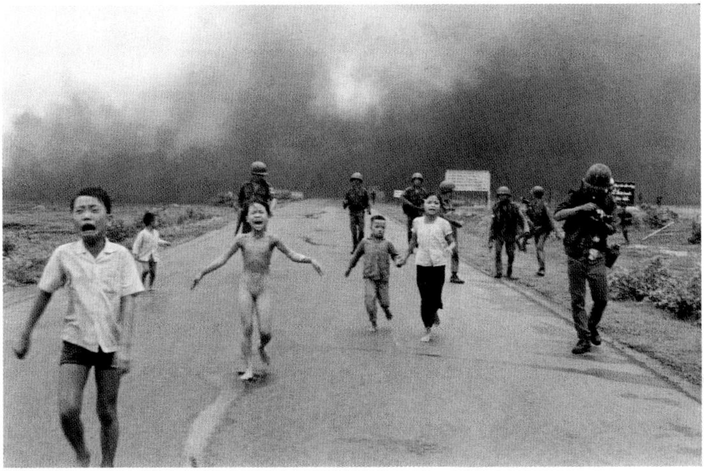

Phan Thị Kim Phúc, Nick Út, 1972, Silberabzug

Von Krieg, Politik und Gesellschaft bis hin zu Sport, Kultur und Unterhaltung begann der Fotojournalismus im Alltag schnell eine wichtige Rolle zu spielen.

Bei der Berichterstattung über den Krimkrieg in *The Illustrated London News* kam der Fotografie in den Massenmedien erstmals eine größere Bedeutung zu. Im folgenden Jahrzehnt enthüllte die Berichterstattung über den Amerikanischen Bürgerkrieg auf beiden Seiten das ganze Potenzial des Mediums. Nachdem die New Yorker Abendzeitung *The Daily Graphic* 1880 erstmals Halbtonbilder abgedruckt hatte, entwickelte sich die Fotografie nach und nach zu einem Hauptprodukt der Nachrichten. Die Entwicklung der Blitzlichtfotografie und die immer handlicheren Kameras steigerten die Möglichkeiten der Berichterstattung, doch aus Kostengründen spielten Holz- und Kupferstiche bis in die 1920er Jahre noch eine ebenso wichtige Rolle. Mit dem Aufkommen des Bildtelegramms 1921 konnten Fotoreporter ihre Bilder schnell an die Zeitung schicken. Das folgende goldene Zeitalter erstreckte sich über drei Jahrzehnte, von den 1930ern bis Ende der 1950er Jahre. In dieser Zeit vollzogen sich außergewöhnliche Entwicklungen im Bereich der fotografischen Darstellung von Sport, Gesellschaft und Verbrechen. Fotojournalisten, die von den Hauptkriegsschauplätzen berichteten, näherten sich den Kampfhandlungen mehr als je zuvor.

WICHTIGE NEUERUNGEN

Von „embedded journalism" spricht man, wenn Reporter und Fotografen im Krieg einer kämpfenden militärischen Einheit zugeordnet werden. Dies wurde erstmals 2003 im Irak praktiziert und wurde danach zum Standard. Es gewährte den Nachrichtenmedien besseren Zugang zum Kriegsgeschehen, rief aber auch die Sorge hervor, dass Journalisten nur das zu sehen bekämen, was das Militär wollte, und außerdem zur Zielscheibe der feindlichen Truppen würden.

→ COP KILLER **S. 86** DIE LEBENDEN TOTEN VON BUCHENWALD **S. 94** PHAN THỊ KIM PHÚC **S. 116** THE FALLING MAN **S. 144** POLITIK **S. 172** DER ENTSCHEIDENDE AUGENBLICK **S. 174** SPIEGELREFLEXKAMERA **S. 208** BLITZLICHTFOTOGRAFIE **S. 210**

Dokumentarfotografie

HAUPTVERTRETER: MATHEW BRADY • JACOB RIIS • IAN BERRY • DON MCCULLIN • ROBERT FRANK • MARY ELLEN MARK • JOSEF KOUDELKA • SEBASTIÃO SALGADO

Von der Ethnografie über den Krieg bis zu gesellschaftlichen Verhältnissen und der Natur – die Dokumentarfotografie ergründet ihre Themen eingehender, als es die täglichen Schlagzeilen je vermögen werden.

Zu den faszinierendsten Bildern, mit denen Fotografen Mitte des 19. Jahrhunderts über den Krimkrieg und den Amerikanischen Bürgerkrieg berichteten, zählen solche wie Mathew Bradys Yorktown Virginia (1862), die weniger durch neue Motive als vielmehr durch ihren dokumentarischen Wert jenseits des Schlachtfelds beeindrucken. Es mag wenig überraschen, dass diese Fotografen später an geologischen und topografischen Studien teilnahmen. Angeregt durch das Werk von Gesellschaftsaktivisten wie Henry Mayhew (1812–1887), dokumentierten Fotografen in der Stadt das Leben der Armen und Besitzlosen. Ihre Werke zielten darauf, Veränderungen herbeizuführen – dieses Ziel verfolgten auch die Fotografen der amerikanischen Farm Security Administration in den 1930er Jahren. Der Aufstieg des McCarthy-Regimes Ende der 1940er Jahre setzte diesen Praktiken ein Ende; in Großbritannien jedoch wurden sie von Ian Berry, Don McCullin (geb. 1935) und Martin Parr fortgeführt. Von Robert Franks *The Americans* bis zu den Zigeunerstudien von Josef Koudelka (geb. 1938) und den epischen Aufnahmen Sebastião Salgados findet sich die Dokumentarfotografie heute in zahlreichen Monografien und Ausstellungen bestens repräsentiert.

WICHTIGE NEUERUNGEN
In den 1970er und 1980er Jahren geriet die traditionelle Dokumentarfotografie unter Beschuss. Fotografen, Kritiker und Akademiker sahen in ihr eine zu simplizistische Darstellung des Lebens mit unzureichend politischem Engagement. Einer der Wortführer dieser Gruppe war der Fotograf und Essayist Allan Sekula (1951–2013). Seine Sammlung „Photography Against the Grain" (1984) zeigt Bilder, die von einer mehr linksorientierten Herangehensweise an die Dokumentarfotografie zeugen.

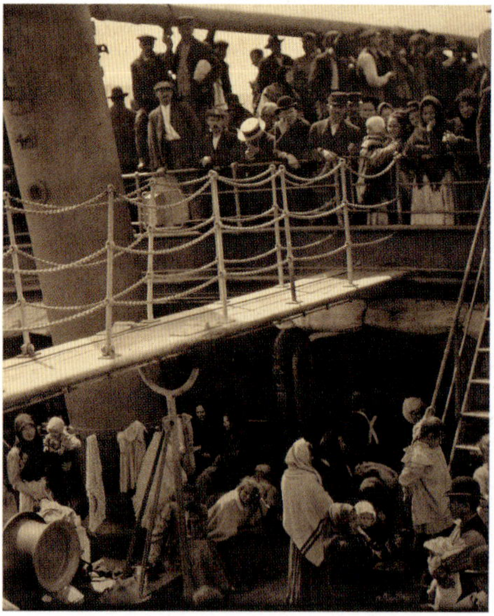

Das Zwischendeck,
Alfred Stieglitz, Fotogravüre,
33,5 x 26,4 cm,
The J. Paul Getty Museum,
Los Angeles, USA

DAS ZWISCHENDECK **S. 60** HEIMATLOSE MUTTER, NIPOMO, KALIFORNIEN **S. 80**
WASCHRAUM IM HAUS DER BURROUGHS, HALE COUNTY, ALABAMA **S. 82** PARADE, HOBOKEN, NEW JERSEY **S. 98**

Humanistische Fotografie

HAUPTVERTRETER: AUGUST SANDER • ANDRÉ KERTÉSZ • BRASSAÏ • HENRI CARTIER-BRESSON • ROBERT DOISNEAU • ELLIOTT ERWITT • W. EUGENE SMITH

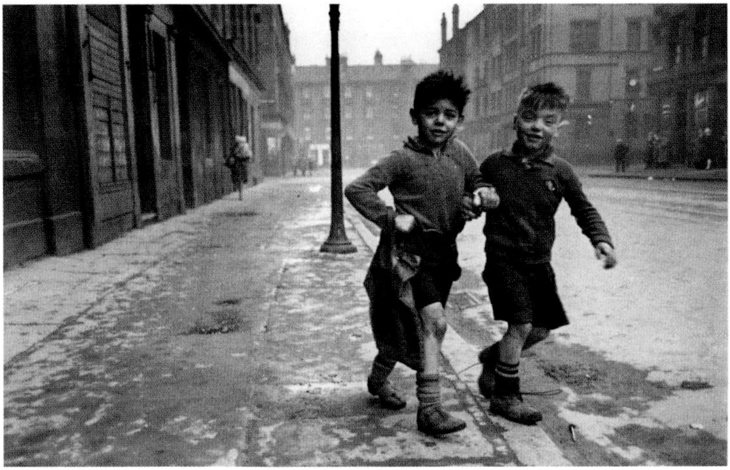

Gorbals Boys, Bert Hardy, 1948

Tendenzen einer humanistischen Gesinnung finden sich zwar auch im Werk früherer Fotografen, doch erst aus den Trümmern der vom Krieg verwüsteten Welt erwuchs der Wunsch, die Lebensbedingungen der Menschen auf mitfühlende Weise darzustellen.

Ihren Ausgang nahm die Bewegung mit dem politischen Linksruck im Frankreich der 1930er Jahre. Später fanden sich die humanistischen Fotografen, die dem immensen Blutzoll des Zweiten Weltkriegs etwas entgegensetzen wollten, zu einer losen Bewegung zusammen: In ihren Bildern hielten sie das alltägliche Leben fest, wie es sich auf den Straßen, in den Cafés und den Bars zwischen gewöhnlichen Menschen abspielte. Und genau dieses scheinbar Gewöhnliche macht die besten dieser Bilder so denkwürdig. Die Fotografen fingen allseits bekannte Gefühle ein, die dennoch etwas ganz Persönliches ihrer Modelle blieben. Solche Aufnahmen finden sich im Werk von André Kertész, August Sander (1876–1964) und Brassaï, doch die führende Figur dieser Bewegung war Henri Cartier-Bresson. Seine Bilder erschienen zunächst in Zeitschriften, fanden dann aber, wie die Aufnahmen vieler seiner Kollegen innerhalb dieser Bewegung, ihren Weg in die Galerien. Dass viele dieser Fotos inszeniert waren, spielte keine Rolle. Wichtig war, dass die Fotografen den „entscheidenden Augenblick" einfingen, wie Cartier-Bresson es genannt hat – den perfekten Schnappschuss eines menschlichen Gefühls oder menschlichen Handelns.

WICHTIGE NEUERUNGEN

1955 stellte Edward Steichen am New Yorker Museum of Modern Art die groß angelegte humanistische Fotoausstellung „The Family of Man" zusammen, in der Werke der wichtigsten Vertreter der humanistischen Fotografie gezeigt wurden. Zu den ausgewählten Fotos gehörten auch drei Bilder von Bert Hardy (1913–1995), darunter *Gorbals Boys* (siehe oben). Die Ausstellung wanderte um die Welt und wurde von knapp neun Millionen Besuchern gesehen.

→ DER KUSS VOR DEM RATHAUS IN PARIS **S. 96** USA, CALIFORNIA KISS, SANTA MONICA **S. 100** LIEBE **S. 159** MENSCHEN **S. 173** DER ENTSCHEIDENDE AUGENBLICK **S. 174** FAMILIE **S. 182** SPIEGELREFLEXKAMERA **S. 208**

Wissenschaftliche Fotografie

HAUPTVERTRETER: JOHN W. DRAPER • ANNA ATKINS • EADWEARD MUYBRIDGE • ÉTIENNE-JULES MAREY • HAROLD EUGENE EDGERTON • WILLIAM ANDERS

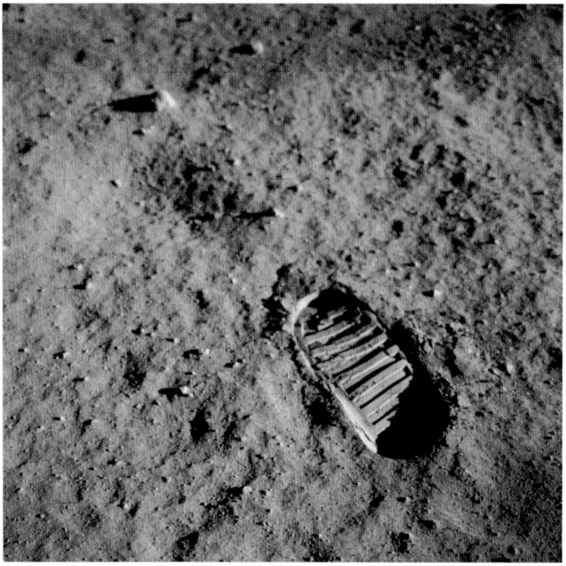

WICHTIGE NEUERUNGEN
Die Fotografie wurde im Bereich der Eugenik und der Kriminalität genutzt. Ersteres war eine Erweiterung der Anthropologie, verbunden mit dem Wunsch einiger Wissenschaftler, alle rassischen Merkmale zu katalogisieren. Einige Wissenschaftler waren zudem überzeugt, dass sich das kriminelle Potenzial eines Menschen an seinem physischen Erscheinungsbild erkennen ließe und die Fotografie ihre Forschungen auf diesem Gebiet voranbringen könnte.

Fußabdruck auf dem Mond,
Buzz Aldrin, 1969,
NASA, USA

Die Fotografie wurde zu einem Werkzeug der Wissenschaft: Sie wurde zu Forschungszwecken und zum Widerlegen von Theorien genutzt.

In den von Anna Atkins (1799–1871) entwickelten botanischen Fotogrammen und dem kurz zuvor von John Herschel (1792–1871) ersonnenen Cyanotypieverfahren deuteten sich bereits die fotografischen Möglichkeiten für die Wissenschaft an, die im Laufe der folgenden 150 Jahre umgesetzt werden sollten. 1895 entdeckte der Physiker Wilhelm Röntgen (1845–1923) beim Experimentieren mit einer Hittorfröhre die Röntgenstrahlen. Schon kurze Zeit später wurden die ersten Krankenhäuser mit Röntgengeräten ausgestattet. Bald darauf entwickelte der amerikanische Physiker Robert W. Wood (1868–1955) die Infrarot- und die Ultraviolettfotografie. Um die gleiche Zeit gaben Bewegungsstudien, mit denen Eadweard Muybridge (1830–1904) und Étienne-Jules Marey (1830–1904) experimentierten, den Startschuss für Forschungen, die es Harold Eugene Edgerton (1903–1990) im Jahr 1952 ermöglichen sollten, eine Nuklearexplosion weniger als eine Millisekunde nach der Detonation zu fotografieren. Das erste Foto vom Mond war 1840 eine Daguerreotypie von John W. Draper. Kaum mehr als ein Jahrhundert später fotografierte der Astronaut William Anders die Erde während einer Mondumrundung mit einer Hasselblad 500 EL.

FOTOGRAMM (MOHOLY-NAGY) **S. 84** ERDAUFGANG **S. 110** NATUR **S. 163** TECHNOLOGIE **S. 175**
CYANOTYPIE **S. 193** FOTOGRAMM **S. 201** HOCHGESCHWINDIGKEITSFOTOGRAFIE **S. 206**

Kunst

HAUPTVERTRETER: GUSTAVE LE GRAY • JULIA MARGARET CAMERON • OSCAR GUSTAVE REJLANDER • GERTRUDE KÄSEBIER • EDWARD STEICHEN • ALFRED STIEGLITZ

Das Verhältnis der Fotografie zur Kunst reichte vom gegenseitigen Befruchten bis zu offener Feindseligkeit.

Anfangs wurde die Fotografie von vielen Künstlern bereitwillig aufgegriffen. Delacroix, Gustave Courbet (1819–1877), Édouard Manet (1832–1883), Degas (1834–1917), Paul Cézanne (1839–1906) und Paul Gauguin (1848–1903) nutzten das Medium, indem sie entweder selbst fotografierten oder Fotos als Hilfsmittel verwendeten. Der ausgebildete Maler Gustave Le Gray beschäftigte sich eingehend mit der Fotografie und versuchte nicht nur, ihre malerischen Qualitäten auszuschöpfen, sondern experimentierte auch mit der Form. Seine Meereslandschaften, die er im Sommer 1856 und Frühling 1857 an der normannischen Küste aufnahm, zeugen von außergewöhnlichem technischen Können – Le Gray entwickelte häufig einen Abzug aus der Kombination zweier Negative. Julia Margaret Cameron verfügte zwar nicht über Le Grays Perfektionismus, orientierte sich aber stark an der Malerei und wies damit auf den Piktorialismus voraus, der mit den Grundsätzen junger Fotografenvereinigungen wie der Photographic Society of Great Britain brach, die die Fotografie nur als Mittel zur Dokumentation der Wirklichkeit verstanden und nicht als Anhängsel der Malerei.

WICHTIGE NEUERUNGEN
Eine der wichtigsten Fotografenvereinigungen, die die Fotografie zur Kunstform erheben wollten, war die Brotherhood of the Linked Ring. Sie wurde 1892 in London von Henry Peach Robinson, dem Autor von *Pictorial Effect in Photography* (1869), gegründet und zählte auf dem Höhepunkt ihres Erfolgs 74 Mitglieder – gleichgesinnte Fotografen aus ganz Europa. Davon angeregt entstanden in den folgenden zwei Jahrzehnten verstreut über den Kontinent ähnliche Organisationen. In den USA war die American Photo-Secession, die die gleichen Ziele verfolgte, bis 1910 aktiv.

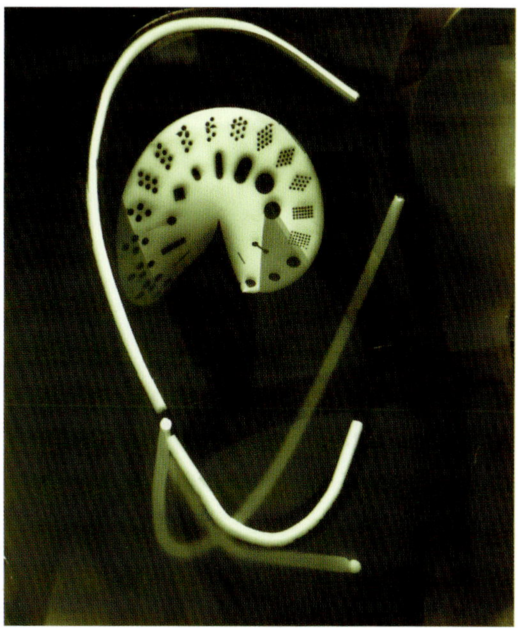

Fotogramm, László Moholy-Nagy, 1939, Gelatinesilberabzug, 49,53 x 40, 32 cm

BEATRICE **S. 56** THE MUDLARKS **S. 58** WETTER **S. 156** SCHÖNHEIT **S. 158** NATUR **S. 163** PLATINDRUCK **S. 197**

Glamour

HAUPTVERTRETER: EDWARD STEICHEN • CECIL BEATON • CLARENCE SINCLAIR BULL • RUTH HARRIET LOUISE • SLIM AARONS • EVE ARNOLD • RICHARD AVEDON • ANNIE LEIBOVITZ

WICHTIGE NEUERUNGEN
Zwischen Nadars Bernhardt-Porträt und Alfred Eisenstaedts Schnappschuss von Marilyn Monroe gibt es gewisse Ähnlichkeiten. Wie Bernhardt stand Monroe auf der Schwelle zum Erfolg. Eisenstaedt (1898–1995), von dem das berühmte Foto eines Matrosen stammt, der am V-J Day auf dem Times Square eine junge Frau küsst, fing die Schönheit, den Sexappeal und die Fröhlichkeit des jungen Stars ein. Doch hinter ihrem Strahlen deutete sich in diesen Bildern auch Monroes geheimnisvoller Nimbus an, der wie bei Bernhardt die Zuschauer faszinierte.

Die Glamourfotografie, die Schönheit, Sex, Sinnlichkeit und Lifestyle abbildete, also Dinge, von denen die meisten Menschen nur träumen konnten, avancierte durch die Printmedien und den Film zu einer regelrechten Industrie.

Nadars Porträt der angehenden Schauspielerin Sarah Bernhardt aus dem Jahr 1864 ist ein frühes, gleichwohl subtiles Beispiel für die fotografische Beschäftigung mit dem Glamour. Durch den Launch der *Vanity Fair* im Jahr 1913 und die wachsende Bedeutung Hollywoods in den folgenden zwei Jahrzehnten erlebte die Glamourfotografie einen kometenhaften Aufstieg (ab Mitte des Jahrhunderts wurde der Begriff „Glamour" auch zur Abgrenzung der Akt- von der pornografischen Fotografie verwendet). Das Publikum wollte Bilder seiner Lieblingsstars sehen, und die Mode- und die Filmwelt versuchten, aus diesem Wunsch Profit zu schlagen. Edward Steichen war ein früher Vorreiter der Hollywoodfotografie. Sein Werk enthält neben persönlicheren abstrakten Bildern auch Porträts von Hollywoodlegenden, darunter die vielsagende Aufnahme von Gloria Swanson (1924). Ihm folgten Clarence Sinclair Bull (1896–1979), Cecil Beaton (1904–1980), George Hurrell (1904–1992) und Ruth Harriet Louise (1903–1940), die erste Frau unter den Hollywoodfotografen. Slim Aarons und Eve Arnold näherten sich dem Hollywoodglamour später auf eher entspannte Art.

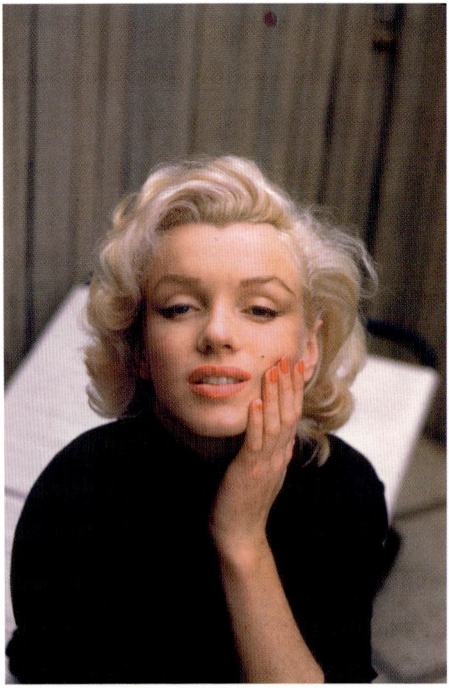

Marilyn Monroe
auf der Terrasse vor ihrem Haus,
Alfred Eisenstaedt, 1953

KÖNIGE VON HOLLYWOOD **S. 102** SCHÖNHEIT **S. 158** IKONEN **S. 166**
RUHM **S. 167** BLITZLICHTFOTOGRAFIE **S. 210** WEICHZEICHNEN **S. 214**

Pop

HAUPTVERTRETER: RICHARD HAMILTON • ROBERT RAUSCHENBERG • ANDY WARHOL • SIGMAR POLKE • PETER BLAKE

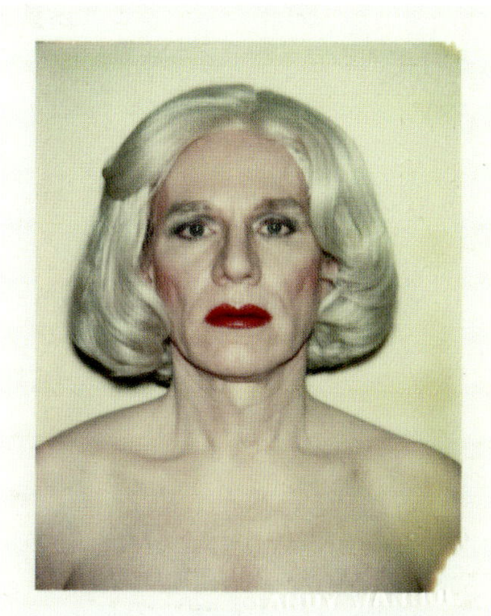

Self-Portrait in Drag (Platinum Pageboy Wig), Andy Warhol, 1981, Polaroid, 10,8 x 8,5 cm, Hamburger Kunsthalle

WICHTIGE NEUERUNGEN

Die Bedeutung der Pop-Art für die Geschichte der Fotografie bestand, wie die der Malerei und anderer Disziplinen, darin, dass sie mit bestehenden Kategorisierungen brach. Werke wie *Mao* (1972), für das Warhol das Coverfoto des Buches *The Thoughts of Chairman Mao Tse-Tung* (1966) zur Grundlage nahm, mögen verspielt wirken. Für die Puristen, die seit dem 19. Jahrhundert darüber debattierten, ob die Fotografie als Kunstform oder als Mittel zur Dokumentation zu verstehen sei, waren sie eine Provokation.

Die Pop-Art nutzte die Fotografie, um mit Hilfe von Fotomontage und Aneignungsstrategien den Fließbandcharakter der modernen Konsumkultur und die verschwimmenden Grenzen zwischen hoher Kunst und Alltagskultur herauszustellen.

Die Pop-Künstler, die sich von der Werbung wie auch von Ideen aus dem Dunstkreis von Marcel Duchamps „Readymades“ inspirieren ließen, verwendeten für ihre Werke vorwiegend bestehende Fotos. Bei seiner Collage *Just What Is It That Makes Today's Homes So Different, So Appealing?* (1956), in der er das Alltagsleben auf den Prüfstand stellte, arbeitete Richard Hamilton (1922–2011) mit Bildern aus amerikanischen Zeitschriften. Hamilton war führendes Mitglied einer Gruppe, die später als Independent Group bekannt wurde, dem britischen Vorläufer der amerikanischen Pop-Art, deren Aushängeschild Andy Warhol war. Warhols Siebdrucke – mit ihrem Schwerpunkt auf populären Ikonen wie Marilyn Monroe und Elvis Presley, Politikern wie Mao und Richard M. Nixon sowie Artefakten wie dem elektrischen Stuhl – veränderten bekannte Bilder auf radikale Weise, in visueller wie in kontextueller Hinsicht. In einer Serie von Selbstporträts machte sich Warhol selbst zum Kunstobjekt. Robert Rauschenberg (1925–2008) ließ in seinen Siebdrucken globale Ereignisse und Alltägliches aufeinanderprallen, während Ed Ruscha (geb. 1937) Fotobücher schuf, die detailliert festhielten, was er bei langen Autofahrten entlang der kalifornischen Straßenränder wahrnahm, darunter zahlreiche Tankstellen.

→ SELF-PORTRAIT IN DRAG **S. 120** IKONEN **S. 166** RUHM **S. 167** KONSUMISMUS **S. 169** ANEIGNUNG **S. 187** FOTOMONTAGE **S. 212**

Gesellschaft

HAUPTVERTRETER: JACOB RIIS • LEWIS HINE • WALKER EVANS • BERENICE ABBOTT • BILL BRANDT • CECIL BEATON • ROBERT FRANK • SEBASTIÃO SALGADO • MARTIN PARR

Von der Straßenfotografie und den überfüllten Bars bis zum Hollywoodglamour und dem urbanen Leben bildet die Fotografie die sich stetig wandelnde Gesellschaft ab.

Knapp ein Jahrhundert lang konzentrierte sich die Fotografie vorwiegend auf die äußeren Ränder des gesellschaftlichen Spektrums. Nadar, Cecil Beaton und Norman Parkinson (1913–1990) widmeten sich den Privilegierten, während Jacob Riis, Walker Evans und Bill Brandt das Leben der Armen und der Arbeiterklasse dokumentierten. Alfred Stieglitz' *Das Zwischendeck* (siehe Seite 60) ist in seiner symbolischen wie tatsächlichen Darstellung der Klassentrennung ein Schlüsselbild des frühen 20. Jahrhunderts. Nach dem Zweiten Weltkrieg gerieten die zuvor weniger beachteten Gruppen stärker in den Fokus. Robert Franks Buch *The Americans* löste einen radikalen Wandel in der fotografischen Darstellung aus, indem es das Missverhältnis zwischen dem Außenbild seiner Wahlheimat und deren tatsächlichem Befinden beleuchtete. Franks Werk inspirierte Bruce Davidson (geb. 1933) in den 1960er und 1970er Jahren zu seinen Bildern von Harlem und dem New Yorker U-Bahn-Netz, Ian Berry zu *The English* und Martin Parr zu einer Serie von Fotoessays, die sich mit der Mittelklasse, dem Massentourismus und dem globalen Konsumverhalten beschäftigte.

WICHTIGE NEUERUNGEN

Frühere Aufnahmen der Arbeiterklasse und in Armut lebender Menschen waren oft auf bestimmte Städte oder Gebiete beschränkt. Jüngere Dokumentarfotografen dagegen nehmen bei ihren Projekten eine globale Perspektive ein. Unter ihnen sticht besonders Sebastião Salgado heraus, dessen *Arbeiter* (1997) einen weit gefassten Überblick über besonders unmenschliche Arbeitsbedingungen weltweit geben.

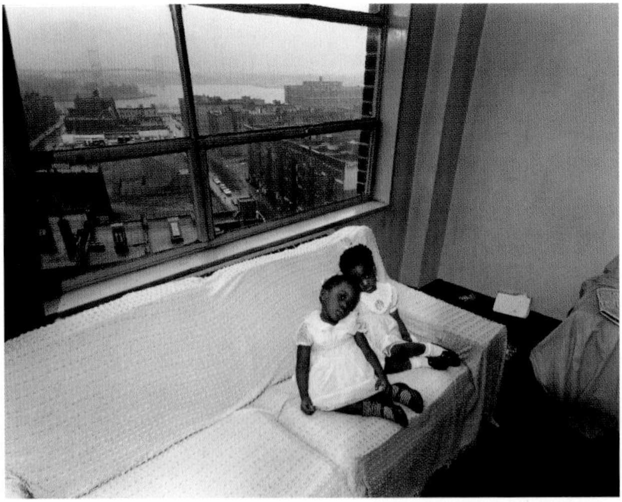

Zwillingsmädchen auf einer Couch, Harlem, New York City, USA, Bruce Davidson, 1966

PARADE, HOBOKEN, NEW JERSEY **S. 98** NEW BRIGHTON, ENGLAND **S. 126** KLASSE **S. 170** ARMUT **S. 171** MENSCHEN **S. 173** DER ENTSCHEIDENDE AUGENBLICK **S. 174** ALTER **S.179** JUGENDKULTUR **S. 186**

Topografie

HAUPTVERTRETER: CHARLES SHEELER • BERND UND HILLA BECHER • ROBERT ADAMS • STEPHEN SHORE • RICHARD LONG • EDWARD BURTYNSKY

Eine Ausstellung im Jahr 1975 definierte eine fotografische Stilrichtung, die sich in den Nachkriegsjahren entwickelt hatte und die Industrialisierung des städtischen und ländlichen Raums schilderte.

Die Ausstellung „New Topographics: Photographs of a Man-Altered Landscape", die 1975 im International Museum of Photography im George Eastman House in Rochester, New York, stattfand, präsentierte die Arbeiten acht junger amerikanischer Fotografen, die sich mit den Folgen menschlichen Handelns für die Landschaft beschäftigten. Ihre Motive reichten von Industriestandorten bis zu wuchernden Vorstädten, und die Bilder legten die Vermutung nahe, dass Landschaft nie „natürlich" gewesen war. Die neuen Topografen, darunter Robert Adams (geb. 1937), Lewis Baltz (1945–2014) und Stephen Shore (geb. 1947) standen diesen Entwicklungen kritisch gegenüber. Die Ausstellung zeigte auch das Schlüsselwerk von Bernd Becher (1931–2007) und seiner Frau Hilla (1934–2015). Die Bechers hatten 1959 begonnen, im industriereichen Ruhrgebiet zu fotografieren. Sie wollten nicht nur die bloße Mechanik einfangen, wie es Charles Sheeler in seinen Bildern von amerikanischen Fabriken getan hatte, sondern wählten einen systematischen Ansatz zum Katalogisieren von Gebäuden. Das Verhältnis von Industrie und Landschaft hat Edward Burtynsky in großformatigen Aufnahmen von Industrielandschaften weltweit näher untersucht (siehe Seite 152).

WICHTIGE NEUERUNGEN
Neben ihrer bahnbrechenden fotografischen Arbeit bauten Bernd und Hilla Becher an der Kunstakademie Düsseldorf den Fachbereich Fotografie auf. Ihr Ansatz wurde unter dem Namen Düsseldorfer Fotoschule bekannt. Zu ihren Schülern zählen Andreas Gursky (siehe Seite 150), Thomas Ruff (geb. 1958), Thomas Struth (siehe Seite 132) und Candida Höfer (geb. 1944).

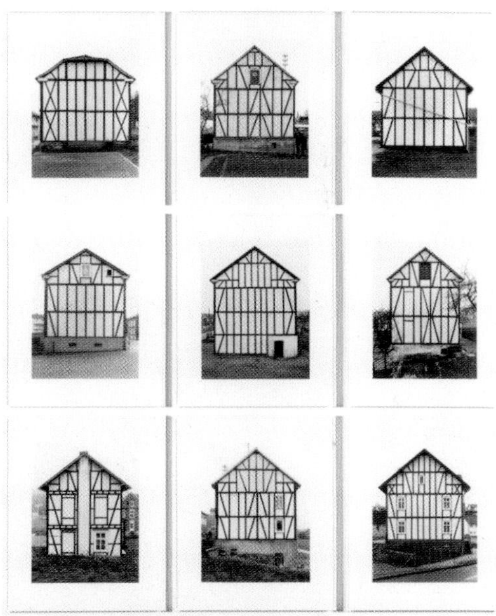

Fachwerkhäuser, Kreis Siegen, Deutschland, 1959–1989, Bernd und Hilla Becher, 1989, neun Schwarz-Weiß-Fotos, Gesamtmaße 173 x 142 cm, BHB-128 (9)

NEW YORK, NIGHT VIEW **S. 78** LOUVRE 1, PARIS, 1989 **S. 132** OVERPASS **S. 146**
SALINEN #13 **S. 152** ARCHITEKTUR **S. 157** STADTANSICHTEN **S. 168** MODERNE **S. 176**

Mode

HAUPTVERTRETER: MAN RAY • GEORGE HOYNINGEN-HUENE • HORST P. HORST • CECIL BEATON • DAVID BAILEY • TERENCE DONOVAN • DIANE ARBUS • BRUCE WEBER

Mit der Verbreitung illustrierter Zeitschriften zu Beginn des 20. Jahrhunderts wuchs der Bedarf an Fotografen, die sich darauf verstanden, die Nuancen der Mode einzufangen.

Harper's Bazaar existierte bereits seit 1867, doch das Aufkommen der Fotografie und die Entwicklung des Halbtondrucks machten die Branche zu einer aufblühenden Industrie. Nachdem Condé Nast 1911 die Vogue übernommen hatte, wuchs die Konkurrenz zwischen den Magazinen. Im selben Jahr beauftragte die französische Zeitschrift *Art et Décoration* Edward Steichen damit, Entwürfe des Avantgarde-Modedesigners Paul Poiret abzulichten. Steichen behauptete, dies seien die ersten Modefotos gewesen, doch ist sein Blick maßgeblich von den Illustrationen Paul Iribes und Georges Lepapes inspiriert. Andere Fotografen folgten Steichens Vorbild, unter ihnen Baron Adolph de Meyer, ein prominenter Piktorialist, der als erster Fotograf eine Festanstellung bei der *Vogue* erhielt. In den 1920er Jahren florierte die Modefotografie, und Fotografen wie George Hoyningen-Huene verließen das Studio, um ihre Modelle im Freien abzulichten. Hoyningen-Huene machte auch den Einsatz männlicher Models populär, unter ihnen Horst P. Horst (1906–1999), der später selbst als Fotograf Berühmtheit erlangte (siehe Bild unten).

WICHTIGE NEUERUNGEN

Während des Zweiten Weltkriegs hatten die Länder unter der Besatzung und extremen Entbehrungen gelitten. Wenngleich die Schwarz-Weiß-Fotografie die „künstlerischste" Ausdrucksform blieb, erkannten die Moderedakteure in der Farbfotografie die Möglichkeit, mit ihren Publikationen neue Trends zu setzen. Exotisches kam in der Wahl der Shooting-Location oder beim Kleiderdesign zum Ausdruck. Diana Vreeland, von 1936 bis 1952 Redakteurin bei *Harper's Bazaar*, spielte hierbei eine Vorreiterrolle; sie prägte die Mode mit ihrer Vision einer veränderten Welt.

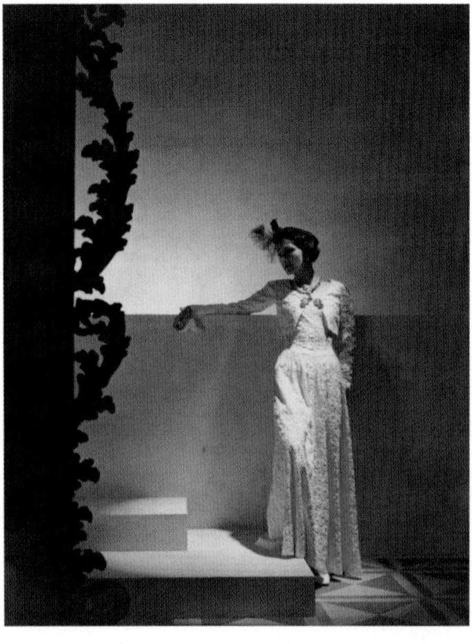

Vogue 1937,
Modedesignerin Coco Chanel,
Horst P. Horst, 1937

DIVERS **S. 72** SCHÖNHEIT **S. 158** RUHM **S. 167** KONSUMISMUS **S. 169**
MODERNE **S. 176** JUGENDKULTUR **S. 186** FARBE **S. 199** KODACHROME **S. 207**

Werbung

HAUPTVERTRETER: EDWARD STEICHEN • ALFRED STIEGLITZ • IRVING PENN • BRUCE WEBER • HELMUT NEWTON • GUY BOURDIN • JUERGEN TELLER

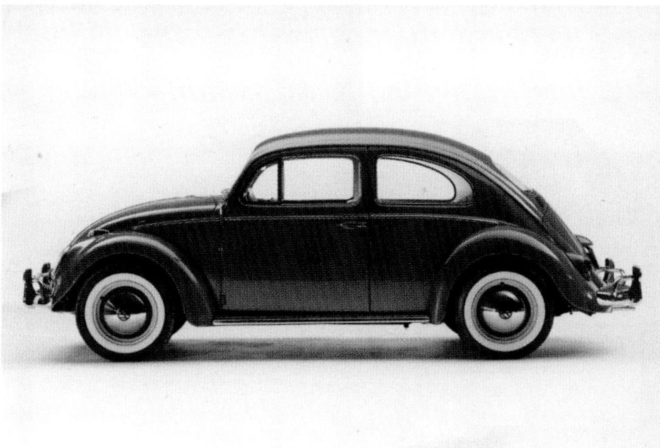

VW Käfer, anonym, um 1961

Gedruckte Reklame gab es seit den 1830er Jahren, doch die Möglichkeiten, die die Fotografie zu Beginn des 20. Jahrhunderts eröffnete, machten diese Form der Werbung zunehmend attraktiver.

Durch die Einführung des Tiefdruckverfahrens, mit dem sich qualitativ höherwertige Bilder produzieren ließen, wurden die Einnahmen durch den Magazin- und Zeitungsverkauf von den Werbeeinnahmen überflügelt. Die Mode spielte dabei die Rolle des Zugpferds. Edward Steichen, der erfolgreichste Modefotograf der 1930er Jahre, erweiterte den Markt mit Kampagnen für andere Produkte, die sich auf seine künstlerische Integrität kaum auswirkten. In seinen Werbefotos für Woodbury Soap 1935 klingen seine abstrakteren Arbeiten an. Eine wunderschöne Blitzlichtaufnahme zeigt eine nackte Frau, die der Kamera den Rücken zuwendet. An ihrem Körper läuft Seifenwasser herunter, während ihr Gesicht verschattet ist und ihre Gliedmaßen eng am Körper liegen. Das Bild verlieh dem Produkt Glamour und Sexappeal. Nach dem Ende des Zweiten Weltkriegs avancierte die Fotowerbung schnell zum Standard. Ihr Gebrauch reichte von ausgeklügelt bis krude; gelockerte Moralvorstellungen sorgten dafür, dass die Darstellung von Sexualität vom schamhaft Suggestiven zum offen Provokativen überging. Die Einbindung von Fotografen, die sich mit ihren Galeriearbeiten einen Namen gemacht hatten, verwischte die Grenzen zwischen Kunst und Kommerz.

WICHTIGE NEUERUNGEN

In den frühen 1960er Jahren wollte VW mit seinem Käfer den US-amerikanischen Markt erobern, doch das Design entsprach ganz und gar nicht dem Stil und Aussehen amerikanischer Autos. Statt die Vorzüge des Wagens zu betonen, entschied Volkswagen sich für eine spielerische, selbstironische Werbekampagne, die hervorragend funktionierte. Indem VW es mit den Giganten der US-Autoindustrie aufnahm, verwies das Unternehmen darauf, wie klein es selbst und ihr Auto waren. Die Kampagne hatte bahnbrechende Wirkung für weitere alternative Werbestrategien.

→ SCHÖNHEIT **S. 158** IKONEN **S. 166** RUHM **S. 167** KONSUMISMUS **S. 169**
MODERNE **S. 176** JUGENDKULTUR **S. 186** ANEIGNUNG **S. 187**

Paparazzi

HAUPTVERTRETER: WEEGEE • MARCELLO GEPPETTI • RINO BARILLARI • RON GALELLA • MEL BOUZAD

Die Bezeichnung stammt ursprünglich aus einem Film und definiert seither eine fotografische Richtung, die es darauf anlegt, Prominente in ihrem privaten Umfeld abzulichten.

In Federico Fellinis gefeiertem Filmporträt der Stadt Rom, *La Dolce Vita* (1960), spielt der Schauspieler Walter Santesso einen aufdringlichen Pressefotografen namens Paparazzo; der Name ist von einem dialektalen italienischen Ausdruck abgeleitet, der ein nerviges Geräusch beschreibt. Zu jener Zeit stellten die realen Pendants des Paparazzo, Marcello Geppetti (1933–1998) und Rino Barillari (geb. 1945), Prominenten nach, die die italienische Hauptstadt besuchten. Dieses Verhalten fand in den meisten europäischen Ländern sowie in Amerika Nachahmer, am ausgeprägtesten jedoch in Großbritannien, wo die Presse für ihr Eindringen in das Leben der Reichen und Berühmten viel Zorn auf sich zog. Zu ihrer Verteidigung haben Paparazzi stets vorgebracht, dass sie nur dem Wunsch der Allgemeinheit nach mehr Informationen nachkämen und Prominente Paparazzi brauchten, um von der Öffentlichkeit wahrgenommen zu werden. Viele Länder haben seither Gesetze zum Schutz der Privatsphäre erlassen, insbesondere unter dem Eindruck medial ausgeschlachteter Ereignisse wie der Verfolgung von Prinzessin Diana durch Paparazzi, sodass manche glauben, sie hätten den Unfall, bei dem Lady Di 1997 starb, mit verursacht.

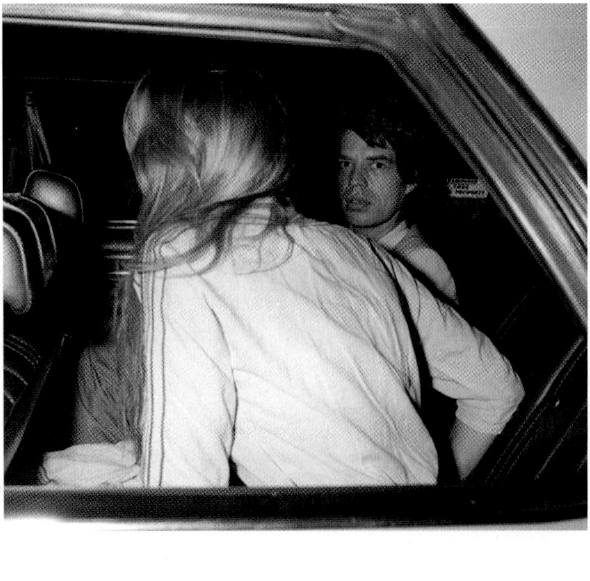

WICHTIGE NEUERUNGEN
Ein typischer Fall, bei dem es darum ging, den Paparazzi-Aktivitäten Einhalt zu gebieten, kam 1972 in den USA vor Gericht. Ron Galella (geb. 1931) klagte gegen Jacqueline Kennedy–Onassis, nachdem er sie in New York fotografiert und ihr Bodyguard daraufhin seine Kamera und den Film zerstört hatte. Sie erhob Gegenklage wegen Belästigung und gewann den Prozess. Galella wurde mit einem richterlichen Verbot belegt.

Jerry Hall und Mick Jagger, gesichtet am 6. Juli 1981 im Gibbon Restaurant in New York City, Ron Galella, 1981

COP KILLER **S. 86** RUHM **S. 167** MUSIK **S. 185** SPIEGELREFLEXKAMERA **S. 208**

Konzeptuelle Fotografie

HAUPTVERTRETER: HIPPOLYTE BAYARD • CINDY SHERMAN • GILLIAN WEARING • JOHN HILLIARD • MARTHA ROSLER

Die konzeptuelle Fotografie hat seit den 1960er Jahren immer größere Verbreitung gefunden, doch ihre Wurzeln reichen bis in die Kindertage des Mediums zurück.

Wie der Name schon sagt, handelt es sich um eine Richtung, die sich statt mit Formen oder Darstellungsarten mit Ideen beschäftigt. Die Fotografie unterhält eine zweigeteilte Beziehung zur Konzeptkunst. Zum einen wird mit ihrer Hilfe ein Ereignis oder eine Aktivität dokumentiert – ein Künstler nutzt also ein Foto, um festzuhalten, was stattgefunden hat; zum anderen gilt das Foto selbst als Kunstwerk. Ein frühes Beispiel für Letzteres ist das *Selbstporträt eines Ertrunkenen* (1840) von Hippolyte Bayard (1801–1887). Sein Spiel mit den Identitäten weist auf das Werk von Fotografinnen wie Claude Cahun und Cindy Sherman voraus, die mit Hilfe von Alter Egos Genderrollen erkunden. Gillian Wearing ging in ihren Arbeiten ebenfalls der Identität auf den Grund und hinterfragte den Wahrheitsgehalt des Bildes (siehe Seite 136). Einem ähnlichen Thema widmete sich John Hilliard (geb. 1945) in seiner Fotoserie *Cause of Death* (1974), die sich mit einer Frage beschäftigt, die im digitalen Zeitalter immer größere Bedeutung gewinnt: Ist das, was wir sehen, real?

WICHTIGE NEUERUNGEN

Vertreter der Land-Art nutzten die Fotografie ursprünglich, um ihre Arbeit zu dokumentieren. Künstler wie Walter De Maria (1935–2013), Hans Haacke (geb. 1936), Richard Long (geb. 1945), Robert Morris (geb. 1931), Dennis Oppenheim (1938–2011) und Robert Smithson (1938–1973) griffen in Landschaften ein oder benutzten Naturmaterialien, um riesige Strukturen zu erschaffen, die sie dann, oft aus einer erhöhten Perspektive oder aus der Luft, fotografierten. Mit *Yucatán Mirror Displacements* (1969) ging Smithson noch weiter, indem er die Fotografie stärker in den kreativen Prozess einband.

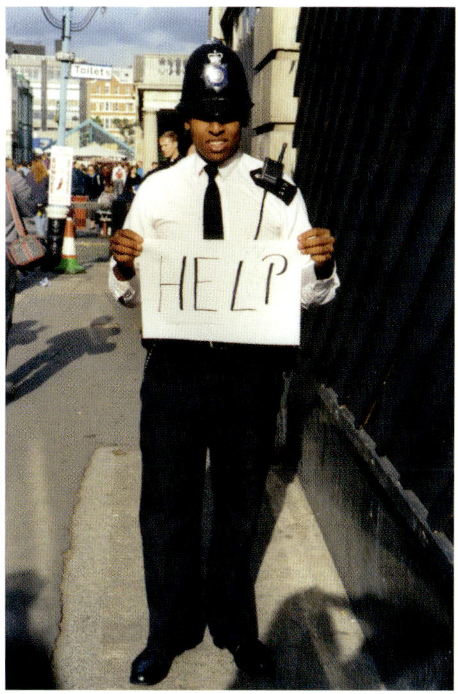

HELP, aus der Serie *Zeichen, die sagen, was du sie sagen lassen willst, und nicht Zeichen, die sagen, was jemand anders dich sagen lassen will*, Gillian Wearing, 1992–1993, C-Druck auf Aluminium, 44,5 x 29,7 cm

ARBEIT FÜR DEN WELTFRIEDEN **S. 136** ANEIGNUNG **S. 187** FOTOMONTAGE **S. 212**

Inszenierte Fotografie

HAUPTVERTRETER: HENRY PEACH ROBINSON • BRASSAÏ • JEWGENI CHALDEJ • ROBERT DOISNEAU • CINDY SHERMAN • GREGORY CREWDSON

Von gezielt gestellten Szenarien bis zu auf Anweisung handelnden Modellen vor realen Hintergründen wirft die inszenierte Fotografie viele Fragen zur Wahrhaftigkeit der Bilder auf, die dem Betrachter vorgesetzt werden – können wir unseren Augen trauen?

Auch jenseits der Porträtfotografie haben Fotografen häufig Situationen inszeniert, die am besten in die Komposition des Bildes passten. Ein frühes Foto mit dem Titel *The Reading Establishment* (1845), das zeigt, wie William Henry Fox Talbot (1800–1877) zusammen mit mehreren Kollegen scheinbar eine Aufnahme vorbereitet, beleuchtet diese Vorgehensweise. Viele Aufnahmen von Brassaï im Paris der 1930er Jahre wurden inszeniert, damit der Fotograf genau die Atmosphäre abbilden konnte, nach der er suchte (siehe Seite 76). Robert Doisneaus *Der Kuss vor dem Rathaus in Paris* (unten) ist die inszenierte Nachbildung eines Augenblicks, der kurz zuvor ohne Kamera stattgefunden hatte. In jüngerer Zeit ähneln Gregory Crewdsons elaborierte Szenarien Filmkulissen. Problematischer wird es mit der Inszenierung, wenn der Kontext real ist, wie bei Alexander Gardners *Leiche eines Scharfschützen der Konföderierten* (1865), für das der Fotograf einen toten Soldaten, den er zuvor bereits aufgenommen hatte, knapp 40 Meter weiter wegbewegte, oder Jewgeni Chaldejs *Rote Flagge auf dem Reichstag* (siehe Seite 25).

WICHTIGE NEUERUNGEN

Jeff Walls Bilder scheinen das reale Leben einzufangen (siehe Seite 146). Wie Robert Doisneaus *Der Kuss vor dem Rathaus in Paris* scheint Walls Werk Menschen in einem bestimmten Augenblick ihres Lebens festzuhalten. Doch anders als bei Doisneaus Foto, in dem nur das Liebespaar schauspielert, ist in Walls Bildern alles inszeniert.

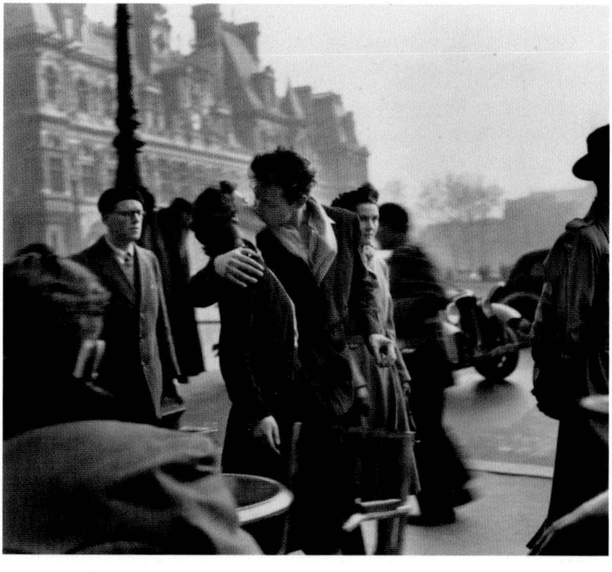

Der Kuss vor dem Rathaus in Paris, Robert Doisneau, um 1950, Silberabzug, Agentur Gamma–Rapho, Paris, Frankreich

LIEBESPAAR IM CAFÉ **S. 76** DER KUSS VOR DEM RATHAUS IN PARIS **S. 96**
OHNE TITEL #96 **S. 122** BENEATH THE ROSES **S. 148** IKONEN **S. 166** DER ENTSCHEIDENDE AUGENBLICK **S. 174**

Performance

HAUPTVERTRETER: CINDY SHERMAN • SOPHIE CALLE • GILLIAN WEARING • GREGORY CREWDSON • GOHAR DASHTI • ZHANG HUAN

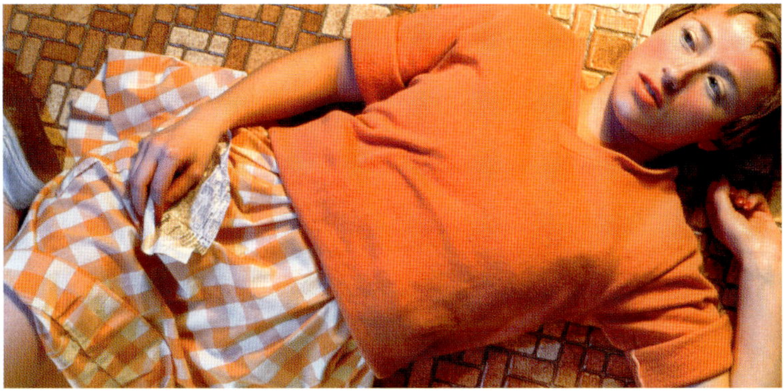

Ohne Titel #96, Cindy Sherman, 1981, chromogener Farbabzug, 71 x 122 cm

Die Performance-Fotografie, die eng verbunden ist mit der inszenierten und der konzeptuellen Fotografie, platziert ihre Modelle in ein spezifisches Umfeld, um vielfältigen Themen auf den Grund zu gehen, angefangen bei der Politik über Geschlechterrollen und persönliche Identität bis hin zum sozialen Raum.

Cindy Sherman hinterfragt in ihren Selbstporträts kulturelle Stereotypen und festgefahrene Vorstellungen, insbesondere im Hinblick auf die Darstellung der Frau. Auch Sophie Calle (geb. 1953) stellt die Genderklassifizierung infrage, doch in ihren Bildern verschwimmen Realität und konstruierte Szenarios. In Gillian Wearings Arbeiten, die sich mit unserer Wahrnehmung von Bildern beschäftigen, spielen zufällige Begegnungen auf der Straße eine wichtige Rolle. Spencer Tunick (geb. 1967), der das Individuelle meidet, formt in seinen spektakulären Installationen Landschaften aus Tausenden nackten Freiwilligen, die er fotografisch festhält – ein Nebeneinander von Organischem und Mechanischem. Gregory Crewdsons sorgfältig angelegte Szenarien nehmen die amerikanischen Vorstädte auseinander, während die Werke des Iraners Gohar Dashti (geb. 1980) und des Chinesen Zhang Huan (geb. 1965) soziale Probleme aus einer kulturellen und historischen Perspektive angehen.

WICHTIGE NEUERUNGEN

Cindy Sherman weckte erstmals die Aufmerksamkeit der Kritiker, als sie an einer Ausstellung einer Künstlergruppe teilnahm, die unter dem Namen Pictures Generation bekannt geworden ist und deren Werke 1977 in einer New Yorker Galerie gezeigt wurden. Zu der Gruppe gehörten Barbara Kruger (geb. 1945), Louise Lawler (geb. 1947), Robert Longo (geb. 1953), David Salle (geb. 1952), Richard Prince (geb. 1949), Jack Goldstein (1945–2003) und Sherrie Levine (geb. 1947). Ihre Werke, in denen sie Aneignungsstrategien verwenden und mit kulturellen Ikonen und Stereotypen spielen, übten in den 1980er Jahren großen Einfluss auf die damalige Kunstlandschaft aus.

SELBSTPORTRÄT **S. 48** BEATRICE **S. 56** OHNE TITEL #96 **S. 122** ARBEIT FÜR DEN WELTFRIEDEN **S. 136**
BENEATH THE ROSES **S. 148** KONSUMISMUS **S. 169** ANEIGNUNG **S. 187**

Zeitgenössische Kunst

HAUPTVERTRETER: GERHARD RICHTER • WOLFGANG TILLMANS • RICHARD BILLINGHAM • GILLIAN WEARING • PIERPAOLO FERRARI

Die bedeutende Rolle der Fotografie bei der Vergabe von Kunstpreisen zeigt, dass die Kritik das Medium als Kunstform anerkannt hat und Künstler sich weiterhin mit dem fotografischen Bild beschäftigen.

Im Jahr 2000 wurde Wolfgang Tillmans als erster Fotograf mit dem Turner-Preis ausgezeichnet, dem renommiertesten und umstrittensten britischen Kunstpreis. Tillmans Oeuvre umfasst sowohl figurative als auch abstrakte Bilder und hinterfragt oftmals die Rolle der Fotografie in der Kunst und im heutigen Leben. Diese Fragen beschäftigen viele zeitgenössische Künstler, die mit der Fotografie arbeiten, angefangen bei Gerhard Richter (geb. 1932), dessen Werk sich jeglicher Zuordnung zu einem Stil versagt und der die Fotografie sowohl als Teil eines Kunstwerks wie auch als Selbstzweck verwendet. Tracey Emin (geb. 1963) wiederum hat, wie Claude Cahun und Cindy Sherman zuvor, die Fotografie zum Erforschen der Subjektivität und der persönlichen Geschichte genutzt. Richard Billingham (geb. 1970) spielte mit den Konventionen des Familienfotos und nahm schockierende Bilder eines trostlosen Familienlebens auf. Zusammen mit Gillian Wearing waren Emin und Billingham Teil der Gruppe Young British Artists, die sich in den 1990er Jahren formierte und deren Werke, wie die von Tillmans und Richter, unsere Wahrnehmung des alltäglichen Lebens und das Vermögen der Fotografie, dieses abzubilden, hinterfragen.

WICHTIGE NEUERUNGEN

Das Kultmagazin *Toiletpaper* von Maurizio Cattelan (geb. 1960) und Pierpaolo Ferrari (geb. 1971) gibt vor, ein ganz normales Magazin mit entsprechenden Fotos zu sein. Doch jedes einzelne Bild wurde von dem Künstler-Fotografen-Duo eigens erschaffen. In den verspielten, humorvollen, häufig extrem bunten Bildern bahnt sich Sigmund Freuds Vorstellung des Unheimlichen ihren Weg. Oft wirken sie befremdlich und vertraut zugleich, verbinden Surrealismus mit Mode, Werbung und zeitgenössischen Sitten.

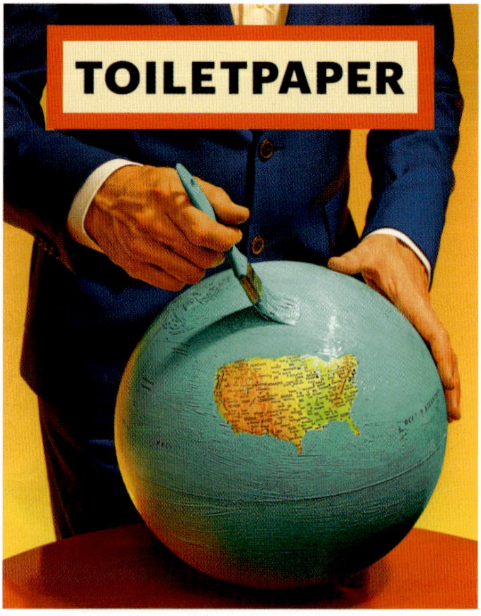

Cover der Zeitschrift *Toiletpaper 12*, Maurizio Cattelan & Pierpaolo Ferrari, 2016, Offsetdruck mit High-Density-Farben, 29 x 22,5 cm

OHNE TITEL #96 **S. 122** LUTZ & ALEX SITZEN IN DEN BÄUMEN **S. 134**
ARBEIT FÜR DEN WELTFRIEDEN **S. 136** SURREALES **S. 162** KONSUMISMUS **S. 169** ANEIGNUNG **S. 187**

Selfie

HAUPTVERTRETER: MARTIN PARR • GILLIAN WEARING • KIM KARDASHIAN • ALEC SOTH • OROMA ELEWA • MOLLY SODA • THE ART HOE MOVEMENT

Der Ausdruck „Selfie" wurde erstmals 2002 in einem australischen Internetforum verwendet und bezeichnet heute die häufigste Form des Selbstporträts.

Die wachsende Popularität des Selfies ging einher mit der Weiterentwicklung der Smartphonetechnologie und der vermehrten Nutzung sozialer Netzwerke. Zu den frühen Beispielen gehört die Aufnahme, die Buzz Aldrin (geb. 1930) von sich selbst machte, als er 1966 außerhalb von Gemini 12 im Weltraum spazieren ging. In der Diskussion um das Selfie ist das Thema Narzissmus sehr präsent – das beste Beispiel dafür liefert Kim Kardashian (geb. 1980) mit ihrem Buch *Selfish* (2015), das auf 325 Seiten Selbstporträts versammelt. Jüngere Künstler haben diese Form aufgegriffen. The Art Hoe Movement ist ein Frauenkollektiv, das mit dem Selfie die gängige Darstellung dunkelhäutiger Menschen infrage stellt. 2017 fand in der Londoner Saatchi Gallery eine Selfie-Ausstellung statt, die Selbstbildnisse von Malern und Selfies von Prominenten sowie von Mitgliedern der Allgemeinheit nebeneinanderstellte. Im täglichen Umgang genügen Selfies selten einer bestimmten Form, sie sind häufig nichts weiter als ein Update des eigenen Tuns. Wenn die konventionelle Fotografie, wie Paul Strand es beschrieben hat, „unsere Lebensweise abbildet", kann das Selfie gleichermaßen als Abbild von und Ersatz für eine tatsächliche Erfahrung betrachtet werden.

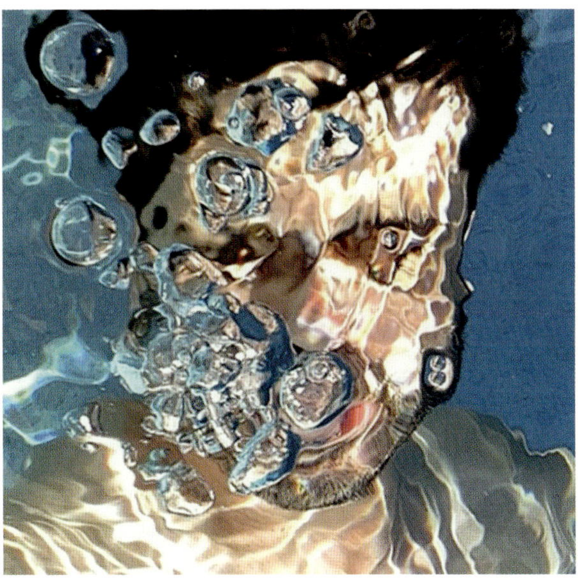

WICHTIGE NEUERUNGEN
Alec Soth (geb. 1969) gilt als Walker Evans seiner Generation. Seine Werke sind meilenweit entfernt von den durchschnittlichen Selfie-Porträts. Nachdem er sich 2013 auf Instagram angemeldet hatte, begann er sogenannte „Unselfies" zu produzieren: Selbstporträts, in denen sein Gesicht teilweise oder komplett verdeckt war. Die oft humorvollen, wunderschönen Bilder hinterfragen den eigentlichen Akt des Fotografierens der eigenen Person.

The Unselfie, Alec Soth, 2015

SELBSTPORTRÄT **S. 48** SELF-PORTRAIT IN DRAG **S. 120** OHNE TITEL #96 **S. 122**
SCHÖNHEIT **S. 158** JUGENDKULTUR **S. 186** POLAROID **S. 211**

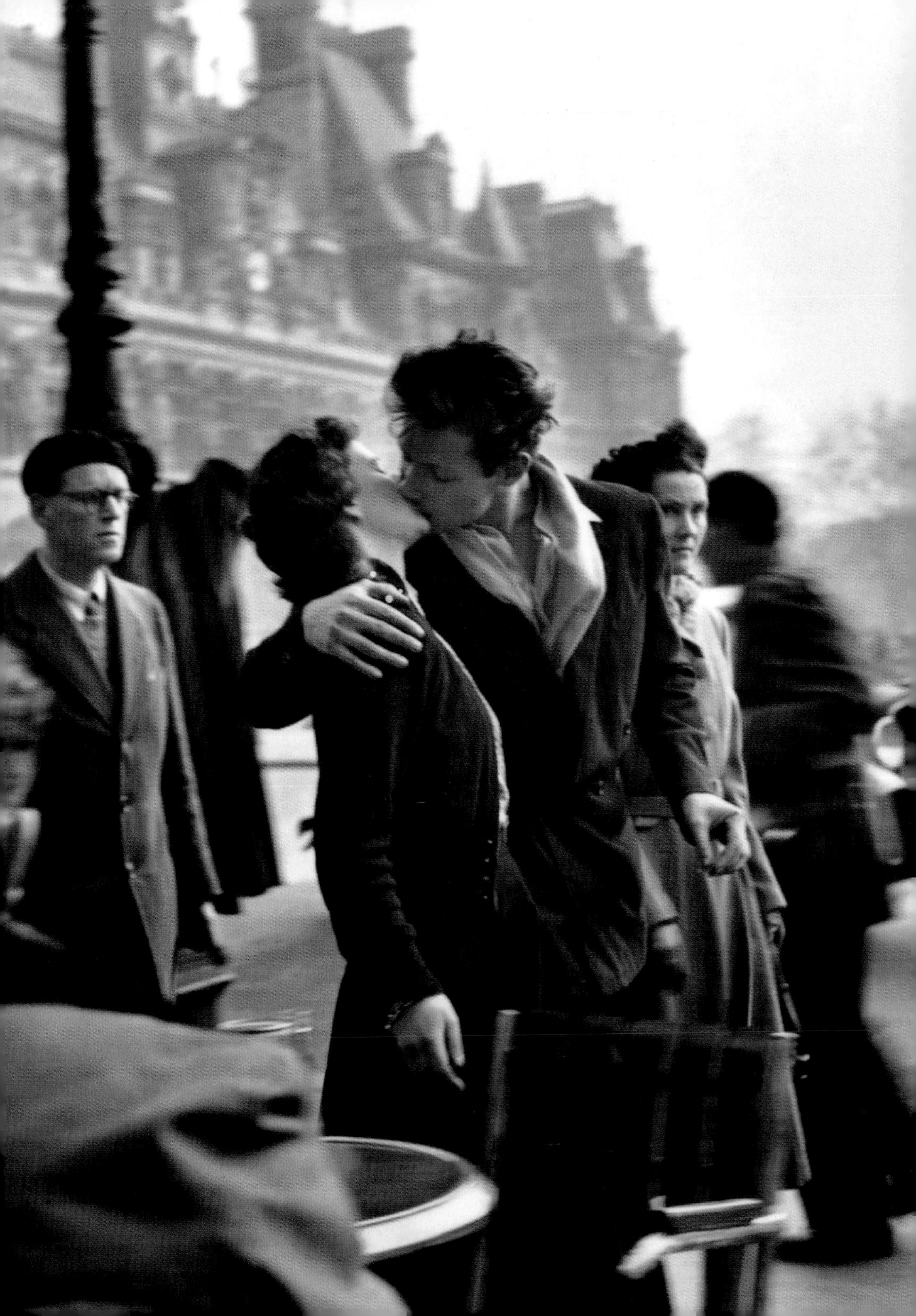

WERKE

Blick aus dem Arbeitszimmer von Le Gras

1826 – 1827

NICÉPHORE NIÉPCE: HELIOGRAFIE • 16,5 X 20 CM

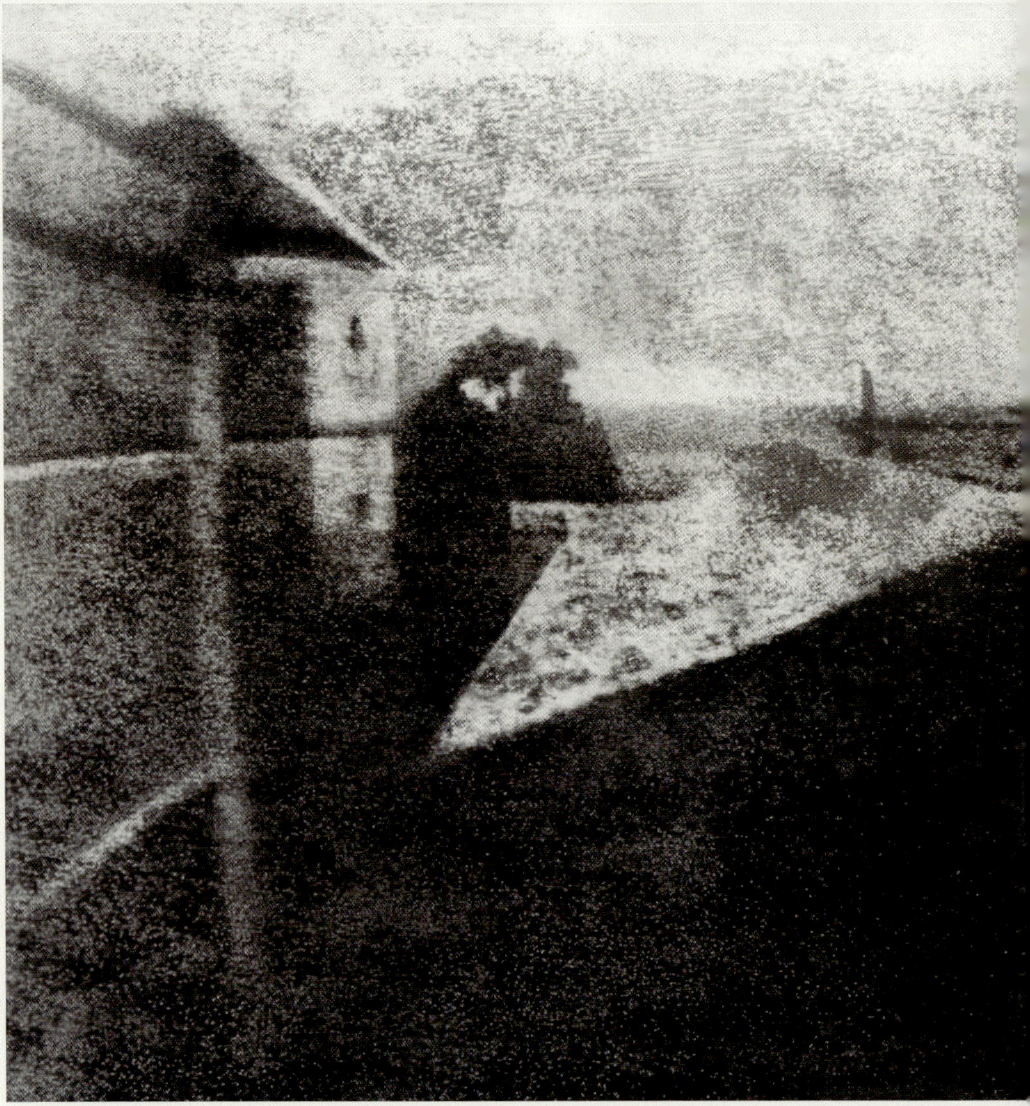

SCHWARZ-WEISS-FOTOGRAFIE **S. 12** DOKUMENTARFOTOGRAFIE **S. 28**

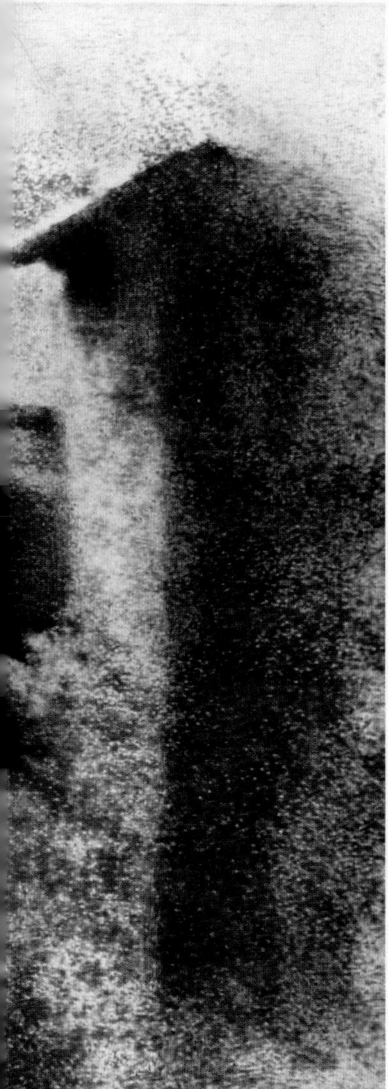

Dem Erfinder und Wissenschaftspionier Nicéphore Niépce (1765–1833) gelang mit seinem Interesse an der Lithografie und Experimenten mit der Camera obscura der erste wichtige Durchbruch in der Fotografie.

Das früheste erhaltene fotografische Bild schien mehr als 50 Jahre lang verloren, bis der Fotohistoriker Helmut Gernsheim es 1952 in einem Schiffskoffer entdeckte. Niépce hatte das Verfahren der Heliografie entwickelt. Dabei überzog er eine Zinnplatte mit einer dünnen Schicht sogenannten Judenpechs, einem natürlich vorkommenden, lichtempfindlichen Asphalt. Unter Lichteinwirkung härtete der Asphalt aus, und wenn man die Platte dann mit Lavendelöl auswusch, lösten sich nur die schwächer belichteten Stellen, während die ausgehärteten Elemente haften blieben – die Sonne hatte das Bild buchstäblich eingeätzt. Für seinen ersten Versuch, diesen Blick aus einem Fenster des Familienanwesens festzuhalten, hatte Niépce die Oberfläche einer Steindruckplatte verwendet, doch hatte sich das Bild irgendwann aufgelöst. Von dieser später entstandenen Fotografie glaubte man ursprünglich, sie sei das Ergebnis einer acht- bis neunstündigen Lichteinwirkung. Doch ein Forscher, der anhand von Niépces Aufzeichnungen und unter Anwendung des gleichen fotografischen Verfahrens arbeitete, setzte die Belichtungszeit auf mehrere Tage an.

NICÉPHORE NIÉPCE

Nicéphore Niépce hatte sich in seinem Haus in Chalon-sur-Saône, Burgund, ein Labor für seine wissenschaftlichen Forschungen eingerichtet. Nach der Heliografie entwickelte er zusammen mit Louis Daguerre die „Physautotypie". Er erfand auch den „Pyréolophore", den weltweit ersten internen Verbrennungsmotor. Da aber sein Bruder Unmengen von Geld in die Werbung dafür steckte, endeten sie beide in Armut.

ARCHITEKTUR **S. 157** CAMERA OBSCURA **S. 190**

Selbstporträt

NADAR: SALZPAPIERABZUG VOM GLASNEGATIV •
20,5 X 17 CM • THE J. PAUL GETTY MUSEUM, LOS ANGELES, USA

um 1855

Weitere Werke von Nadar
Charles Baudelaire (1855)
Sarah Bernhardt (1864)
Édouard Manet (1870)

Nadar (1820–1910) brach mit den Konventionen der Porträtfotografie und machte stattdessen Momentaufnahmen, bei denen er seine Modelle eher als aktive Teilhaber denn als passiv dasitzende Modelle ablichtete.

Der rührige Nadar, ein echtes Kind der Romantik, war Journalist, Romancier und Karikaturist (bisweilen auch Schuldner, Rebell und Spion). Sein Talent, Menschen auf dem Papier komisch zu überzeichnen, entsprach seiner Fähigkeit, in seinen Fotos ihr Wesen einzufangen. Für seine Porträts setzte er die neueste verfügbare Technologie ein, inklusive künstliches Licht. Im Gespräch über seine Arbeit betonte Nadar, wie wichtig es sei, das Objekt „moralisch zu begreifen“; es sei „das spontane Verstehen, das einen mit dem Modell in Kontakt bringt“. Verglichen mit den Porträts seiner zeitgenössischen Kollegen blicken Nadars Modelle beschäftigter, ja sogar heiter drein oder scheinen sich im Gespräch mit dem Fotografen zu befinden. Nadars bedeutendste Arbeiten entstanden zwischen 1854 und 1870; in dieser Zeit nahm er zahlreiche Selbstporträts auf. Das hier abgebildete Beispiel verdeutlicht, was ihn so berühmt gemacht hat. Seine Hände sind perfekt ausbalanciert. Sein verwuscheltes Haar, in dem sich das Licht spiegelt, deutet auf Extravaganz, während sein – halb verschattetes – Gesicht eine Mischung aus Ernsthaftigkeit und Übermut ausdrückt.

NADAR
Gaspard-Félix Tournachon wurde als Sohn eines Druckers und Buchhändlers in Paris geboren. Sein Spitzname Tournadar wurde später zu Nadar abgekürzt. 1854 eröffnete er sein erstes Fotostudio; in den 1890er Jahren begann er, sich mehr für die Entwicklung von Flugmaschinen zu interessieren und war der erste Fotograf, der Bilder aus der Luft aufnahm.

PORTRÄT **S. 15** SELBSTPORTRÄT **S. 21** GESELLSCHAFT **S. 34**

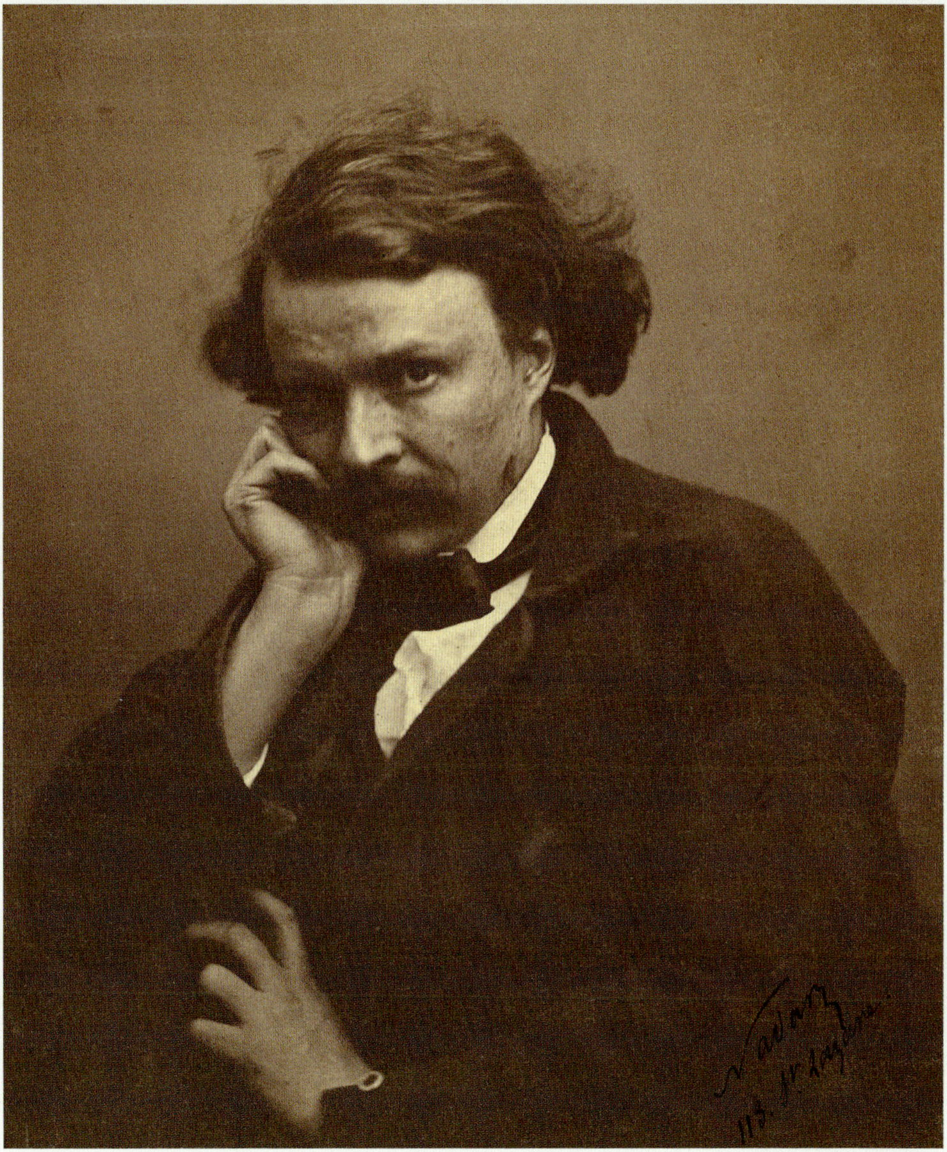

IKONEN **S. 166** RUHM **S. 167** KLASSE **S. 170** LUFTFOTOGRAFIE **S. 203**

Stillleben mit Obst und Dekanter

ROGER FENTON: ALBUMINSILBERABZUG • 35,4 X 43,2 CM • THE J. PAUL GETTY MUSEUM, LOS ANGELES, USA

1860

Weitere Werke von Roger Fenton

Das Tal der Schatten des Todes (1855)

Westminster Abbey und der Westminster Palace im Bau (1857)

Die Sanitätskommission (1855)

Der gefeierte Fotograf Roger Fenton (1819–1869), der sich sowohl mit handelnden Personen wie mit Architektur und Landschaften beschäftigte, trug dazu bei, den Fotojournalismus in seinen Anfangsjahren zu definieren. Er schuf aber auch eine außergewöhnliche Serie von Stillleben, die sein technisches Können vor Augen führten.

Diese Studie demonstriert, dass die Fotografie in puncto Struktur und Komposition der Malerei in nichts nachsteht. Sie ist eines von 40 Stillleben mit Obst und Blumen, die Fenton im Jahr 1860 anfertigte. Die Objekte wurden auf Marmor und Stoff arrangiert und innerhalb eines engen Zeitrahmens fotografiert, was auch das Vorkommen bestimmter Früchte erklärt. Auf deren Reife verweisen die Weingläser und der Dekanter. Fenton nutzte Albuminpapierabzüge mit Goldtönung, die dem Bild einen satten, purpur-bräunlichen Farbton verliehen.

Im vorausgehenden Jahrzehnt hatte Fenton das Ausmaß und die Sinnlosigkeit des Krimkriegs dokumentiert und damit grausame Abbilder der Unmenschlichkeit erschaffen. Auch seine Stillleben verweisen auf die Flüchtigkeit des Lebens – in der zeitlichen Abfolge der Bilder lässt sich beobachten, wie das Obst allmählich verdirbt. Sie bekräftigen die Vorstellung, dass die Erde uns hervorgebracht hat und wir irgendwann wieder zu Erde werden. Die Auswahl der Früchte verweist aber auch auf den wachsenden Wohlstand der viktorianischen Mittelklasse sowie auf die damit einhergehende Ausdehnung des britischen Weltreichs.

ROGER FENTON
Der in Rochdale, Lancashire, geborene Roger Fenton studierte Malerei bei dem französischen Historienmaler Paul Delaroche, wandte sich aber 1851 der Fotografie zu. Der für seine Stillleben und seine Bilder vom Krimkrieg bekannte Fenton wirkte maßgeblich an der Gründung der Photographic Society mit.

SCHWARZ-WEISS-FOTOGRAFIE **S. 12** STILLLEBEN **S. 20** KUNST **S. 31**

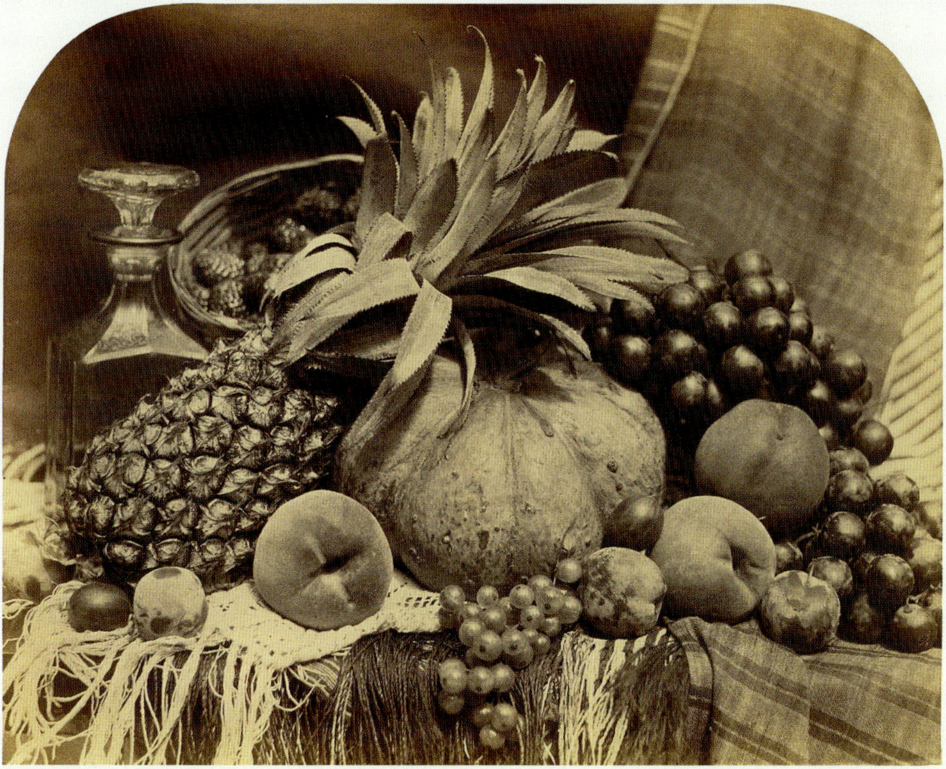

NATUR **S. 163** ALBUMINPAPIER **S. 195**

Ernte des Todes

TIMOTHY H. O'SULLIVAN: ALBUMINSILBERABZUG • 17,8 X 22,1 CM • THE J. PAUL GETTY MUSEUM, LOS ANGELES, USA

1863

Timothy H. O'Sullivan (um 1840–1882), der in seiner Jugend bei Mathew Brady in die Lehre gegangen war, wurde einer der wichtigsten Chronisten des Amerikanischen Bürgerkriegs.

Die während des Krieges entstandenen Bilder zeugen von einer grundlegenden Veränderung in der Rolle des Fotojournalismus in den USA. O'Sullivan war einer von zehn Fotografen, die Brady mit der Dokumentation des Krieges beauftragt hatte. Er fotografierte führende Persönlichkeiten und Feldlager und näherte sich dem Kampfgeschehen so weit, wie es seine eigene Sicherheit zuließ. Die dabei entstandenen Aufnahmen bildeten, wie Brady notierte, für das Publikum das „Auge der Geschichte".

In Gettysburg fand die grausamste Schlacht des Krieges statt, bei der in drei Tagen, vom 1. bis zum 3. Juli 1863, rund 50.000 Soldaten zu Tode kamen. O'Sullivan hielt die düsteren, todbringenden Landschaften gleich nach Ende der Kampfhandlungen fest, als die Schlachtfelder noch von toten Körpern übersät waren. Seinen Titel (*Harvest of Death*, dt.: *Ernte des Todes*) erhielt das Foto von Alexander Gardner,

Unten: Da die Bilder der Körper zeitgenössische Betrachter schockiert hätten, ging O'Sullivan nicht zu nah an die Toten heran, aber die Reihe der Leichen im Vordergrund lässt erahnen, welch grausame Szenen sich hier abgespielt haben.

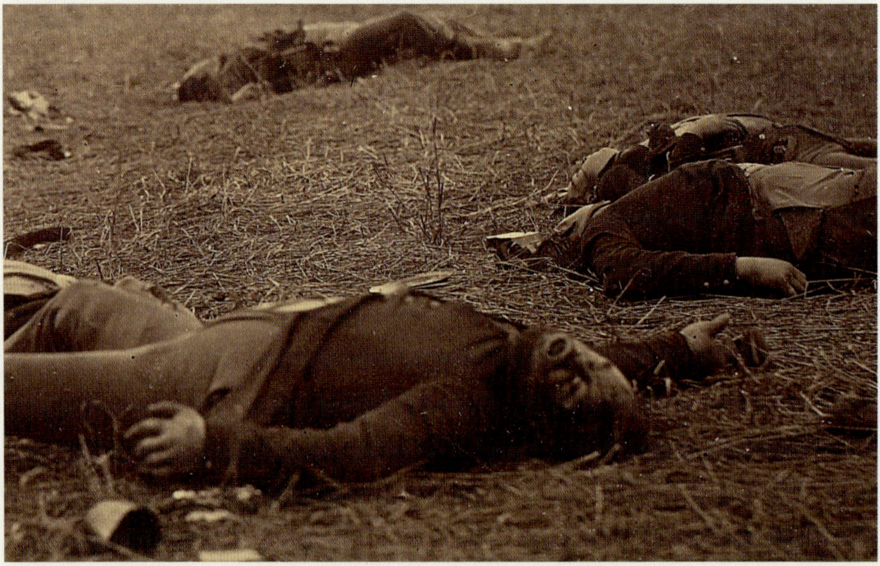

LANDSCHAFT **S. 16** KRIEG **S. 24** FOTOJOURNALISMUS **S. 27** DOKUMENTARFOTOGRAFIE **S. 28**

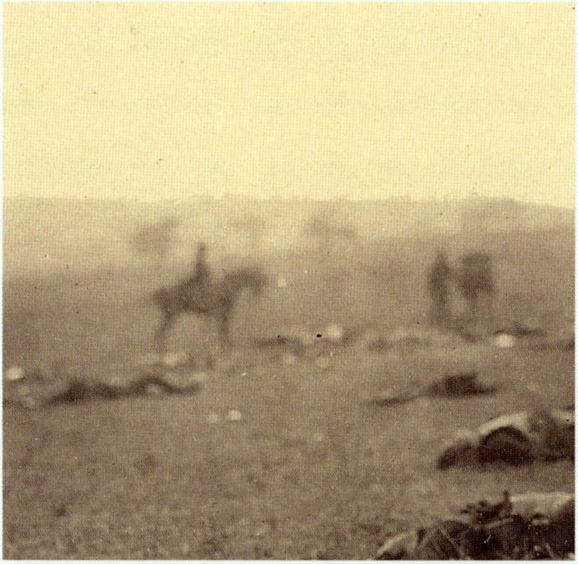

Weitere Werke von Timothy H. O'Sullivan

Ponton-Brücke über den Rappahannock, Virginia (1863)

Ruinen im Cañon de Chelle, New Mexico (1873)

Das Leben der Navajo-Indianer nahe Old Fort Defiance, New Mexico (1873)

Links: Die geisterhaft anmutenden Reiter vermitteln ein Gefühl für das Ausmaß der Schlacht und versichern uns, dass es dort noch Leben nach dem Gemetzel gibt.

der in seinem Buch *Gardner's Photographic Sketchbook of the War* viele der wichtigsten Kriegsfotos versammelte. Gardner spricht in seiner Beschreibung der Szene von toten Konföderierten, doch spätere Wissenschaftler haben angemerkt, dass es sich vorwiegend um Union-Soldaten handelt. Den meisten Leichen auf dem Bild fehlen die Schuhe – wegen der Schuhknappheit wurden sie den Toten üblicherweise geraubt. Das starke, direkte Foto wirkt durch den Nebel, der sich im Hintergrund wie ein Leichenhemd über das Schlachtfeld legt, noch beunruhigender. Anders als bei modernen Kriegen, die verbrannte Erde hinterlassen, wirkt diese Landschaft noch unberührt von dem Konflikt. Wären da nicht die verstreuten toten Körper, könnte es sich bei der Szene auch um ein ländliches Idyll handeln.

TIMOTHY O'SULLIVAN

Gegen Ende des Bürgerkriegs wurde O'Sullivan der Division von General Ulysses S. Grant zugeteilt, wodurch er Augenzeuge der Belagerung von Petersburg und Fort Fisher wurde. Außerdem war er im April 1865 bei der Kapitulation von Robert E. Lee in Appomattox Court House zugegen. O'Sullivan war später ein Vorreiter auf dem Gebiet der Geofotografie.

→ TOD **S. 165**

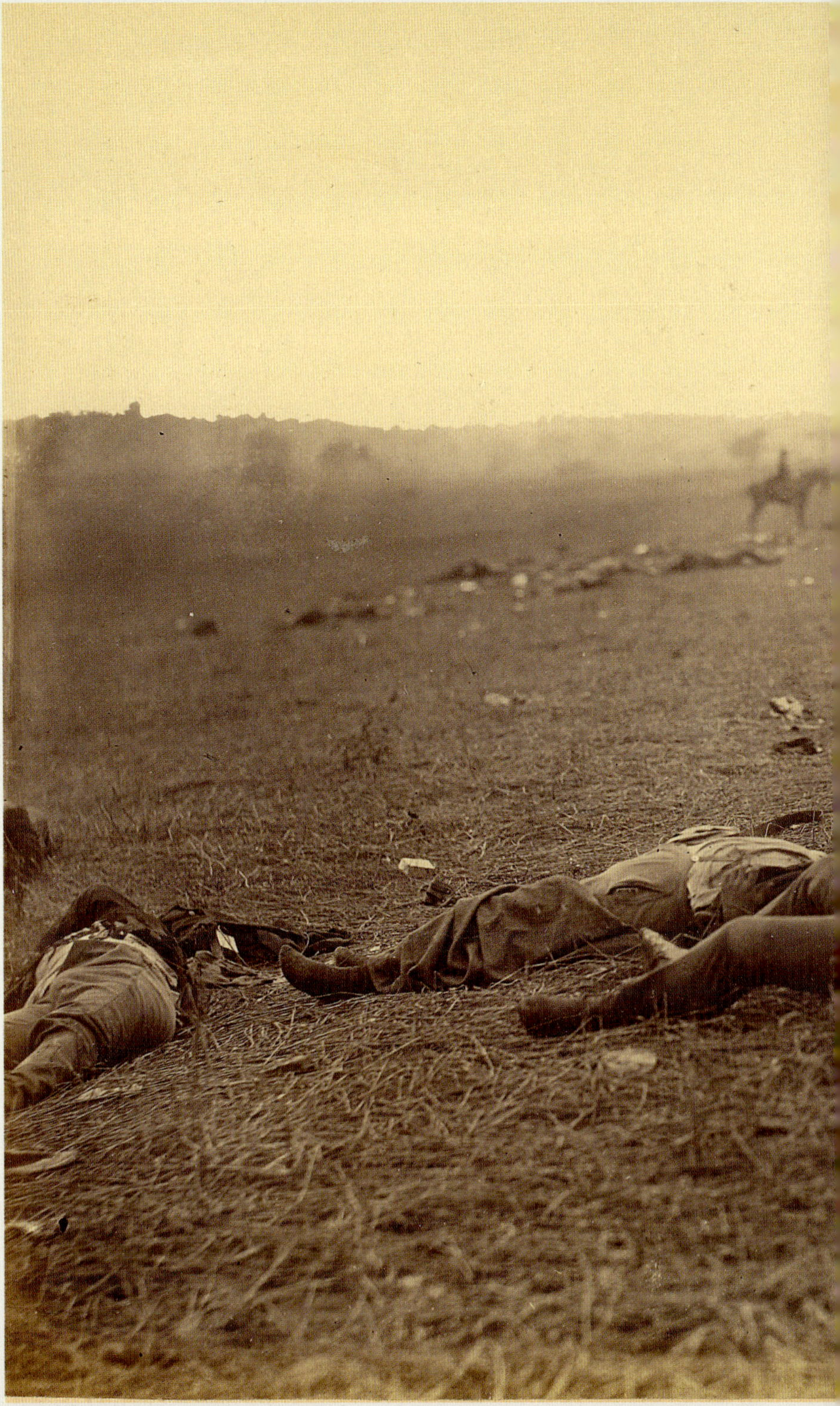

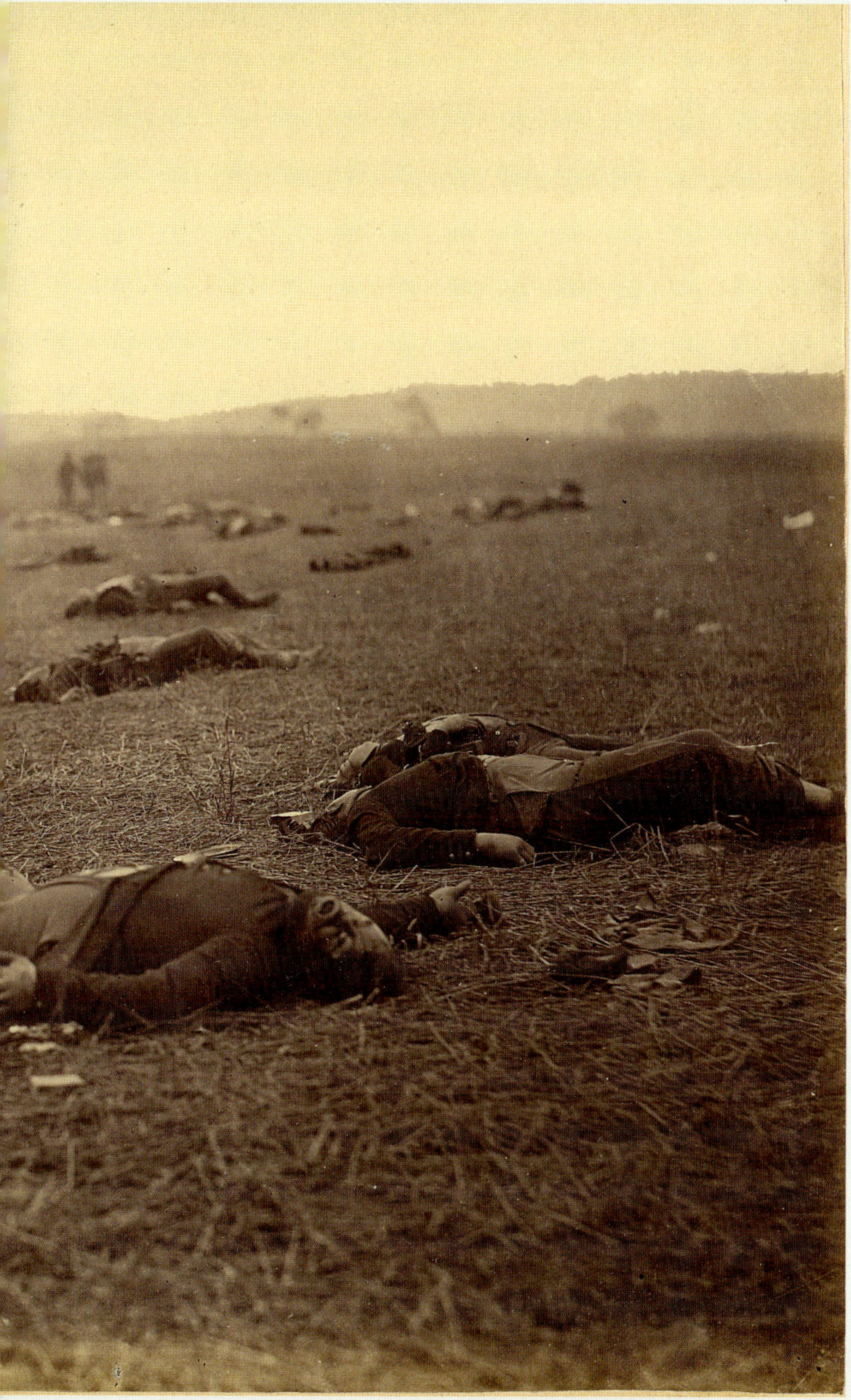

Beatrice

JULIA MARGARET CAMERON: ALBUMINSILBERABZUG • 33,8 X 26,4 CM • THE J. PAUL GETTY MUSEUM, LOS ANGELES, USA

1866

Weitere Werke von Julia Margaret Cameron

Hosanna (1865)

Das Flüstern der Muse (1865)

Julia Jackson (1867)

Julia Margaret Cameron (1815–1879) gehörte zu den ersten Fotografen, die das Medium als Kunstform verstanden, und sie war eine Meisterin ihres Fachs. Sie schuf betörende Porträts, in denen sie das Künstlerische und Spirituelle über die technische Perfektion stellte.

Camerons ätherische, schwermütige Darstellung von Beatrice Cenci, die Percy Bysshe Shelley 1819 in seinem gleichnamigen Drama verewigt hatte, zeugt vom Wunsch der Fotografin, sich von der Momentaufnahme zu lösen und dem Künstlerischen mehr Gewicht zu geben. Inspiriert von Guido Renis um 1600 entstandenen Porträt der italienischen Adligen, die hingerichtet wurde, weil sie Attentäter zur Ermordung ihres gewalttätigen Vaters angeheuert hatte, wollte Cameron in die Gefühlswelt der Figur vordringen – das Physische überwinden und in den Bereich der reinen Emotionen vorstoßen. Camerons Werk stieß zwar bei vielen ihrer Kollegen auf Kritik, erlangte aber im Laufe der Zeit dennoch Bekanntheit. Durch eine bestimmte Lichtführung und einen weichen Fokus erzeugte sie in ihren Bildern überraschende Effekte.

Beatrice ist mit einer großen Kamera aufgenommen, die Cameron kurz zuvor erworben hatte und die mit einem 38 x 30,5 cm-Negativ arbeitete. Cameron nutzte das große Format nicht nur, um große Bilder zu produzieren, sondern auch, um sich ihren Modellen noch stärker nähern zu können. Wie bei vielen ihrer Bilder geht der Blick des Modells in Beatrice an der Kamera vorbei. Während Guido Reni noch den Hauch einer Bitte in Beatrices Ausdruck legt, wirkt die junge Frau in Camerons Foto resigniert und schicksalsergeben.

JULIA MARGARET CAMERON

Camerons Laufbahn als Fotografin begann 1864 und währte nur elf Jahre. In Kalkutta geboren, wuchs sie in Frankreich auf und kehrte anschließend nach Indien zurück. 1848 zog sie nach London, wo sie sich später als Fotografin etablierte. 1875 ging sie nach Ceylon (heute Sri Lanka), wo sie kaum mehr fotografierte, da Fotomaterial dort schwer erhältlich war.

PIKTORIALISMUS **S. 13** PORTRÄT **S. 15** INSZENIERTE FOTOGRAFIE **S. 40**

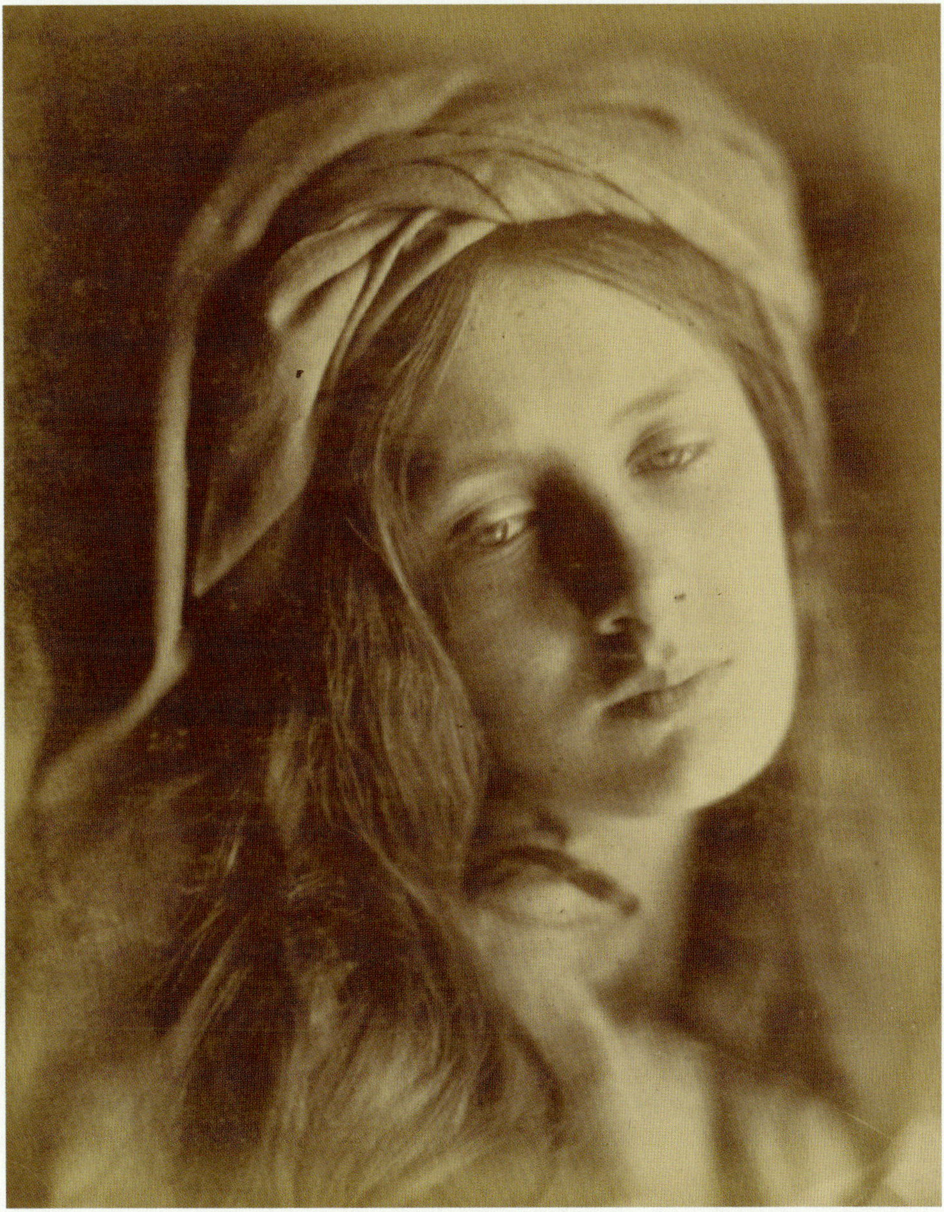

RELIGION **S. 160** ALBUMINPAPIER **S. 195** KÜNSTLICHES LICHT **S. 202**

The Mudlarks

FRANK MEADOW SUTCLIFFE: ALBUMINSILBERABZUG

um 1880

Frank Meadow Sutcliffe (1853–1941) war Mitbegründer der Brotherhood of the Linked Ring, die sich für die Anerkennung der Fotografie als Kunstform einsetzte. In stimmungsvollen Bildern dokumentierte er das Leben an der englischen Küste, zu einer Zeit, als die Tradition von der Moderne verdrängt wurde.

Die Küste von Yorkshire, wie Sutcliffe sie kannte, war in seinen Augen im Verschwinden begriffen. Seinen Lebensunterhalt verdiente er vor allem mit der Porträtfotografie, aber seine Leidenschaft galt dem dokumentarischen Piktorialismus. Er hielt den Alltag der einheimischen Bevölkerung von Whitby fest, deren traditionelle Lebensweise als Fischer und Bootsbauer zunehmend vom Tourismus untergraben wurde. Zwar waren Sutcliffes Bilder häufig inszeniert – die Kunst des Piktorialismus besteht darin, das natürliche Erscheinungsbild mit den Erfordernissen der Kunst auszubalancieren. Dennoch fingen sie das Wesen des dörflichen Lebens ein und bildeten die Bewohner bei der Arbeit wie im Spiel ab. *The Mudlarks* (dt.: *Die Schmutzfinken*) zeigt vier Kinder, die gerade Pause machen, bevor sie den durch die Ebbe freigelegten Meeresboden weiter nach Dingen von Wert absuchen. Ihre Kleidung verrät, dass sie unter einfachen Bedingungen aufwachsen, aber ihre Haltung und ihr Ausdruck legen nahe, dass Reichtümer sie kaum glücklicher machen könnten, als sie in diesem Moment sind. Das Bild ist eines von Sutcliffes zahlreichen Kinderfotos, die in der umstrittenen Aufnahme *Die Wasserratten* von 1886 ihren Höhepunkt fanden: Das Bild zeigt nackte Jungen, die im Wasser spielen – da die Jungen im Dorf allseits bekannt waren, wurde Sutcliffe von der örtlichen Kirche exkommuniziert.

FRANK MEADOW SUTCLIFFE
Sutcliffe wurde als Sohn eines bekannten Landschaftsmalers in Leeds geboren. Nachdem er eine Zeit lang in Kent gelebt hatte, zog es ihn wieder in den Norden, wo er sich zunächst in Whitby, dann in Sleights, Yorkshire, niederließ. Neben seinen Dokumentationen des nordenglischen Küsten- und Landlebens verfasste er zahlreiche Bücher über fotografische Themen und schrieb zudem für die Yorkshire Weekly Post.

LANDSCHAFT **S. 16** ETHNOGRAFISCHE FOTOGRAFIE **S. 26**
DOKUMENTARFOTOGRAFIE **S. 28** INSZENIERTE FOTOGRAFIE **S. 40**

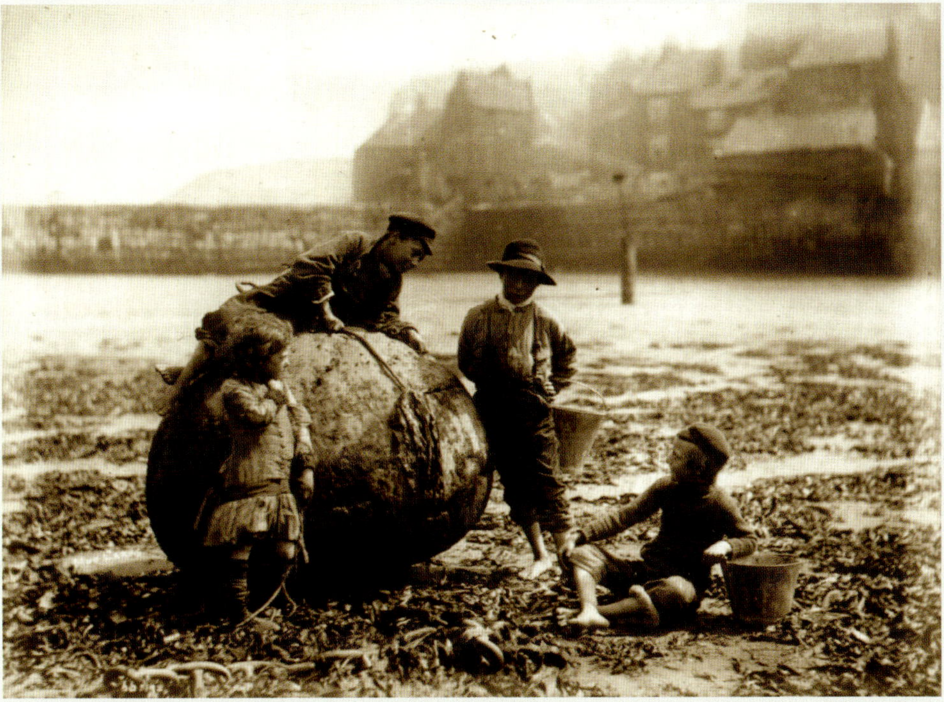

Weitere Werke von Frank Meadow Sutcliffe

Die Wasserratten (1886)

Mädchen am Strand (1889)

Aufregung (1890)

KLASSE **S. 170** ARMUT **S. 171** MENSCHEN **S. 173** ALBUMINPAPIER **S. 195**

Das Zwischendeck

ALFRED STIEGLITZ: FOTOGRAVÜRE • 35,5 X 26,4 CM •
THE J. PAUL GETTY MUSEUM, LOS ANGELES, USA

1907

ALFRED STIEGLITZ
Der in Hoboken, New Jersey, geborene Stieglitz studierte in Europa, wo er sein Renommee begründete, bevor er im Jahr 1900 in die USA zurückkehrte. Er revolutionierte die amerikanische Fotografie mit der Künstlervereinigung Photo-Secession, die wie ihr europäisches Gegenstück das Medium zur Kunstform erheben wollte.

Alfred Stieglitz (1864–1946) war einer der bedeutendsten Fotografen in der Geschichte des Mediums. Er verhalf zunächst dem Piktorialismus zu Ansehen und bereitete anschließend dem Modernismus den Boden; damit war er wegweisend für die amerikanische Fotografie des 20. Jahrhunderts.

Dieses Bild hat Stieglitz mit einer 4 x 5 Zoll Auto-Graflex auf der letzten präparierten Glasplatte aufgenommen, die er dabeihatte. Das Foto markiert einen Wendepunkt in seinem Werk: weg von einer malerischen Herangehensweise und hin zu einem dokumentarischen Ansatz. Die scharfen geometrischen Linien betonen die Klassentrennung zwischen den Decks, während der eng gefasste Rahmen tatsächlich ein Gefühl von Enge erzeugt, das die weniger Begünstigten hier empfunden haben mögen. Manche haben das Foto fälschlicherweise als Aufbruch in ein neues Leben für viele der Passagiere interpretiert. Doch handelt es sich hier nicht um verarmte Anwärter für die amerikanische Staatsbürgerschaft, sondern wahrscheinlich um Menschen, denen die Aufnahme in das Land verweigert wurde und die nun auf eine lange Reise zurück nach Osten in ihr Heimatland geschickt wurden. Vor diesem Hintergrund verströmt das Bild eher Verzweiflung als Hoffnung.

„Würden alle meine Fotos verloren gehen und ich nur durch *Das Zwischendeck* in Erinnerung bleiben, wäre ich damit zufrieden“, hat Stieglitz später einmal gesagt. Dennoch wartete er vier Jahre, bevor er das Bild veröffentlichte. Und es dauerte weitere zwei Jahre, bis er es in seiner berühmten New Yorker Gallery 291 ausstellte.

Weitere Werke von Alfred Stieglitz

Winter, Fifth Avenue (1892)
Vom hinteren Fenster – 291 (1915)
Georgia O'Keeffe – Torso (1918–19)
Equivalent (1930)

STRAIGHT PHOTOGRAPHY **S. 14** ETHNOGRAFISCHE FOTOGRAFIE **S. 26**
GESELLSCHAFT **S. 34** DOKUMENTARFOTOGRAFIE **S. 28**

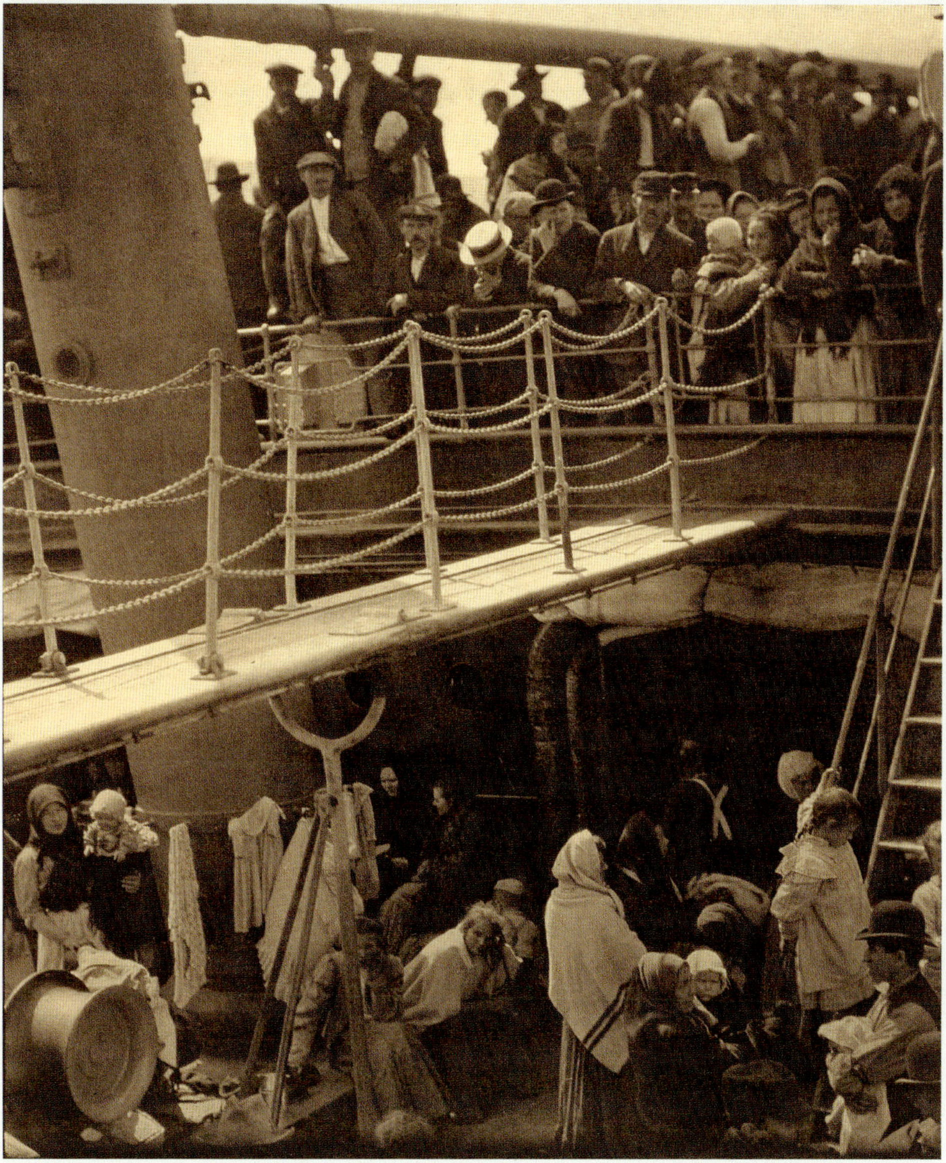

KLASSE **S. 170** ARMUT **S. 171** MENSCHEN **S. 173**

Der Eingang zur Pyramide von Menkaure

1913

FRIEDRICH ADOLF PANETH: AUTOCHROMAUFNAHME • ROYAL PHOTOGRAPHIC SOCIETY, UK

Friedrich Adolf Paneth (1887–1958) war nicht nur Chemiker und seinerzeit eine Autorität auf dem Gebiet der Kosmochemie, sondern auch Amateurfotograf. Seine vielzähligen Aufnahmen von Reisen mit seiner Familie gehören zu den sehr frühen Farbfotos aus einer vergangenen Zeit.

Kurz nach seinem Abschluss an der Universität Wien machte Paneth die Bekanntschaft von Else Hartmann, die er bald darauf heiratete. In die Flitterwochen nach Kairo nahm er eine Kamera mit Autochromplatten mit und machte die ersten von mehr als 2000 Fotos, die er zwischen 1913 und Mitte der 1930er Jahre in Europa, Russland und dem Nahen Osten aufnahm. Das Bemerkenswerte an diesen Fotos ist ihre Farbigkeit, denn die meisten Fotos weltweit waren damals schwarz-weiß. Dieses Bild von Else und einem Ägypter vor der Menkaure-Pyramide, der kleinsten der drei Hauptpyramiden von Gizeh im südwestlichen Randbezirk von Kairo, ist mit einem subtilen Rahmen versehen. Die beiden Personen, die in einer Linie mit den Steinblöcken um sie herumstehen, werden gleichgewichtet. Im Gegensatz zu den früheren, monolithischen Bildern der ägyptischen Monumente von Francis Frith und James S. Virtue zeichnet sich Paneths Foto durch eine persönliche Note aus. Zu weiteren Reisebildern Paneths zählen die Darstellung vertraulicher Momente, aber auch konventionellere Aufnahmen von Einheimischen und Gebäuden. Nur wenige sind so rätselhaft wie dieses Foto.

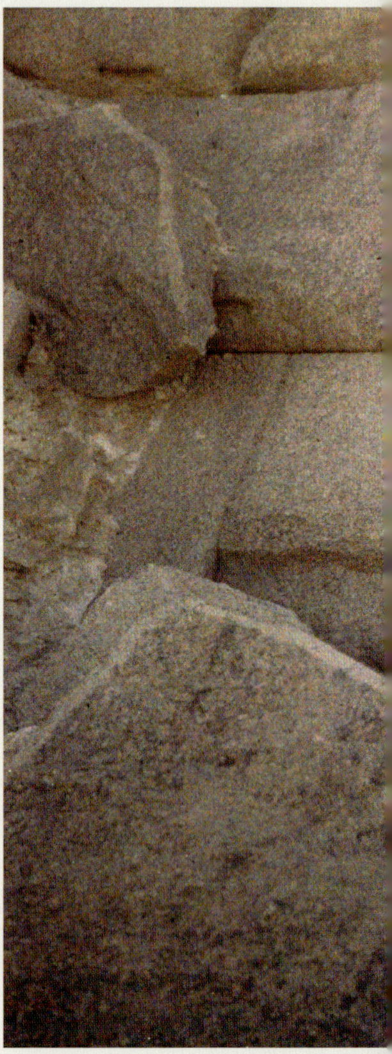

Weitere Werke von Friedrich Adolf Paneth

Verschneite Berge (1915)

Heinz und Eva am Berghang (1925)

Markt am Kai (1934)

LANDSCHAFT **S. 16** FARBE **S. 18** ETHNOGRAFISCHE FOTOGRAFIE **S. 26**

FRIEDRICH ADOLF PANETH
Der Österreicher Paneth flüchtete 1933 vor den Nazis nach Großbritannien. Nach dem Ende des Zweiten Weltkriegs ging er nach Deutschland, wo er bis zu seinem Tod als Direktor des Max-Planck-Instituts für Chemie in Mainz tätig war.

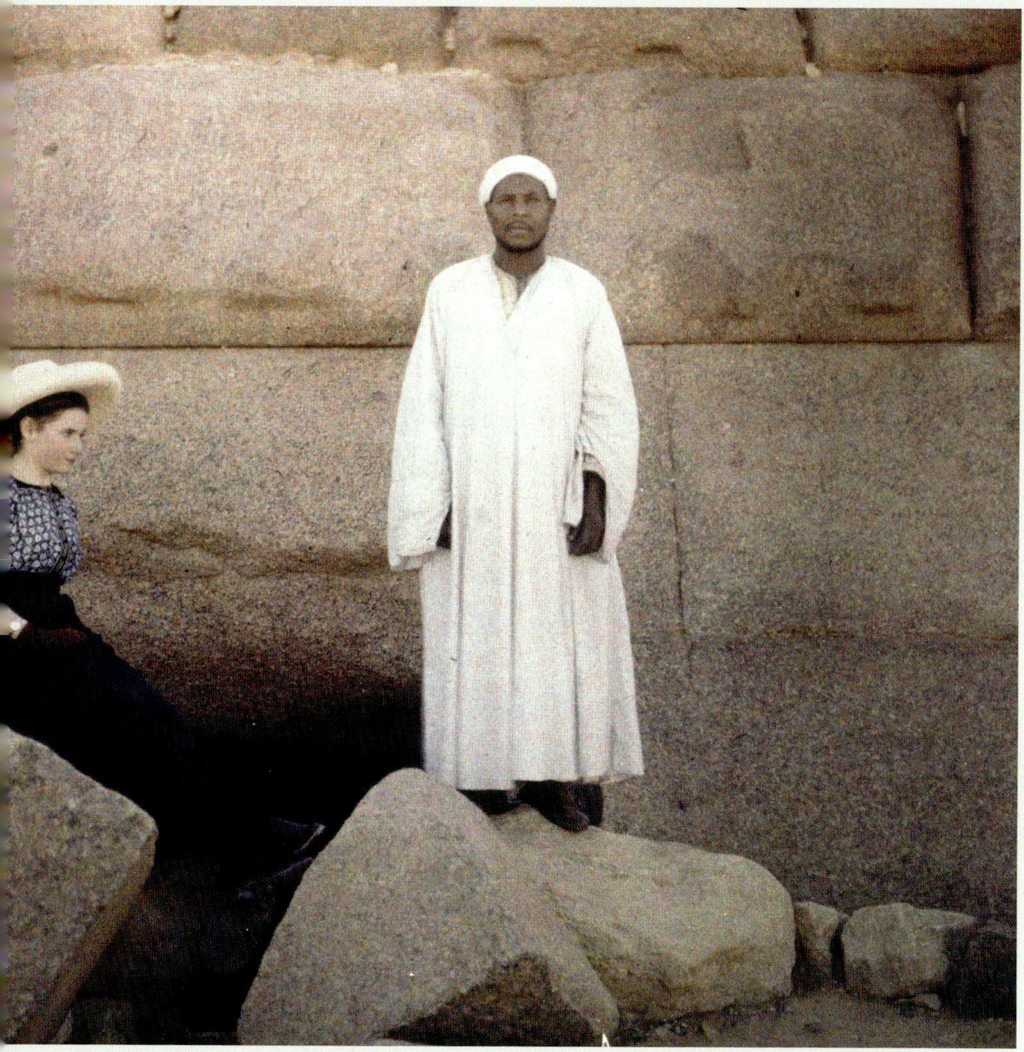

ARCHITEKTUR **S. 157** FAMILIE **S. 182**

Mechaniker und Dampfpumpe

LEWIS HINE: GELATINESILBERABZUG • 24,4 X 19,4 CM • THE J. PAUL GETTY MUSEUM, LOS ANGELES, USA

1921

LEWIS HINE
Der Soziologe Lewis Hine trieb mit Hilfe einer Kamera soziale Reformen voran. Seine schockierenden Aufnahmen von Kinderarbeit bewirkten eine Veränderung der amerikanischen Arbeitsgesetze. Welche Macht der Fotografie innewohnt, erkannte er in den Jahren 1904 bis 1909, als er die Erfahrungen der Einwanderer auf Ellis Island dokumentierte. Während des Ersten Weltkriegs hielt Hine die Arbeit des Roten Kreuzes fotografisch fest; später dokumentierte er den Bau des Empire State Buildings. Für eine neue Generation von Fotografen, darunter Paul Strand, war er ein Mentor.

Das Frühwerk von Lewis Hine (1874–1940) bewirkte die Verabschiedung strengerer Gesetze gegen Kinderarbeit in den USA, während seine mehr dokumentarischen Fotos aus den 1920er Jahren ein Bild der urbanen Industrialisierung zeigen, das in deutlichem Kontrast zu den Aufnahmen ländlichen Lebens steht, die Fotografen ein Jahrzehnt später im Auftrag der Farm Security Administration (FSA) anfertigten.

Nach seiner bahnbrechenden Zusammenarbeit mit dem National Child Labor Committee erweiterte Hine seinen Fokus, um sämtliche Aspekte der wachsenden Industriearbeiterschaft zu dokumentieren. Doch seine Begeisterung für die Mechanisierung der amerikanischen Gesellschaft erfuhr einen Dämpfer, als er mitbekam, unter welchen Bedingungen unzählige Menschen dort arbeiteten.

Mechaniker und Dampfpumpe wurde erstmals 1921 in der Dezemberausgabe des soziologischen Magazins *The Survey Graphic* veröffentlicht. Es ist eines von vielen Fotos, die Hine über ein Jahrzehnt in den großen Kraftwerken des Landes aufgenommen hat. Durch die klaren Umrisslinien jedes Drehzapfens und jeder Verbindungsstrebe unterstreicht das Bild die Ehrfurcht des Fotografen vor den Dimensionen der Industrie, verweist aber gleichzeitig darauf, dass die riesigen Maschinen nur mit Hilfe der hart arbeitenden US-amerikanischen Fabrikarbeiter effektiv funktionieren können. Es zeigt eine symbiotische Beziehung zwischen Mensch und Maschine, in der der Schraubenschlüssel die Verbindung zwischen Metall und Fleisch herstellt. In dieser sorgfältig inszenierten Aufnahme macht Hine einen einsamen Arbeiter zu einem Symbol der industriellen Produktion.

Weitere Werke von Lewis Hine
Selbstporträt mit Zeitungsjunge (1908)
Austernschäler in Dunbar Cannery, Louisiana (1911)
Heben des Mastes, Empire State Building (1932)

STRASSENFOTOGRAFIE **S. 17** SELBSTPORTRÄT **S. 21** GESELLSCHAFT **S. 34**

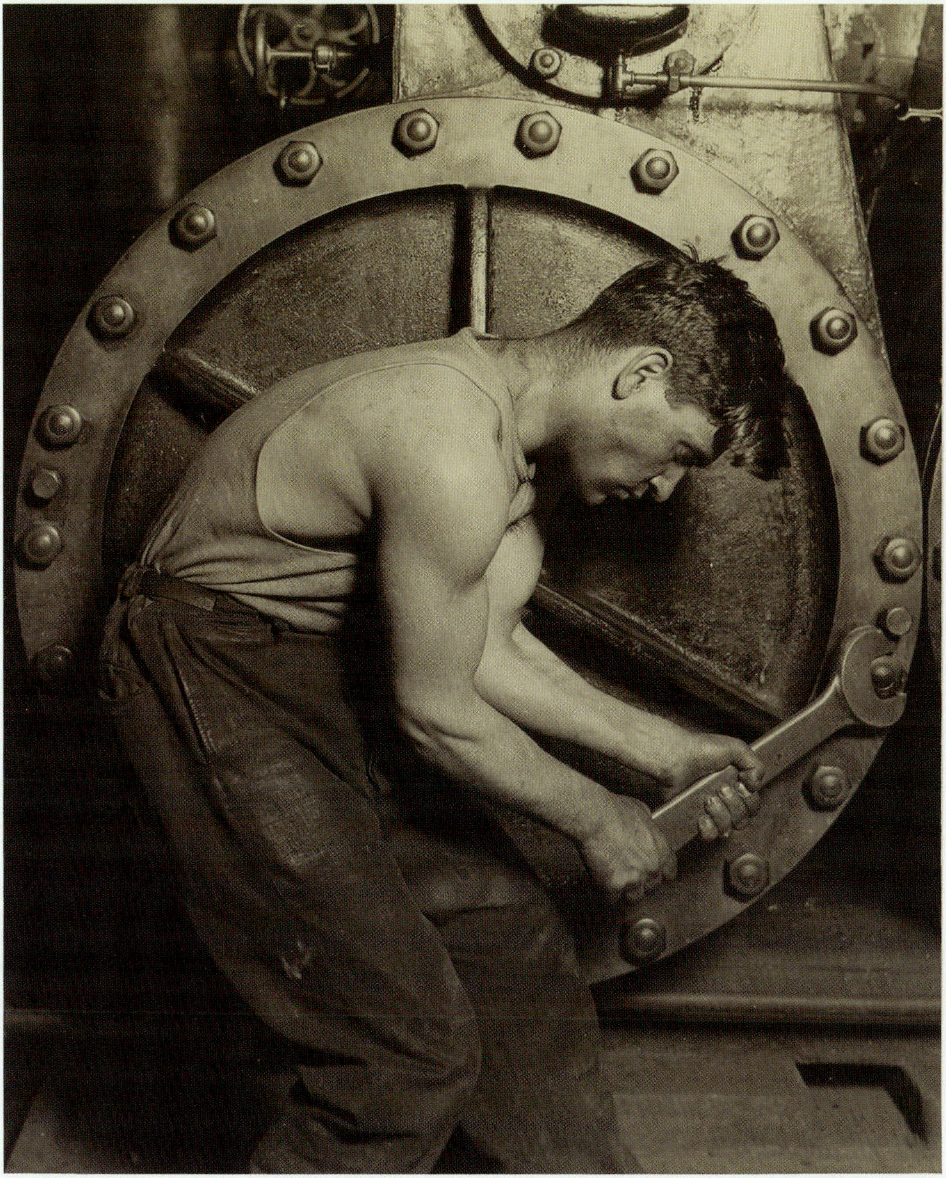

BEWEGUNG S. 161 TECHNOLOGIE S. 175 MODERNE S. 176

Le Violon d'Ingres

MAN RAY: SILBERABZUG, MIT BLEISTIFT UND TUSCHE BEARBEITET • 29,6 X 22,7 CM

1924

Weitere Werke von Man Ray

Rayografie ohne Titel (1922)

Solarisiertes Porträt von Lee Miller (1929)

Glastränen (1932)

Der gebürtige Amerikaner Man Ray (1890–1976) machte Paris zu seiner Wahlheimat, wurde zum fotografischen Aushängeschild der Dadaisten und Surrealisten, verwischte auf verblüffende Weise die Grenze zwischen Mode und Kunst und ließ in seinem Werk Träume Wirklichkeit werden.

Auf den Abzug eines Porträts der Nachtclubsängerin, Schauspielerin und Malerin Kiki de Montparnasse, die vielen Künstlern Modell saß, zeichnete Man Ray die Schalllöcher einer Violine und fotografierte das veränderte Bild dann erneut. Die Aufnahme erschien im Juni 1924 in der 13. Ausgabe von André Bretons Zeitschrift *Littérature* und läutete den Beginn der surrealistischen Bewegung ein. Man Ray nimmt mit seinem Bild Bezug auf den französischen neoklassizistischen Maler Jean-Auguste-Dominique Ingres, der sich mit Vorliebe der Aktmalerei widmete und leidenschaftlich gern Violine spielte. Kikis in ein Musikinstrument verwandelter Körper suggeriert, dass man mit ihr spielen muss. (Sie und Man Ray waren ein Liebespaar, als das Bild entstand, was jede Interpretation nur noch erschwert.) Das scheinbare Fehlen der Gliedmaßen unterstreicht ihre Verletzlichkeit. Der Bildtitel greift eine französische Redewendung auf: „Le Violon d'Ingres" (die Violine von Ingres) bedeutet so viel wie „Hobby", und das macht das Bild noch mehrdeutiger: Ob es Man Ray nun um die Vergegenständlichung oder Wertschätzung der Schönheit ging: Sein Bild zeugt in jedem Fall von einer guten Portion Humor.

MAN RAY

Als Man Ray 1921 nach Paris übersiedelte, ließ er sich am Montparnasse nieder. In diesem pulsierenden Viertel, das von Reichen und Armen gleichermaßen frequentiert wurde, entstanden seine Porträts angesehener Künstler und Schriftsteller. Mit seiner Assistentin und zeitweiligen Geliebten Lee Miller entwickelte er das Verfahren der Solarisation und schuf eine Form des Fotogramms, die er als Rayografie bezeichnete.

PORTRÄT **S. 15** AVANTGARDE **S. 23** KUNST **S. 31**

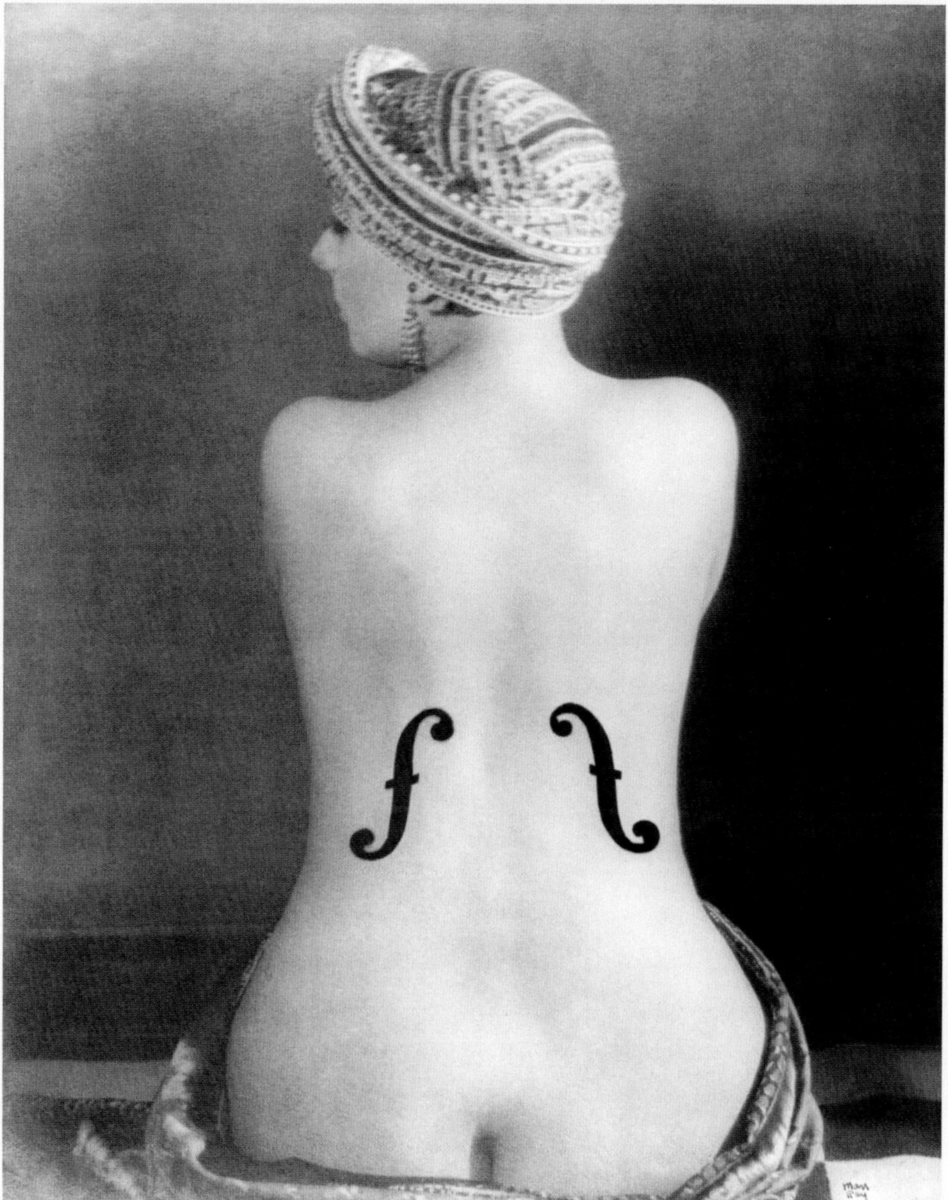

SURREALES **S. 162** SCHÖNHEIT **S. 158** GENDER **S. 178** GELATINESILBERDRUCK **S. 196** SOLARISATION **S. 205**

Porträt der Mutter

ALEXANDER RODTSCHENKO: GELATINESILBERABZUG • 22,9 X 15,9 CM

1924

ALEXANDER RODTSCHENKO
Als sich Alexander Michailowitsch Rodtschenko im Alter von 33 Jahren der Fotografie zuwandte, war er bereits als einer der herausragenden sowjetischen Künstler aus der Oktoberrevolution hervorgegangen und einer der wenigen, die Stalins Säuberungen überlebt hatten. Fotografie und Fotomontage dominierten sein Werk in jener Zeit. In den späten 1930er Jahren wandte er sich wieder der Malerei und seiner eigenen Form des abstrakten Expressionismus zu.

Der vom Kubismus und Futurismus sowie von den suprematistischen Gemälden Kasimir Malewitschs inspirierte Alexander Rodtschenko (1891–1956) war ein führender Kopf des russischen Konstruktivismus und hatte als Fotograf maßgeblichen Einfluss auf das Grafikdesign.

Zu Rodtschenkos frühen Arbeiten zählt eine Serie mit Aufnahmen von seiner Familie und engen Freunden. Aus diesen Bildern sticht besonders das Foto seiner 59-jährigen Mutter heraus. Rodtschenko beschnitt das Negativ so stark, dass man unmöglich erkennen kann, welche Gegenstände darauf ursprünglich zu sehen waren. Stattdessen werden wir gezwungen, das Tun der Mutter zu betrachten und uns somit unseren eigenen Akt des Sehens bewusst zu machen. Es liegt vielleicht mehr Bewunderung als Gefühl in der Art, wie Rodtschenko seine Mutter aufgenommen hat, während sie sich bemüht, durch eines ihrer Brillengläser zu lesen. Dadurch, dass er die Außenwelt komplett abgeschnitten und den Fokus allein auf seine Mutter gerichtet hat, entsteht der Eindruck äußerster Konzentriertheit. Die Mutter ist einfach, aber vornehm gekleidet – dieses Erscheinungsbild sollte in der sowjetischen Propaganda später eine heroische Konnotation bekommen. Im selben Jahr machte Rodtschenko ein weiteres Foto von einem Brillenträger, dem Literaturkritiker Osip Brik, mit dem er befreundet war. Eines seiner Augen ist verdeckt, weil sich auf dem Brillenglas ein Text widerspiegelt. Das Foto kündet von Rodtschenkos Umschwenken auf eine andere, radikalere kreative Herangehensweise.

Weitere Werke von Alexander Rodtschenko

Schuchow-Radioturm (1919)
Osip Brik (1924)
Treppe (1930)

SCHWARZ-WEISS-FOTOGRAFIE **S. 12** PORTRÄT **S. 15** AVANTGARDE **S. 23**

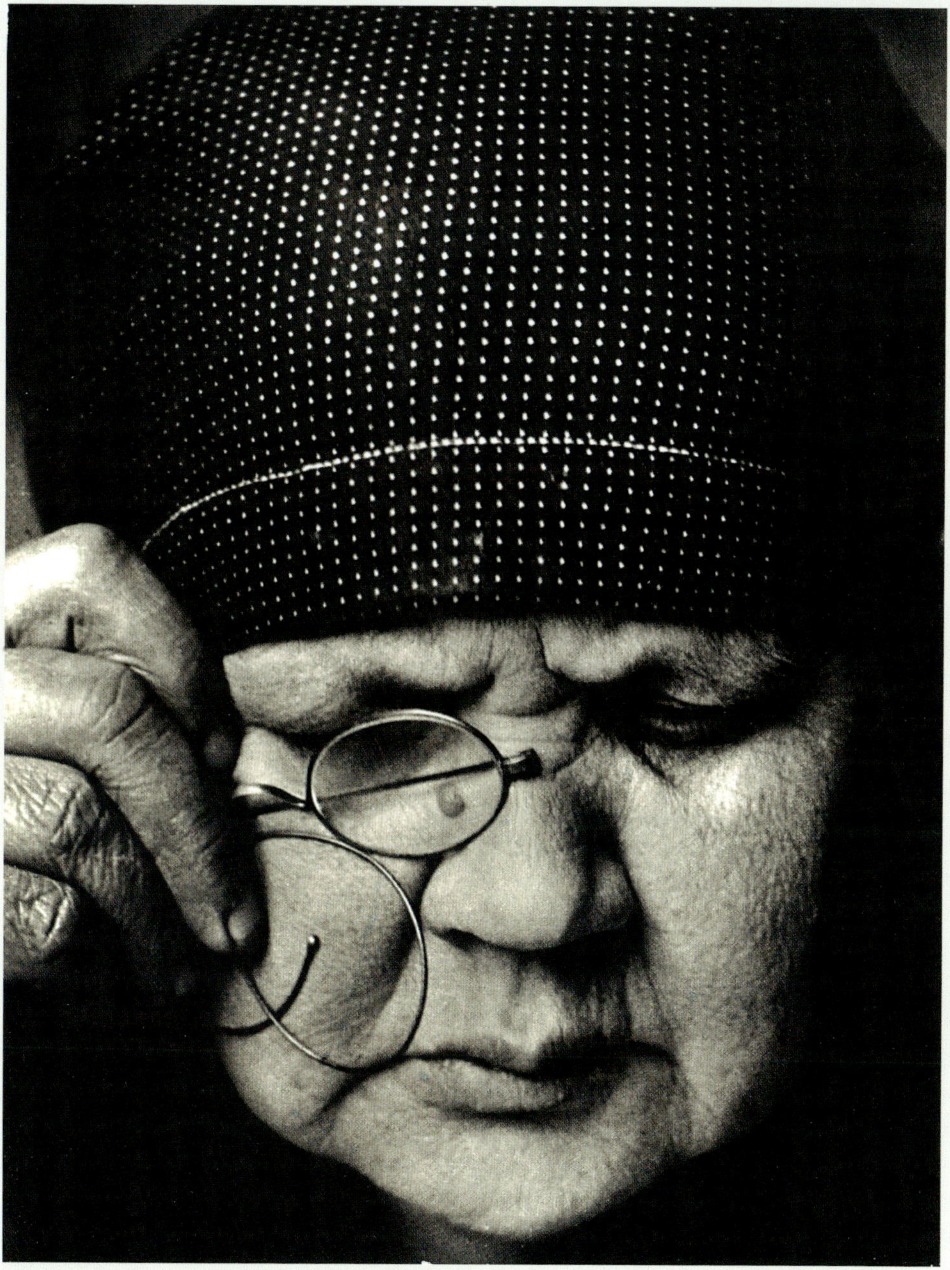

IKONEN S. 166 FAMILIE S. 182 FOTOMONTAGE S. 212

Die Gabel

ANDRÉ KERTÉSZ: GELATINESILBERABZUG • 19,2 X 24,7 CM •
MUSÉE NATIONAL D'ART MODERNE, CENTRE POMPIDOU, PARIS, FRANKREICH

1928

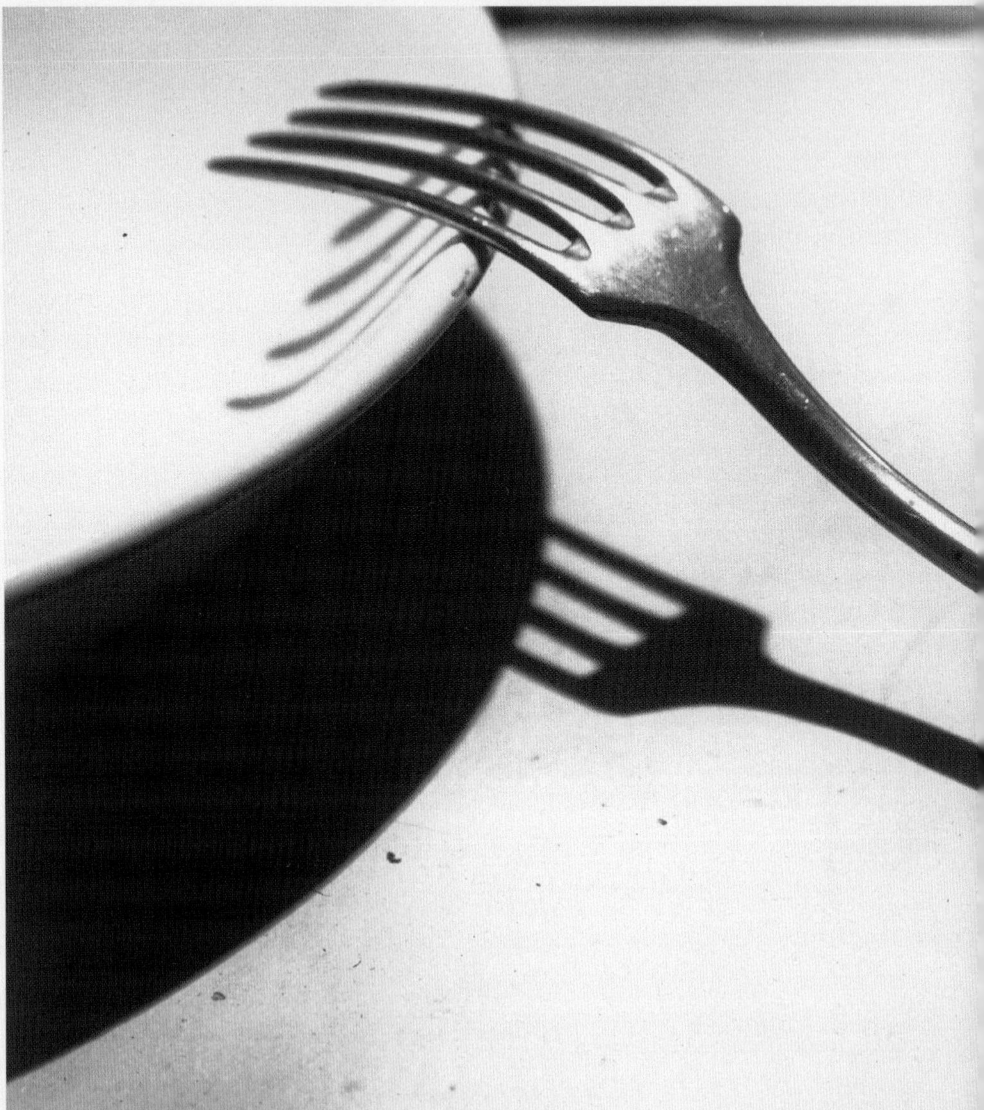

SCHWARZ-WEISS-FOTOGRAFIE **S. 12** STILLLEBEN **S. 20** AVANTGARDE **S. 23**
KUNST **S. 31** KONZEPTUELLE FOTOGRAFIE **S. 39**

Weitere Werke von André Kertész

Satirische Tänzerin, Paris (1926)

Verzerrung #40 (1933)

Verlorene Wolke, New York (1937)

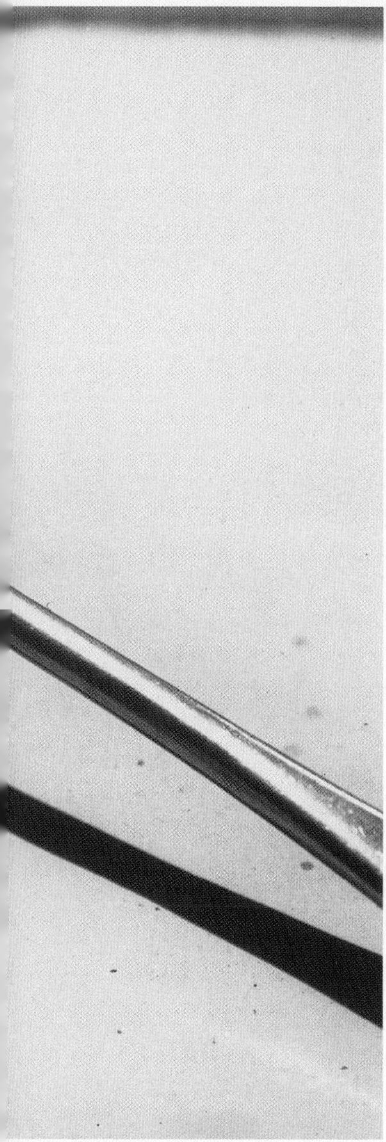

Schon in seinen frühen Experimenten, bei denen er aus ungewöhnlichen Blickwinkeln und in unorthodoxem Stil fotografierte, beherrschte André Kertész (1894–1985) die Kunst, Form und Inhalt auszubalancieren: Er schuf brillant komponierte Fotos, die sowohl die Nuancen menschlichen Verhaltens als auch die Schönheit der Abstraktion einfangen.

Kertész beschrieb die Kunst des Fotografierens als „eine fortwährende Entdeckung, die Geduld und Zeit erfordert." Er war der Meinung, ein Fotograf könne die Bedeutung eines Bildes nur mit Hilfe von Entschlossenheit und Fokussierung erfassen; Manipulationen betrachtete Kertész als Verrat an der Wahrheit. Alles in diesem Foto ist Struktur, angefangen beim Tisch und dem Teller bis hin zur Gabel und ihrem Schatten, der vom Tellerrand unterbrochen wird, um sich dann elegant über den Rand der Schale hinauszuwölben. Der dünne Streifen, der das Ende des Tisches markiert, bildet einen Kontrast zu den geschwungenen Linien, die der Teller und die Gabel beschreiben. Die Gabel, aufgenommen zu einer Zeit, als sich viele Künstler gleichermaßen mit der Funktion und der Form eines Gegenstands beschäftigten, ist ein wunderschön gestaltetes Bild, das die einfache Funktion des Utensils nicht verschleiert. Das Foto wurde zunächst in Galerien gezeigt und später als Werbemotiv für Bruckmann-Silberbestecke genutzt.

ANDRÉ KERTÉSZ

Der in Ungarn geborene Kertész Andor emigrierte 1925 nach Paris, änderte seinen Namen und begann, mit seinen Porträts und abstrakten Bildern Aufmerksamkeit zu erregen. Wegen der steigenden Nachfrage wechselte er 1928 das Kameraformat und tauschte die Glasplattenkamera gegen eine kleinere Leica ein. Nach dem Zweiten Weltkrieg ging er in die USA, wo sein Renommee weiter wuchs, wenngleich er stets der Meinung war, er habe mehr Würdigung verdient, als er bekam.

→ GELATINESILBERDRUCK **S. 196**

Divers

GEORGE HOYNINGEN-HUENE: SILBERABZUG

1930

Der Pionier der Modefotografie George Hoyningen-Huene (1900–1968) ging aus dem Studio heraus, um seine Modelle unter freiem Himmel zu fotografieren; er trug auch dazu bei, dass Modelle vermehrt aus einer erhöhten Perspektive aufgenommen wurden.

Dieses Foto erschien erstmals in der Juli-Ausgabe der amerikanischen *Vogue* mit der Bildunterschrift: „Zweiteiliger Badeanzug mit granatrotem Unterteil und rot-weißem Oberteil aus maschinengestrickter Alpakawolle, einem gewebten Pullover ähnlich.“ Diese Beschreibung der Farbe war für potenzielle Käufer von wesentlicher Bedeutung. Was die Bildunterschrift nicht enthüllt, ist die Schönheit des Bildes. Die Symmetrie der Aufnahme, angefangen beim Sprungbrett bis hin zur Anordnung der Modelle darauf sowie das Licht der Sommersonne, betonen die Linien der Körper. Und obwohl wir die Gesichter der Modelle nicht sehen, liegt in ihrem Hinausblicken auf das Meer ein Ausdruck von Sehnsucht. (Eine Illusion: Das Foto wurde vor einer gemalten Kulisse auf dem Dach des Pariser *Vogue*-Studios aufgenommen, hoch oben über den Champs-Elysées.)

Hoyningen-Huene war einer der ersten Modefotografen, der für seine Aufnahmen oft männliche Modelle beschäftigte. Am häufigsten arbeitete er dabei mit Horst P. Horst zusammen, der auch auf diesem Bild zu sehen ist. Der Schützling und Liebhaber Hoyningen-Huenes wurde später selbst ein berühmter Modefotograf.

GEORGE HOYNINGEN-HUENE
Der dem russischen Großbürgertum entstammende Hoyningen-Huene floh mit seiner Familie zu Beginn der Oktoberrevolution zunächst nach London, dann weiter nach Paris. Nachdem er 1935 in die USA gegangen war, wurde er bei *Harper's Bazaar* unter Vertrag genommen. Für die Zeitschrift machte er brillante Studioaufnahmen mit ausgeprägten Schatten, veranstaltete aber auch Shootings unter freiem Himmel.

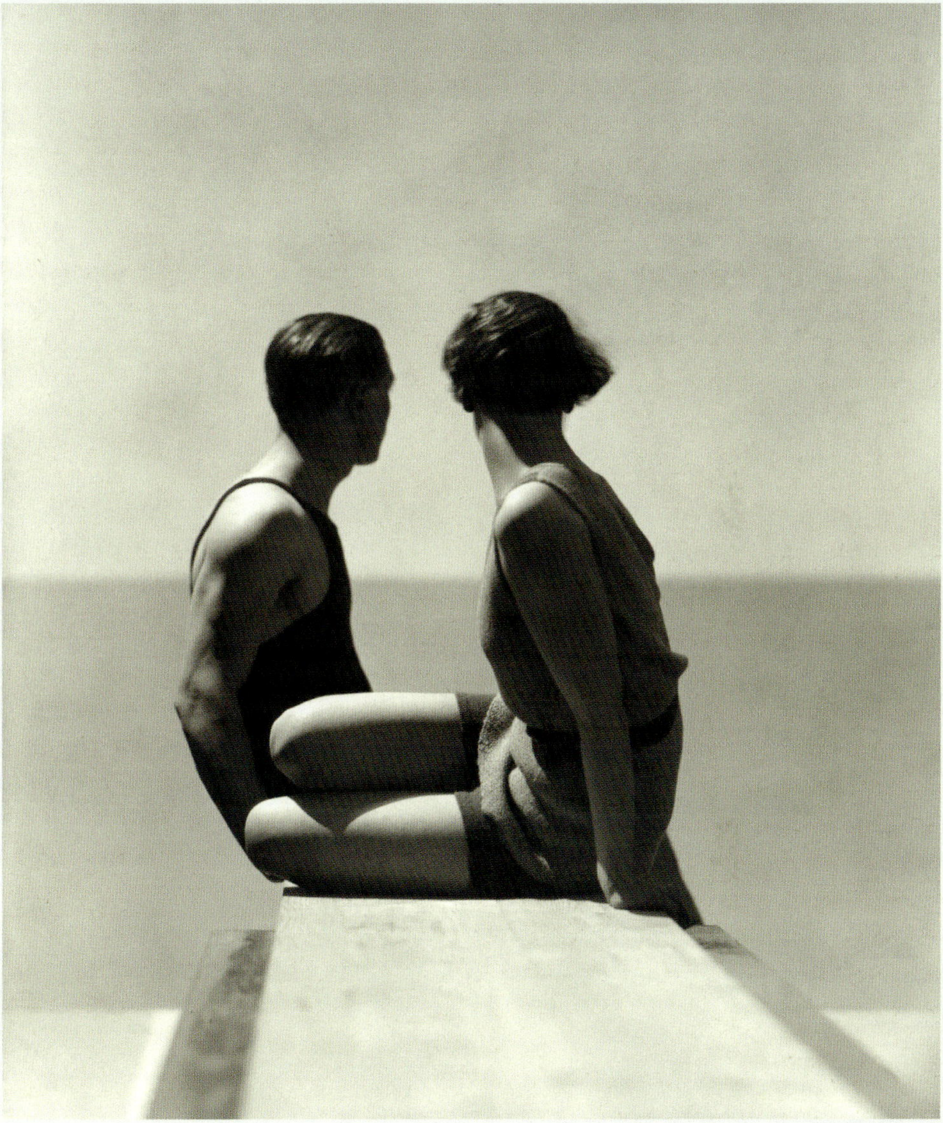

Weitere Werke von George Hoyningen-Huene

Die Tänzerin Alanova (1930)

Satin-Pump (nach links gewandt) aus Perugia (1929)

Toni Hollingsworth und Loty Salon (1941)

SCHÖNHEIT **S. 158** GELATINESILBERDRUCK **S. 196**

Paprikaschote (Nr. 30)

EDWARD WESTON: GELATINESILBERABZUG • 24 X 19,1 CM • MUSEUM OF FINE ARTS, HOUSTON, TEXAS, USA

1930

Weitere Werke von Edward Weston

Muschel (1927)

Akt (1936)

„Hot Coffee“, Mojave-Wüste (1937)

Edward Weston (1886–1958), einer der einflussreichsten amerikanischen Fotografen, ist bekannt für seine Liebe zum Detail, seinen einzigartigen Blick auf die Welt und seine Fähigkeit, das Wesen seiner Motive einzufangen.

Weston wollte das „Gewöhnliche ungewöhnlich machen“ – dass ihm dies gelungen ist, belegt sein Stillleben einer Paprikaschote. Es ist die letzte von 30 Studien, die er an vier Tagen aufgenommen hat. Er platzierte die Paprikaschote in einen großen, auf der Seite liegenden Blechtrichter und ging so nah an sie heran, dass das Motiv den Rahmen eines 20,3 x 30,5 cm großen Negativs ausfüllte. Im unteren Vordergrund sind die gebogene Form des Trichters und seine raue Oberflächenstruktur zu sehen, während der dunkle Hintergrund die geschwungene Form der Paprikaschote sowie die Lichtreflexe auf ihr hervorhebt. Das Gemüse war kurz davor, zu verderben, doch die leichten Anzeichen des Verfalls, die sich auf der ansonsten glatten Haut abzeichnen, verstärken noch den verfremdenden Eindruck der Nahaufnahme.

Ein Eintrag in Westons Tagebuch belegt, dass er mit seiner Aufnahme sehr zufrieden war. Die extreme Nähe der Kamera verleiht der Paprikaschote etwas Abstraktes, das zusammen mit ihrer eigenartigen Form und der ledrigen Oberflächenstruktur an abstrakte Skulpturen wie die von Henry Moore erinnert, insbesondere an seine Experimente mit Walnussholz.

EDWARD WESTON
Der aus Chicago gebürtige Weston pflegte zunächst einen piktorialistischen Stil mit weichem Fokus, gab diesen aber schon bald zugunsten einer radikaleren Methode auf – Terence Pitts, Direktor des Center for Creative Photography, beschrieb diese als „typisch amerikanische und speziell kalifornische Herangehensweise an die Fotografie.“ Westons Oeuvre beeindruckt durch seine Bandbreite an Motiven.

STILLLEBEN **S. 20** ABSTRAKTE FOTOGRAFIE **S. 22** AVANTGARDE **S. 23** KUNST **S. 31**

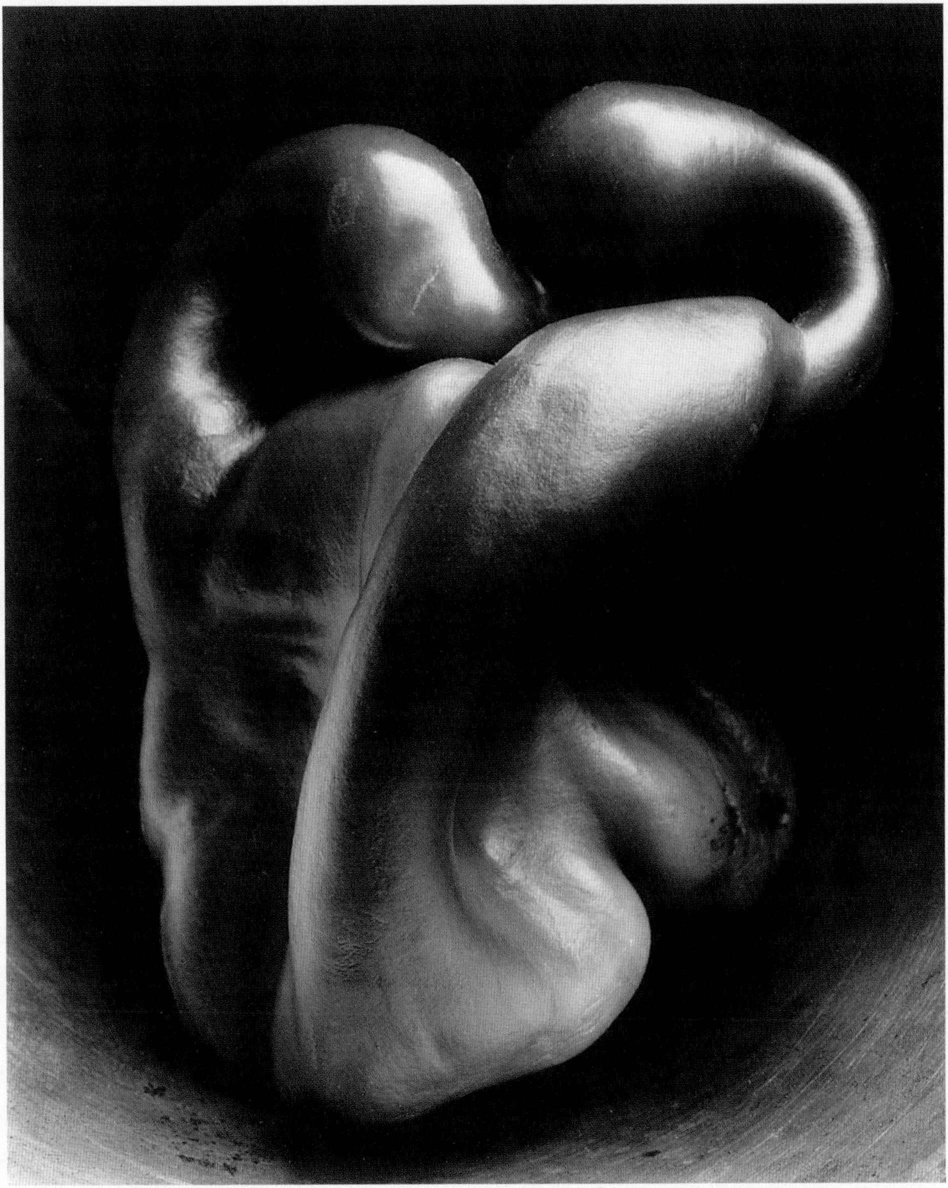

STRUKTUR **S. 177** GELATINESILBERDRUCK **S. 196**

Liebespaar im Café

BRASSAÏ: GELATINESILBERABZUG • 24,9 X 19,8 CM •
MUSÉE NATIONAL D'ART MODERNE, CENTRE POMPIDOU, PARIS, FRANKREICH

1932

BRASSAÏ
Gyula Halász nahm in Erinnerung an seine Heimatstadt Brassó im ungarischen Transsilvanien den Namen Brassaï an. Als er im Alter von 25 Jahren nach Paris kam, zog ihn das dortige Nachtleben schon bald in seinen Bann. Henry Miller nannte ihn „das Auge von Paris". Brassaïs Buch *Paris de Nuit* (1933) begründete seinen Ruhm und ermöglichte es ihm, das Leben in den reicheren Enklaven der Stadt zu dokumentieren.

Mit seiner 1933 erschienenen Fotosammlung des Pariser Nachtlebens machte sich Brassaï (1899–1984) als einer der besten Straßenfotografen einen Namen. Auch wenn viele seiner Bilder inszeniert waren, fangen sie doch die Stimmung in der französischen Hauptstadt nach Sonnenuntergang ein.

Brassaïs bekanntestes Foto zeigt die Leidenschaft eines Liebespaars in einem Café nahe der Place d'Italie. Es wirkt wie ein Schnappschuss eines Paares, das sich gerade küssen will, doch für einen Zufallstreffer ist der Rahmen vielleicht etwas zu perfekt. Das Verlangen im Blick der Frau sehen wir dank des einen Spiegels aus zwei Perspektiven, und durch den erhöhten Blickwinkel ist in dem anderen Spiegel der Ausdruck in den Augen des Mannes zu erkennen. Das hellere obere Drittel des Fotos wird ausbalanciert von dem dunkleren unteren Bereich, in dem die beiden Körper zu einem verschmelzen, was die Innigkeit des Paares betont. Die Gegenstände auf dem Tisch sind innerhalb des Rahmens perfekt platziert, sie füllen die untere Hälfte des Bildes gerade genug, um ihm Tiefe zu verleihen und eine Grenze zwischen dem Liebespaar und der Welt drum herum zu ziehen. Der Bildaufbau ist perfekt. „Die Bedeutung der Kunst liegt nicht in ihrer Authentizität", schrieb Brassaï, „sondern in ihrem Ausdruck von Authentizität."

Weitere Werke von Brassaï

Die dicke Claude und ihre Freundin im Monocle (1932)
Straßendirne nahe der Place d'Italie, Paris (1932)
Ballonverkäufer, Parc Montsouris, Paris (1934)

PORTRÄT **S. 15** GESELLSCHAFT **S. 34** INSZENIERTE FOTOGRAFIE **S. 40**

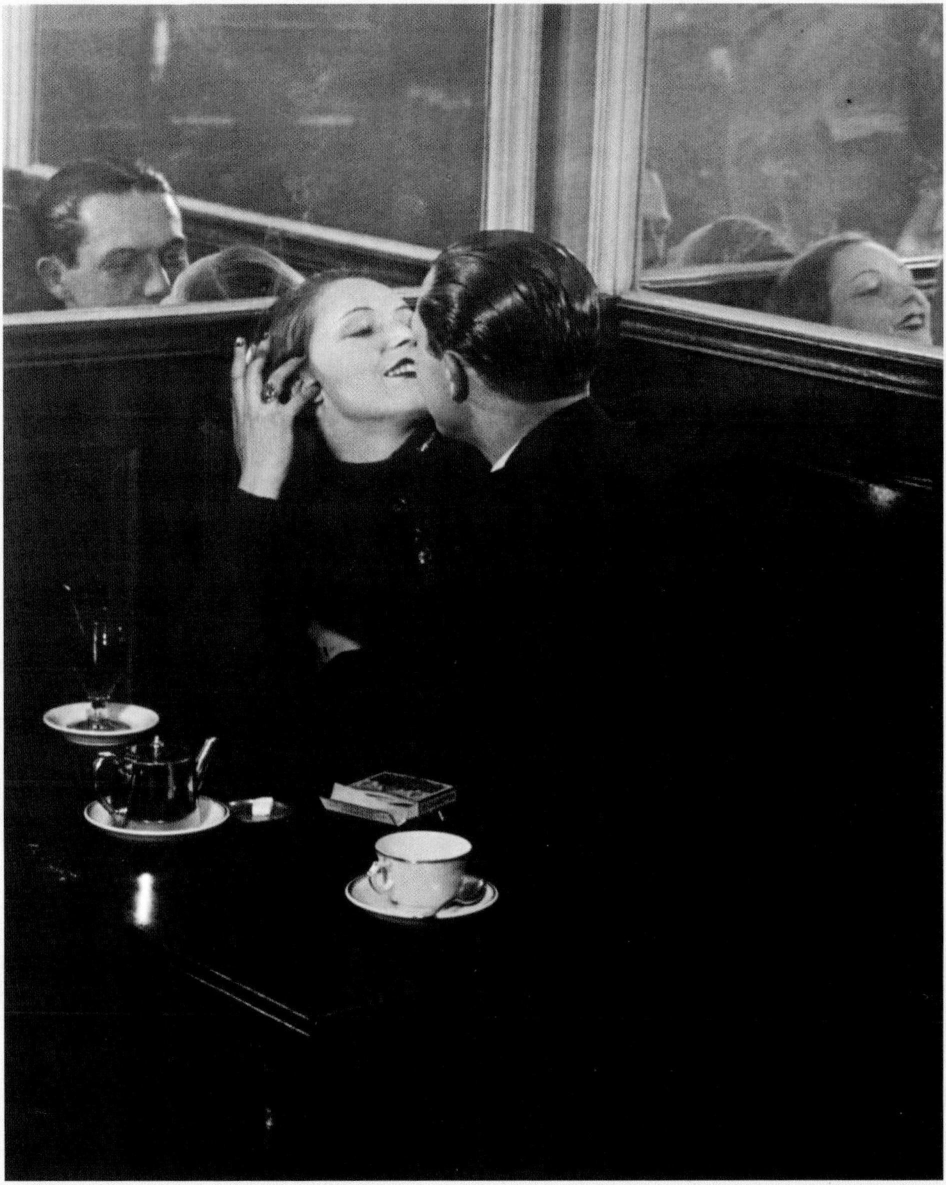

LIEBE **S. 159** IKONEN **S. 166** MENSCHEN **S. 173**

New York, Night View

BERENICE ABBOTT: GELATINESILBERABZUG • 34,1 X 27 CM

1932

Weitere Werke von Berenice Abbott

Unter der Hochbahn im New Yorker Stadtteil Battery (1936)

Manhattan Bridge, Lower East Side, New York (1937)

Zwei Männer am Happy's Refreshment Stand, Florida (1954)

Berenice Abbott (1898–1991), ehemals Assistentin von Man Ray, machte sich für das Werk ihres Vorbilds Eugène Atget stark und wurde zu einer bedeutenden Chronistin des Städtewandels in Amerika.

Abbotts Fotos von New York waren von den Texten Lewis Mumfords inspiriert, dessen Wunsch nach einem menschlicheren Ansatz bei der Städteplanung und der Architektur sie sich zu eigen machte. Dieses Foto, das sie am 20. Dezember 1932 zwischen 16.30 und 17 Uhr vom Empire State Building aus aufnahm, entstand in 15-minütiger Belichtungszeit mit einer Großformatkamera von Curt Bentzin auf einem 20,3 x 25,4 cm großen Negativ. Es zeigt, wie es im Zentrum von Manhattan allmählich dunkel wird. Die Dämmerung ermöglichte es Abbott, zahlreiche Details auf den Fassaden der Nachbargebäude des Empire State Buildings festzuhalten, während sich die Strukturen im Hintergrund vor der hereinbrechenden Dunkelheit zu einem Mosaik aus quadratischen Lichtern verwandeln. Diese Ansicht der Metropole mit ihrem gitterartigen Netz aus Straßen, Gebäuden und Lichtern hat abstrakte Qualitäten. Es ist ein heiteres Bild, wie nicht von dieser Welt, geradezu eine Hymne an New York, das im mittleren bis späten 20. Jahrhundert ein Sinnbild des städtischen Lebens war, genau wie Edgard Varèses kakophone Hommage *Amériques* (1927). Beide stehen im Bann einer riesigen, auf einem Fels gegründeten Stadt, deren Details ebenso beeindrucken wie das Gesamtbild.

BERENICE ABBOTT
1959, zwei Jahrzehnte nach Erscheinen ihres Buches *Changing New York*, reiste Abbott auf dem US-Highway 1 von Florida nach Maine und hielt dabei das Wachstum kleiner Städte und den Bau von Gebäuden mit Automobilbezug fest. Schließlich ließ sie sich in Maine nieder, das sie bis zu ihrem Tod immer wieder fotografierte.

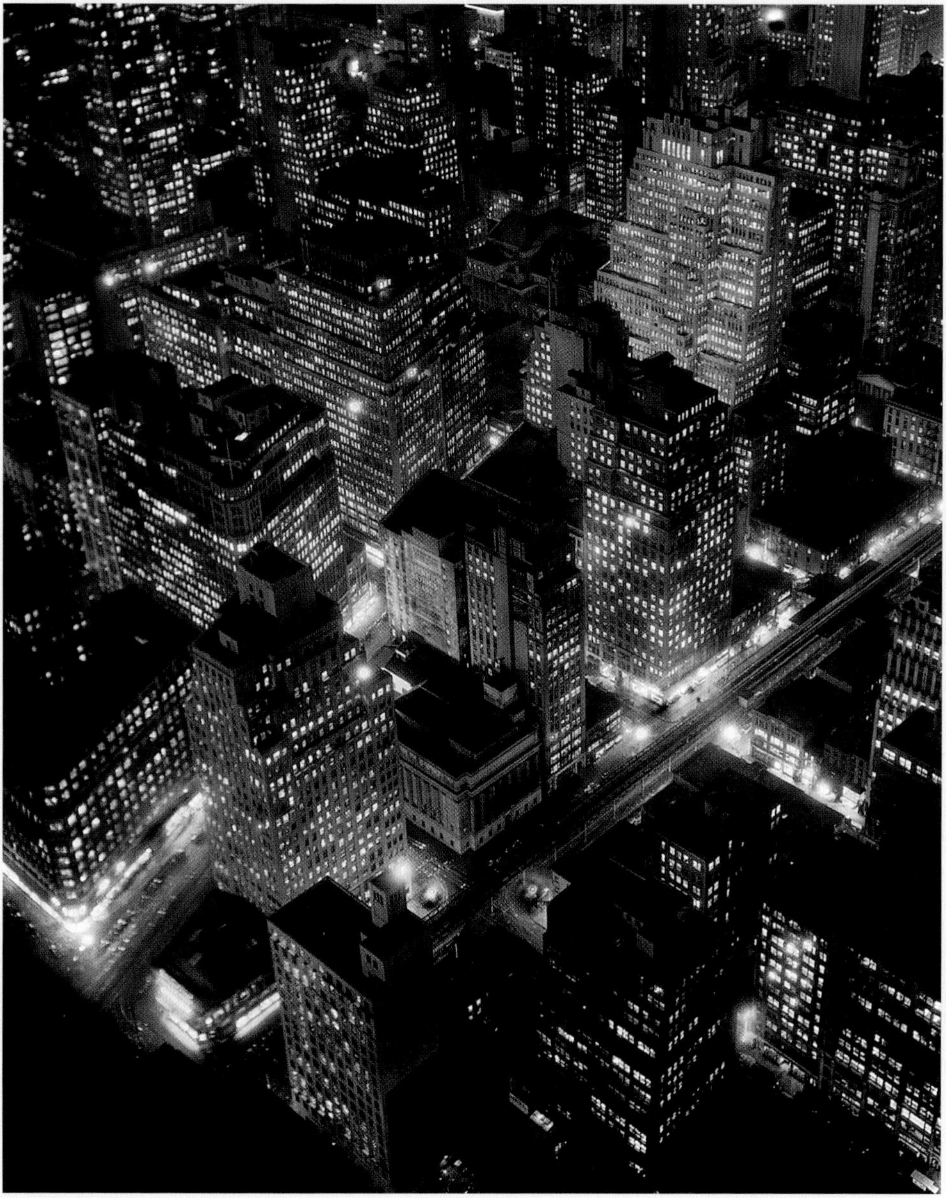

ARCHITEKTUR S. 157 STADTANSICHTEN S. 168 MODERNE S. 176

Heimatlose Mutter, Nipomo, Kalifornien

1936

DOROTHEA LANGE: GELATINESILBERABZUG • 28,3 X 21,8 CM • LIBRARY OF CONGRESS, WASHINGTON D.C., USA

Weitere Werke von Dorothea Lange

Pleite, Baby krank und Ärger mit dem Auto! (1937)

Verlassene Farm im Dust Bowl, Coldwater District, nahe Dalhart, Texas, Juni (1938)

Arbeitsuchender Baumwollpflücker, Eloy, Arizona (1940)

Mit Beginn der Weltwirtschaftskrise gab Dorothea Lange (1895–1965) ihr Studio auf, um draußen das wirkliche Leben zu fotografieren. Als äußerst mitfühlende Chronistin dokumentierte sie das Leben der amerikanischen Arbeiterklasse.

Langes ausdrucksstarkes Foto *White Angel Breadline* (1933), das einen Obdachlosen zeigt, der für Essen ansteht, weckte die Aufmerksamkeit der Farm Security Administration (FSA). Diese bot Lange daraufhin an, Mitglied einer von Walker Evans geleiteten Gruppe von Fotografen zu werden, die die schwierige Situation der Landbevölkerung in den USA dokumentieren sollte. Daraufhin reiste Lange fünf Jahre lang durch das Land und fotografierte Menschen auf der Suche nach Arbeit. Diese Bilder, wie auch die ihrer Kollegen, unterscheiden sich deutlich von denen anderer fotografischer Bewegungen. Hatten Fotografen wie Lewis Hine zuvor ihren Fokus auf die zunehmende Mechanisierung der Gesellschaft gerichtet, so wählten die Fotografen der FSA eine stärker Anteil nehmende Form der Dokumentation.

Heimatlose Mutter ist vielleicht das berühmteste Bild, das im Rahmen des FSA-Projekts entstanden ist. Lange begegnete Florence Owens Thompson und ihrer Familie unter Tausenden Wanderarbeitern in einem Erbsenpflückerlager in Nipomo Mesa, Kalifornien. Sie machte nur eine Handvoll Aufnahmen. Die Armut der Familie spricht nicht nur aus der Kleidung, die Thompson und ihre Kinder tragen, sondern auch aus dem Bildhintergrund. Die Naht, die in der oberen rechten Ecke zu sehen ist, macht deutlich, dass es sich hier um Tuch handelt – eine Art Zelt –, das jedoch nicht sonderlich robust zu sein scheint. Die Kinder, ungepflegte kleine Engel, wenden sich von der Kamera ab und lenken die Aufmerksamkeit so auf die Madonnen-ähnliche Figur in der Mitte. Thompsons Ausdruck und Haltung – Lange richtete ihren Fokus regelmäßig auf die Hände – weisen auf eine Mutter hin, die sich um die Zukunft sorgt, und machten sie zu einem Symbol der wirtschaftlichen Notlage im Amerika der 1930er Jahre.

DOROTHEA LANGE
Geboren als Dorothea Nutzhorn, studierte Lange bei Clarence H. White und eröffnete anschließend ein Fotostudio in San Francisco. Nachdem sie in den 1930er Jahren die verarmte Landbevölkerung fotografiert hatte, dokumentierte sie während des Zweiten Weltkriegs die Häftlinge in den US-Kriegsgefangenenlagern. Nach Kriegsende arbeitete sie als Dozentin und war 1952 Mitbegründerin der Fotozeitschrift *Aperture*.

PORTRÄT **S. 15** DOKUMENTARFOTOGRAFIE **S. 28**

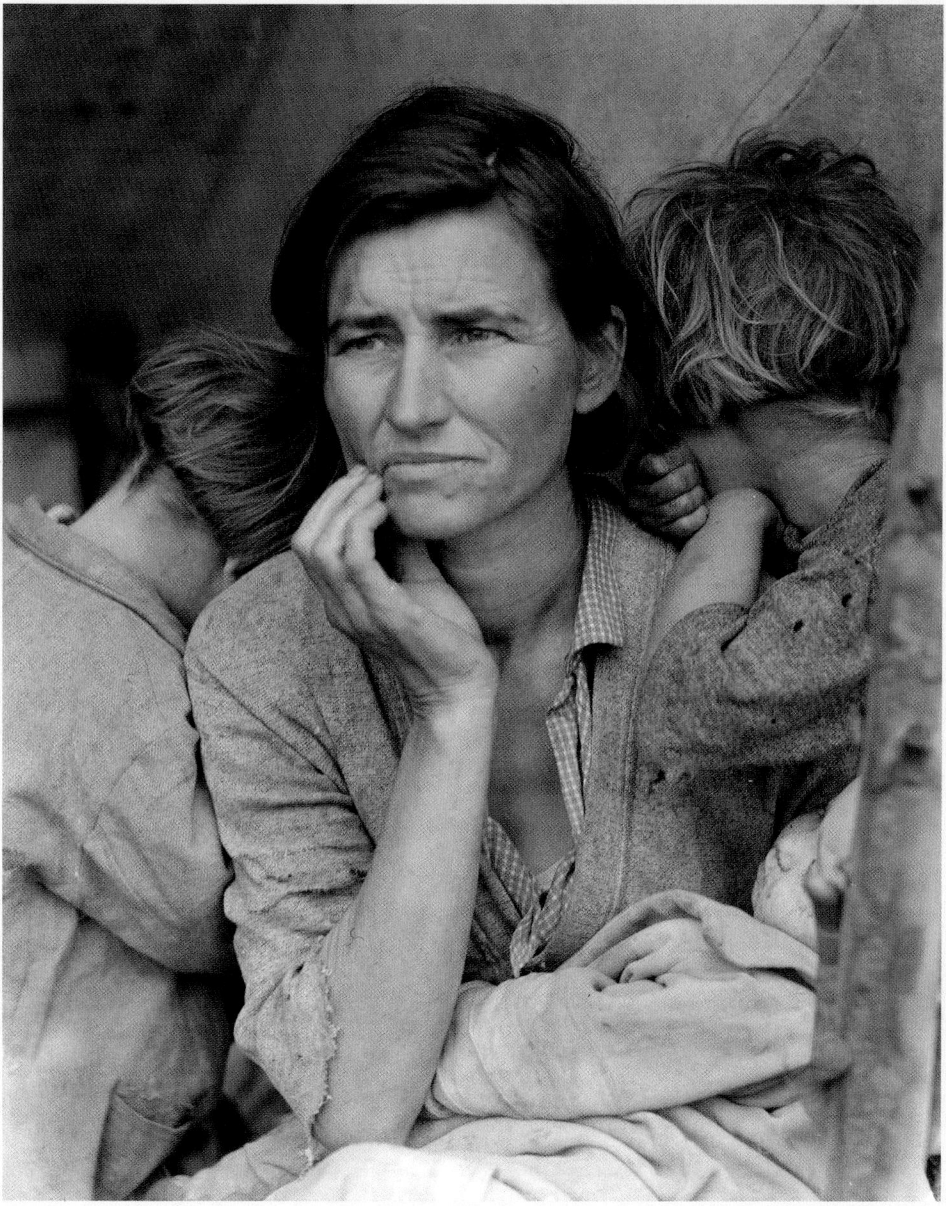

KLASSE **S. 170** ARMUT **S. 171** FAMILIE **S. 182**

Waschraum im Haus der Burroughs, Hale County, Alabama

1936

WALKER EVANS: GELATINESILBERABZUG • 23,5 X 16,7 CM • THE J. PAUL GETTY MUSEUM, LOS ANGELES, USA

WALKER EVANS
Evans' Fotografien erschienen zuerst als bloße Illustrationen in *The Bridge* (1930), einem epischen Gedicht seines Freundes Hart Crane. Es folgte ein kleiner Auftrag, für den er das Leben in der kubanischen Hauptstadt Havanna dokumentierte. Anschließend begann er an dem Oeuvre zu arbeiten, das seinen Ruf begründen sollte. Erst 1971 wurde eine Retrospektive seines Werks im New Yorker Museum of Modern Art gezeigt.

Amerikas berühmter Chronist Walker Evans (1903–1975), der die Notlage der verarmten Landbevölkerung dokumentierte, schuf ein direktes, zutiefst menschliches Werk, das sich nicht auf einen Stil festlegen lässt.

1936 ließ sich Evans von der Farm Security Administration, für die er arbeitete, beurlauben, um zusammen mit dem Schriftsteller und Kritiker James Agee über das Leben der verarmten Baumwollfarmer in den Südstaaten zu berichten, und zwar im Auftrag der Zeitschrift *Fortune*. Der Auftrag wurde dann zurückgezogen, aber Agee und Evans veröffentlichten das umfangreiche Material 1941 in dem ehrgeizigen Buchprojekt *Let Us Now Praise Famous Men*, in dem sie über das Leben dreier Familien in Alabama berichten. Während Agee mit seiner zornigen Prosa gegen die Ungerechtigkeit, die er mit eigenen Augen gesehen hatte, ins Feld zog, spiegelten Evans' häufig elegische Fotos seinen Wunsch nach „literarischen, richtungsweisenden, transzendenten" Bildern. Neben Einzel- und Gruppenporträts gab es auch Aufnahmen der Wohnhäuser. Der Waschraum im Haus der Burroughs zeigt eindringlich, in welcher Armut manche Familien lebten. Das Bild hat einen wunderschönen Rahmen, aber die karge Ausstattung, mit der die gesamte Familie zurechtkommen muss, sowie die Leere des Hauses, die der Blick durch den Türspalt erahnen lässt, wirken wie eine düstere Anklage der vernachlässigten amerikanischen Landbevölkerung.

Weitere Werke von Walker Evans

Ehefrau eines Hofpächters in Hale County, Alabama (1936)
Bud Fields und seine Familie, Hale County, Alabama (1936)
Prairie Avenue, 21st Street, South Side, Chicago (1946)

STRAIGHT PHOTOGRAPHY **S. 14** PORTRÄT **S. 15** ETHNOGRAFISCHE FOTOGRAFIE **S. 26**
FOTOJOURNALISMUS **S. 27** DOKUMENTARFOTOGRAFIE **S. 28**

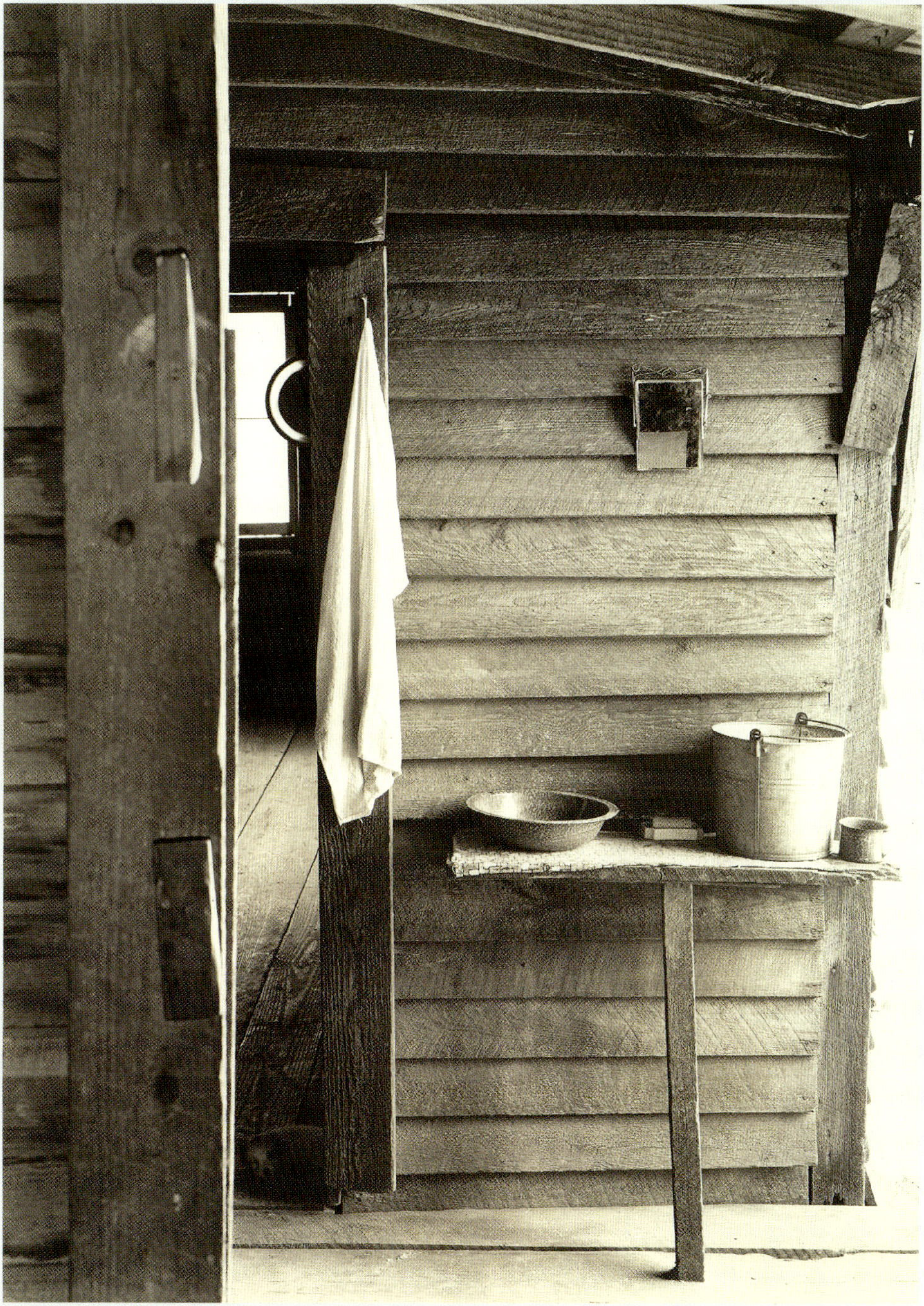

KLASSE **S. 170** ARMUT **S. 171** FAMILIE **S. 182**

Fotogramm

LÁSZLÓ MOHOLY-NAGY: GELATINESILBERABZUG • 49,53 X 40,32 CM

1939

Als einer der wichtigsten Lehrer am Bauhaus in den 1920er Jahren verstand es László Moholy-Nagy (1895–1946), Technologie und Industrie in alle Bereiche der Kunst zu integrieren.

In diesem mittelbaren, ohne Kamera hergestellten Foto finden sich nichtsdestotrotz Aspekte, die schon Moholy-Nagys eher klassisches Werk kennzeichnen, etwa seine Faszination für Straßenaufnahmen aus erhöhter Perspektive. Das Licht passierte bei diesem Fotogramm verschiedene Substanzen und Gegenstände, um deren Form auf Papier zu bannen. 1923 begann Moholy-Nagy mit Tageslichtpapier zu experimentieren, das er später durch schneller reagierendes Gaslichtpapier ersetzte.

Dieses Verfahren hatten bereits die Pioniere der Fotografie angewandt, und im späten 19. Jahrhundert war es als Kinderbelustigung beliebt. Hier jedoch fühlt sich das Ergebnis radikaler an. Im ersten Impuls versucht man, eine Ordnung in der Form zu finden – etwas, das sich identifizieren lässt. Doch das Spiel mit dem Licht stellt jede normale fotografische Perspektive infrage, sogar die Tiefenschärfe. Es ist weniger ein Einzelbild als vielmehr eine Reihe übereinander gelegter Bildfragmente. In diesem und vielen anderen Fotogrammen lässt Moholy-Nagy das Potenzial der Fotografie als brauchbare Alternative zur Malerei anklingen.

LÁSZLÓ MOHOLY-NAGY
Kurz nachdem er das Bauhaus verlassen hatte, schuf Moholy-Nagy sein berühmtestes Werk, die bewegliche Skulptur *Lichtrequisit einer elektrischen Bühne*. 1935 ging er nach Großbritannien und entwickelte dort die Spezialeffekte für Alexander Kordas Science-Fiction-Film *Was kommen wird* (1936). Seine letzten Lebensjahre verbrachte er in den USA als Leiter des Institute of Design am Illinois Institute of Technology.

SCHWARZ-WEISS-FOTOGRAFIE **S. 12** STILLLEBEN **S. 20** ABSTRAKTE FOTOGRAFIE **S. 22**
AVANTGARDE **S. 23** KUNST **S. 31** KONZEPTUELLE FOTOGRAFIE **S. 39**

Weitere Werke von László Moholy-Nagy

*Boxen (*1924)

Lyon, Frankreich (1929)

Blick vom Berliner Funkturm (1928)

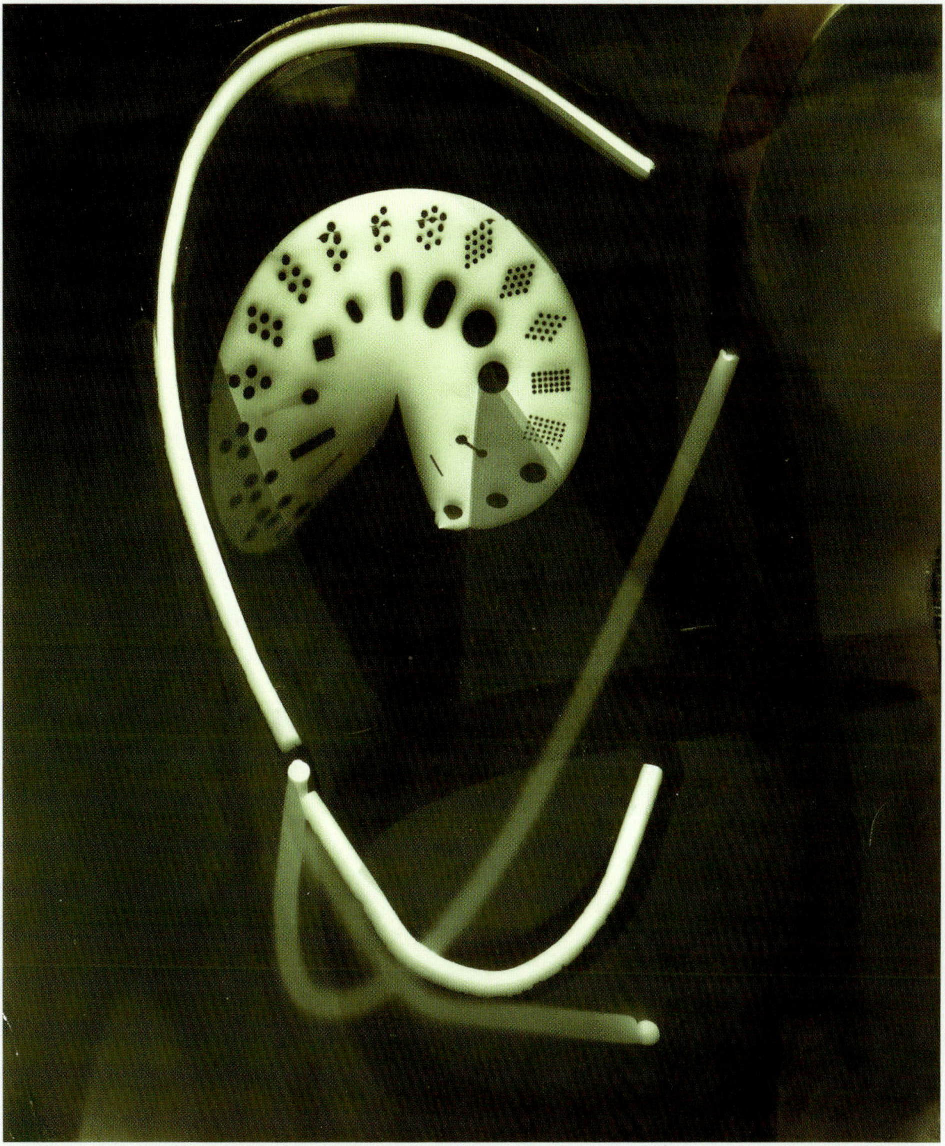

FOTOGRAMM **S. 201**

Cop Killer

WEEGEE: SILBERABZUG • 23,5 X 30,5 CM •
INTERNATIONAL CENTER OF PHOTOGRAPHY, NEW YORK, USA

1941

Weitere Werke von Weegee

Bild des toten Dominick Didato (1936)

Unter der Hochbahn der Third Avenue (1938)

Ohne Titel (Simply Add Boiling Water) (1943)

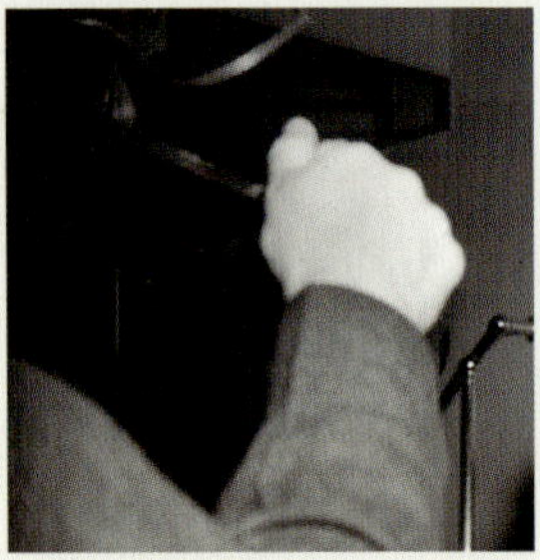

Oben: Weegee nimmt den offiziellen Polizeifotografen mit ins Bild. Das lenkt unsere Aufmerksamkeit verstärkt auf die Handlung am rechten Bildrand, macht aber auch deutlich, dass Weegees Foto alles andere als eine gewöhnliche Dokumentation des Geschehens ist.

Rechts: Die Schwere von Espositos Verbrechen wird von der Tatsache unterstrichen, dass er, obwohl mit Handschellen an einen Polizisten gekettet, zusätzlich von einem weiteren Mann festgehalten wird.

Mit seinen starken Bildern, die ebenso sensationell wie sachlich sind, ist Weegee (1899–1968) bis heute der berühmteste und – dank seiner Vorgehensweise – angesehenste Fotograf in der Geschichte des amerikanischen Fotojournalismus.

Dieses Foto zeigt, wie Anthony Esposito von zwei Polizisten festgehalten wird, nachdem er zusammen mit seinem verletzten Bruder wegen des Verdachts festgenommen wurde, während eines Raubüberfalls erst einen Geschäftsmann und beim anschließenden Fluchtversuch den Streifenpolizisten Edward Maher ermordet zu haben. Der Vorfall wurde als „Battle of Fifth Avenue" bekannt. Weegee fasste die Situation des Verhafteten später folgendermaßen zusammen: „Bei der Gegenüberstellung im Polizeirevier. Dieser Typ hat einen Bullen umgebracht. Erst hat er ein blaues Auge bekommen, dann den elektrischen Stuhl im Sing-Sing-Gefängnis." Diese Tatsachenbeschreibung entspricht perfekt Weegees Art des Fotojournalismus.

Die Ausleuchtung in Weegees unkonventionellem Verbrecherfoto erzeugt eine düstere Stimmung, die sich auch in den Kriminalfilmen wiederfindet, die in den 1940er und

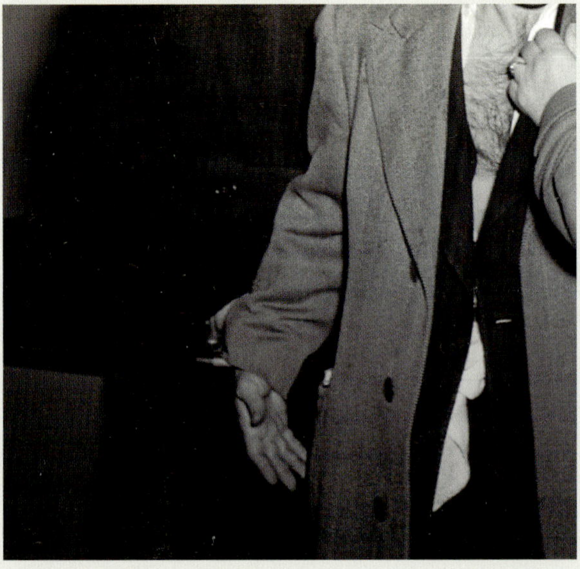

STRAIGHT PHOTOGRAPHY **S. 14** FOTOJOURNALISMUS **S. 27** DOKUMENTARFOTOGRAFIE **S. 28**

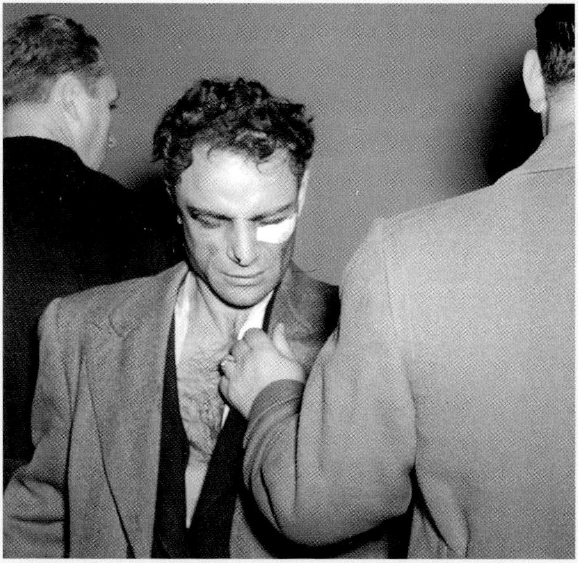

Links: Aus Weegees Beschreibung wissen wir, dass Espositos Verletzungen vermutlich von der Polizei verursacht wurden, doch der Ausdruck des Festgenommenen könnte auch als der eines Mannes gelesen werden, der sich in sein Schicksal fügt oder sich vielleicht sogar darauf vorbereitet.

1950er Jahren immer beliebter wurden. Kritikern zufolge haben Weegees Bilder diesen visuellen Stil direkt beeinflusst. Der Gebrauch des Blitzlichts unterstreicht die Unmittelbarkeit des Bildes. Wie für alle seine bekannten Bilder verwendete Weegee eine 4 x 5 Zoll Speed Graphic-Kamera, die auf eine Blendenzahl von f/16 bei 1/200 Sekunde eingestellt war. Die kurze Brennweite kam ihm sehr zupass, da viele seiner Fotos mittlere bis extreme Nahaufnahmen waren. Die verstörenden Bilder, die das Verbrechen und Gemetzel auf den Straßen New Yorks dokumentieren, und zwar zu einer Zeit, als das organisierte Verbrechen in voller Blüte stand, beziehen ihre Wirkung vor allem aus Weegees direkter, schnörkelloser Art, mit der er die Dramatik des Moments fotografisch festhält.

WEEGEE

Das Pseudonym des in der Ukraine geborenen Ascher Fellig ist abgeleitet von „Ouija", einem damals unter Spiritisten populären „Hexenbrett" – da Weegee so häufig vor der Polizei am Ort des Verbrechens war, entstand der Mythos, er verfüge über übernatürliche Verbindungen. Als erster Journalist konnte Weegee ein Polizeifunkgerät sein Eigen nennen, und der Respekt, mit dem man ihm begegnete, gewährte ihm Zugangsmöglichkeiten, von denen andere Fotojournalisten nur träumen konnten.

→ MACHT **S. 180** VERBRECHEN **S. 181**

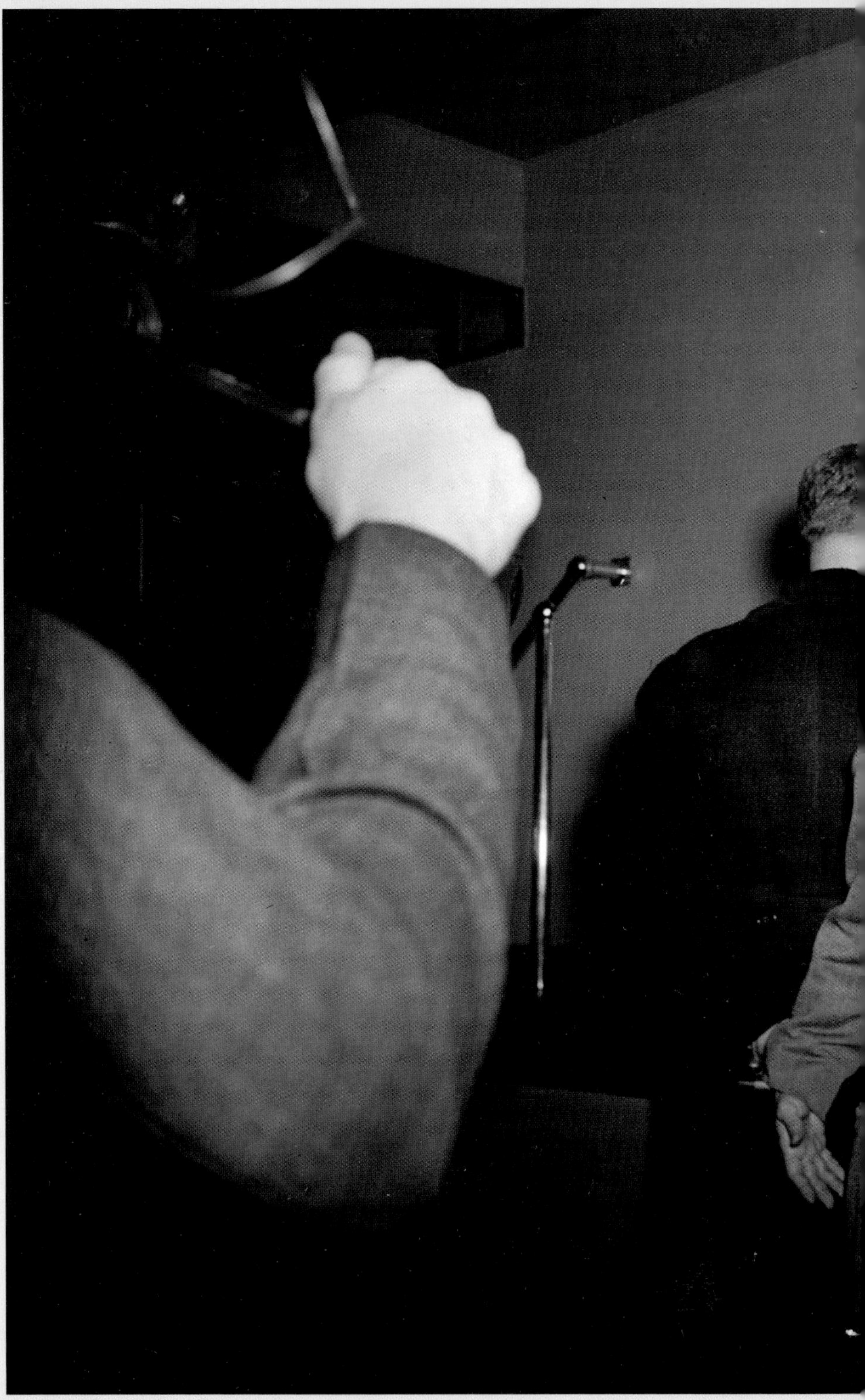

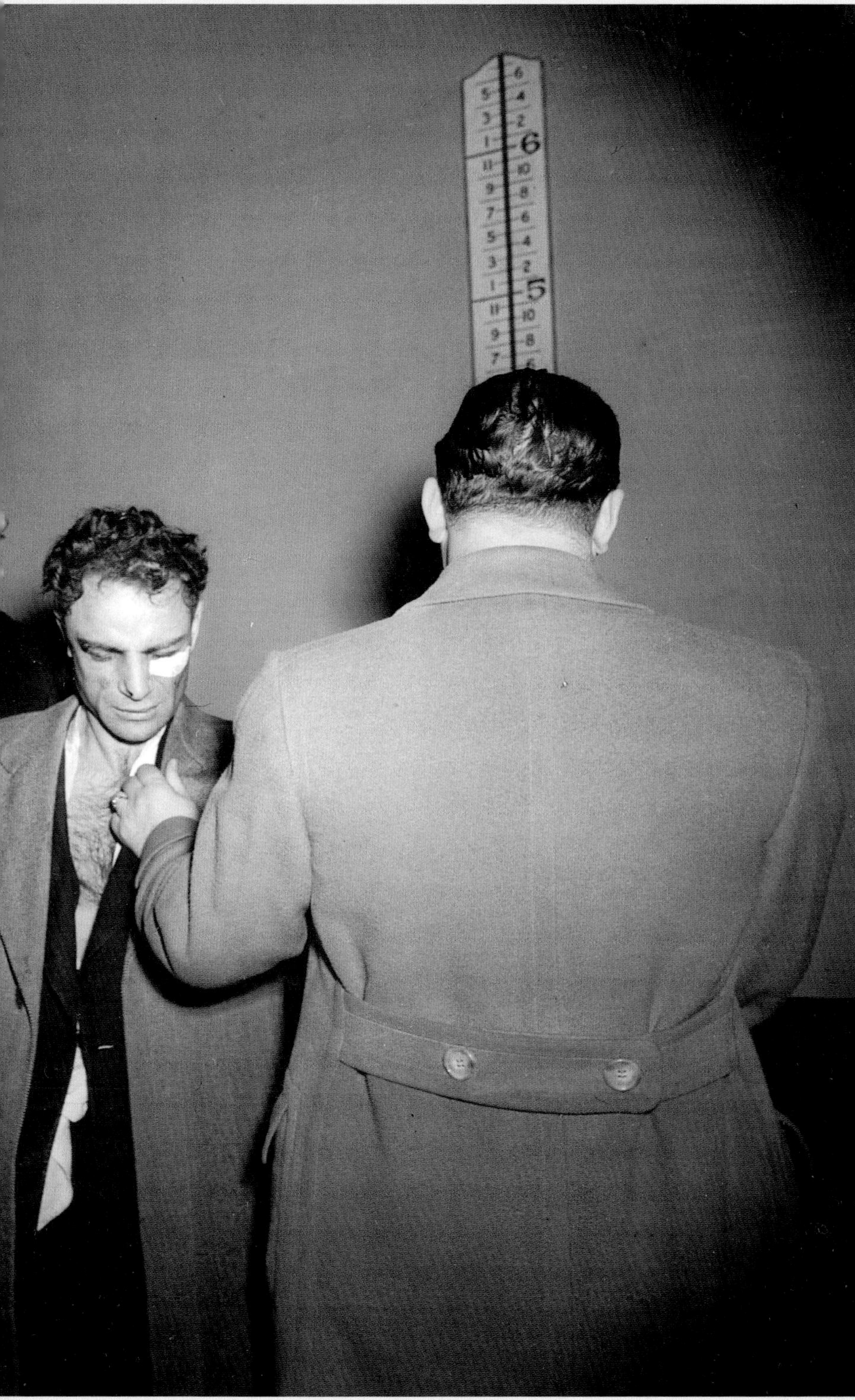

Stromleitungen in der Mojave-Wüste

1941

ANSEL ADAMS: NATIONAL ARCHIVES, WASHINGTON D.C., USA

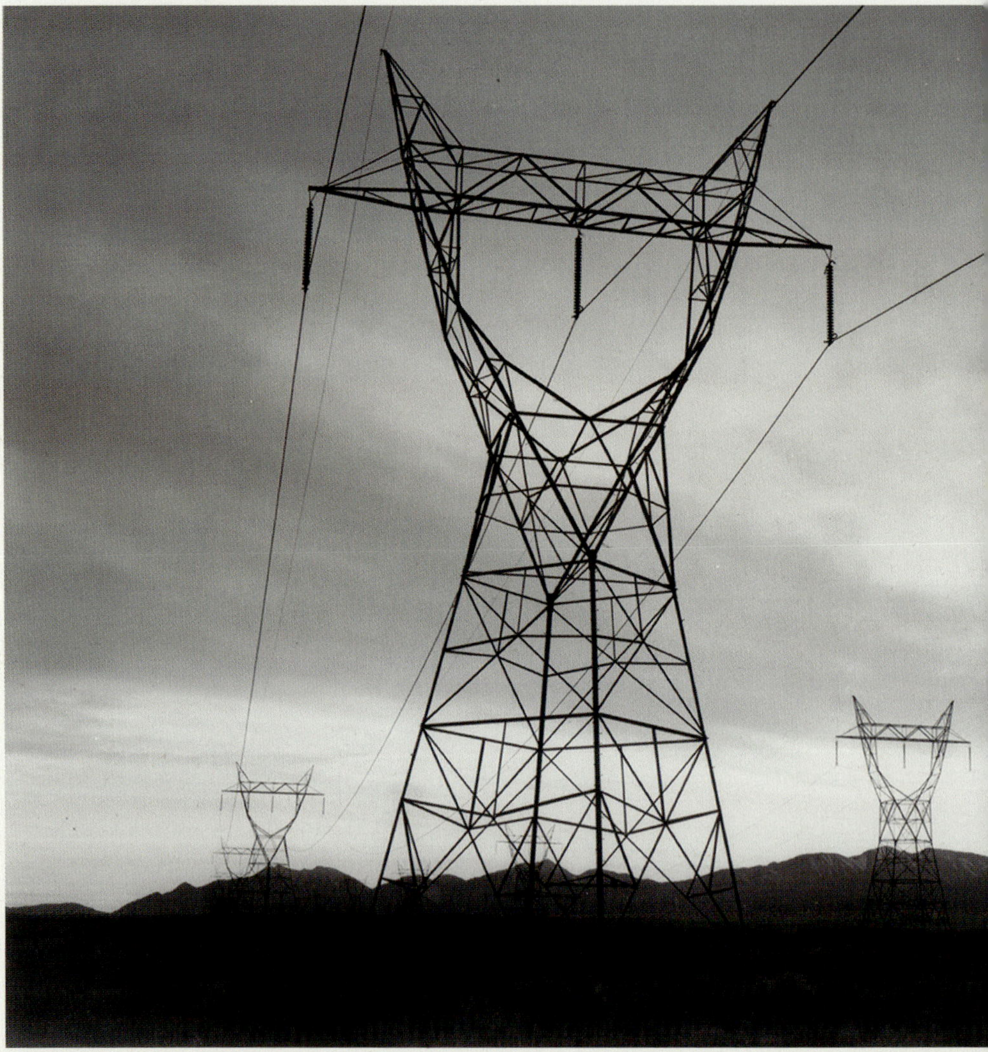

STRAIGHT PHOTOGRAPHY **S. 14** LANDSCHAFT **S. 16** WISSENSCHAFTLICHE FOTOGRAFIE **S. 30** TOPOGRAFIE **S. 35**

Weitere Werke von Ansel Adams

Mondaufgang, Hernandez, New Mexico (1941)

Mount Williamson, Sierra Nevada, von Manzanar, Kalifornien (1944)

Mond und Half Dome, Yosemite-Nationalpark, Kalifornien (1960)

Ansel Adams (1902–1984) war nicht nur der berühmteste Fotograf amerikanischer Landschaften und Nationalparks, er spielte auch eine führende Rolle bei der Entwicklung des Zonensystems, eines technischen Verfahrens zur Optimierung der Belichtungszeit und der Filmentwicklung.

Nachdem Adams eine Ausstellung mit Bildern von Paul Strand gesehen hatte, verwarf er den weichzeichnenden piktorialistischen Stil, der sein eigenes Werk bis dahin gekennzeichnet hatte, und entschied sich für eine direktere Darstellung der Natur. Seine daraufhin entstandenen Fotos amerikanischer Landschaften, insbesondere der Nationalparks, machten ihn zu einem der angesehensten amerikanischen Fotografen.

In Adams' berühmtesten Werken finden sich stets auch Spuren menschlichen Tuns, etwa das Gebäude im Vordergrund in *Mondaufgang, Hernandez, New Mexico*. Weniger bekannt dagegen sind seine Fotos, in denen menschengemachte Strukturen das Hauptmotiv bilden. Dabei haben diese Werke eine faszinierende, abstrakte Erscheinung. *Stromleitungen in der Mojave-Wüste* gehörte zu Adams' Reportage über ausgedehnte Konstruktionen in der Nähe großer amerikanischer Flüsse. Durch die hinter der Bergkette untergehende Sonne werden Einzelheiten in der Landschaft unkenntlich. Stattdessen wird unsere Aufmerksamkeit auf die metallischen Strukturen gelenkt, die daraus hervorwachsen. Dieses Bild weist auf das Werk von Umweltfotografen wie Edward Burtynsky voraus, der die folgenschweren Auswirkungen der Industrie auf die Natur detailliert dokumentiert.

ANSEL ADAMS
Der am Rande von San Francisco aufgewachsene Adams verbrachte in seiner Jugend viel Zeit in den kalifornischen Nationalparks und erlebte mit, welche Verwüstungen das Erdbeben im Jahr 1906 anrichtete. Mit Mitte zwanzig wurde er Fotograf und setzte sich zeitlebens für den Erhalt und den Schutz der amerikanischen Naturgebiete ein.

→ WETTER **S. 156** NATUR **S. 163** TECHNOLOGIE **S. 175**

Landung der Alliierten am Omaha Beach, D-Day, Normandie, Frankreich, 6. Juni 1944

1944

ROBERT CAPA: GELATINESILBERABZUG • 22,5 X 34 CM • INTERNATIONAL CENTER OF PHOTOGRAPHY, NEW YORK, USA

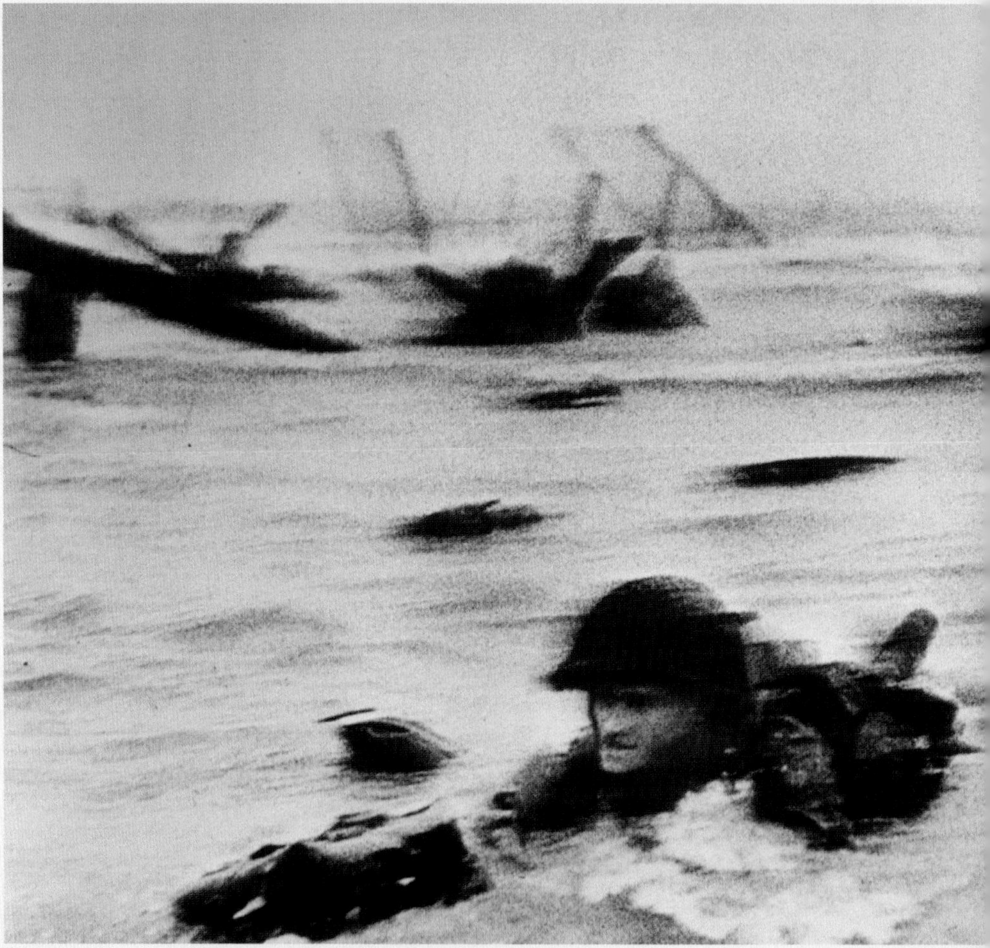

KRIEG **S. 24** PROPAGANDA **S. 25** FOTOJOURNALISMUS **S. 27**

In seinem bekanntesten Werk fing der berühmte Kriegsfotograf Robert Capa (1913–1954) die grausame Unmittelbarkeit des Krieges ein.

Dieses Foto, das zu einer Serie von elf Bildern gehört, wäre beinahe verloren gegangen. Capa begleitete die amerikanischen Truppen, die mit der Operation Overlord in Frankreich landeten – der Deckname stand für die Mission zur Befreiung Westeuropas von der Besatzung durch die Nazis. Zusammen mit Mitgliedern der Company E des 16. Regiments der US 1st Infantry Division erreichte er den Strand. Mit seinen zwei Contax II-Kameras, Objektiven mit 50 mm Brennweite und mehreren zusätzlichen Filmrollen nahm er 106 Bilder auf. Doch durch einen Fehler im Fotolabor des Londoner Büros der Zeitschrift *Life* wurden wahrscheinlich viele der Negative zerstört.

Dieses Bild, das als einziges einen einzelnen Soldaten zeigt, unterstreicht die Schnelligkeit der Bewegung, die lebenswichtig war, wenn man dem Gewehrfeuer der entlang der Küste stationierten deutschen Soldaten entkommen wollte. Die anlandenden Boote und Hindernisse hinter dem Soldaten bilden einen eigenartigen Hintergrund, während in der Ferne Rauch von einem zerstörten Schiff in den Himmel steigt. Es ist ein grauenvolles Bild des Krieges, das aber den Menschen auf der ganzen Welt auch zeigte, dass die Alliierten im Kampf gegen die Nazis vorankamen.

Weitere Werke von Robert Capa

Loyalistischer Soldat im Moment seines Todes (1936)

Pablo Picasso und Françoise Gilot, Golfe-Juan, Frankreich (1948)

Aufnahmelager Sha'ar Ha'aliya, Haifa, Israel (1950)

ROBERT CAPA

Der in Ungarn geborene Capa begründete seinen Ruhm mit Fotos aus dem Spanischen Bürgerkrieg. Nach dem Zweiten Weltkrieg war er Mitbegründer der Fotoagentur Magnum. Anfang der 1950er Jahre sprach er davon, sich künftig von Kriegsschauplätzen fernhalten zu wollen, doch dann kam er, als er bei einer Reportage über den Vietnamkrieg in eine Landmine trat, ums Leben.

→ TOD **S. 165** GELATINESILBERABZUG **S. 196**

Die lebenden Toten von Buchenwald

1945

MARGARET BOURKE-WHITE: SILBERABZUG

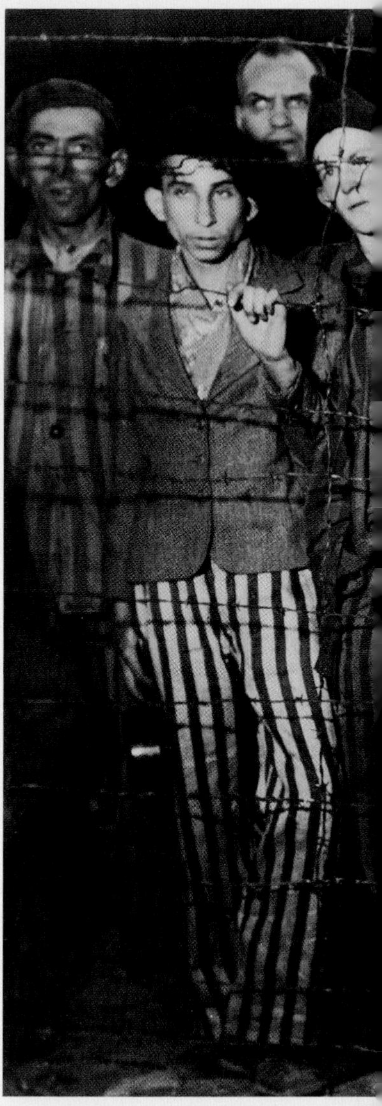

Margaret Bourke-White (1904–1971) war bei Ausbruch des Zweiten Weltkriegs eine gefeierte Dokumentarfotografin und erhielt als erste weibliche Kriegskorrespondentin die Genehmigung, in den Kampfgebieten zu arbeiten.

Bourke-Whites Foto aus dem Konzentrationslager Buchenwald zeigt eine Gruppe politischer Gefangener, die nur knapp dem Tod entronnen und Zeugen unvorstellbaren Grauens geworden sind. Die alliierten Länder wussten zwar von ethnischen Säuberungen im Dritten Reich, das Ausmaß wurde ihnen jedoch erst bei der Befreiung klar. Die Presse spielte bei der Dokumentation dieser Verbrechen eine entscheidende Rolle, wenngleich die Journalisten, aufgrund der schockierenden Zustände, die sie in den Konzentrationslagern vorfanden, häufig nur gemäßigt darüber berichteten. Dieses Bild wurde erstmals in der Sonderausgabe „25 Years of *Life*" im Dezember 1960 veröffentlicht.

Auf weiteren Holocaustfotos von Bourke-White sind zahlreiche Leichen zu sehen, die das Ausmaß der Grausamkeiten erahnen lassen. Das Außergewöhnliche an diesem Bild liegt darin, wie Bourke-White die Individualität der einzelnen Männer hervorhebt, die nicht länger hinter Stacheldraht gefangen gehalten werden. Später schrieb sie, dass die Rolle als Fotografin ihr eine gewisse Distanz zu dem Grauen, das sie sah, verschaffte, sie aber dennoch stets danach strebte, die Pein und die Menschlichkeit ihrer Motive einzufangen.

Weitere Werke von Margaret Bourke-White

Chrysler Building, New York (1930–1931)
Zur Zeit des Louisville-Hochwassers (1937)
Gandhi am Spinnrad (1946)

KRIEG **S. 24** FOTOJOURNALISMUS **S. 27** DOKUMENTARFOTOGRAFIE **S. 28** HUMANISTISCHE FOTOGRAFIE **S. 29**

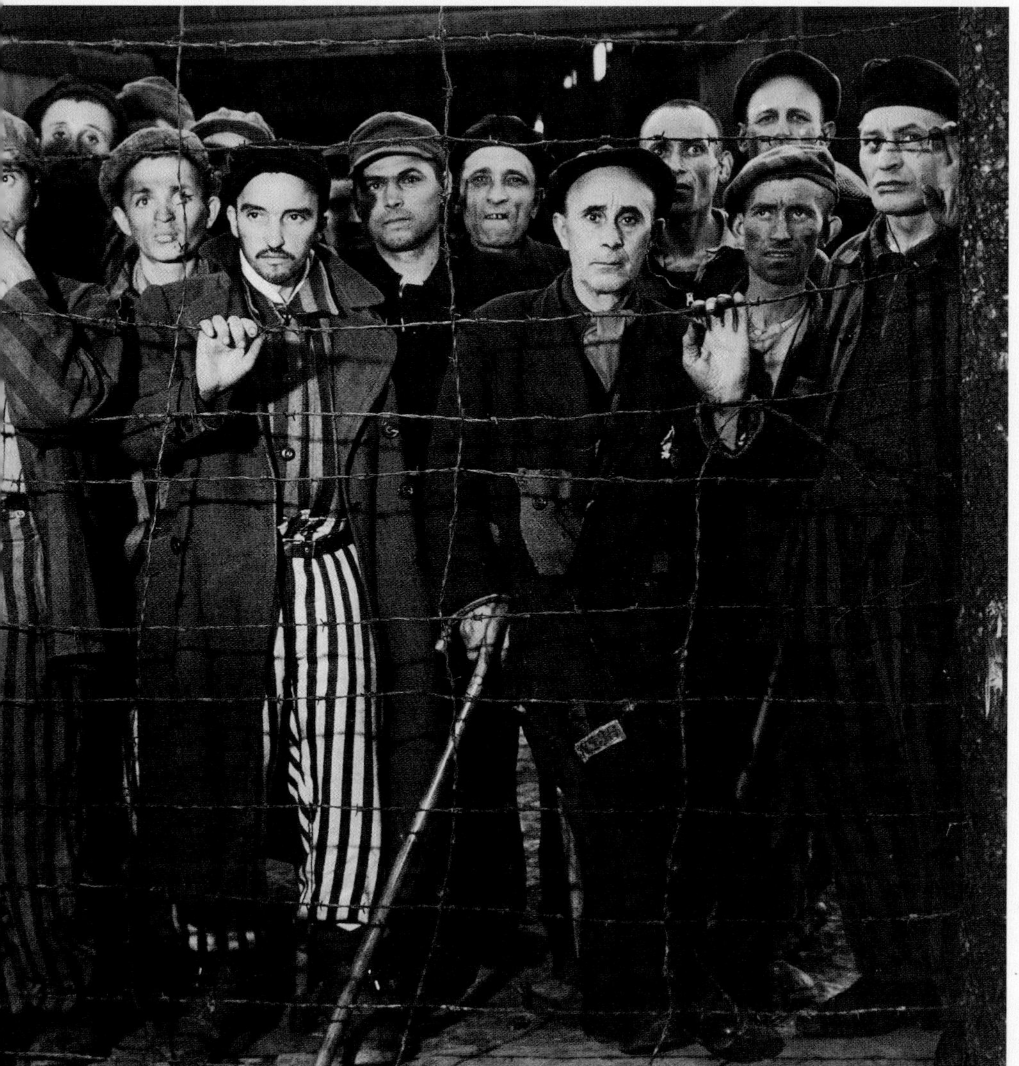

MARGARET BOURKE-WHITE

Neben ihrer fotografischen Begabung verfügte Bourke-White über einen sehr starken Willen. Sie dokumentierte das amerikanische Leben in den 1930er Jahren, durfte als erste ausländische Fotojournalistin die Auswirkungen von Stalins Fünfjahresplan auf die Sowjetunion fotografieren und berichtete über die Ereignisse, die 1947 zur Teilung Indiens führten.

TOD S. 165

Der Kuss vor dem Rathaus in Paris

um 1950

ROBERT DOISNEAU: SILBERABZUG

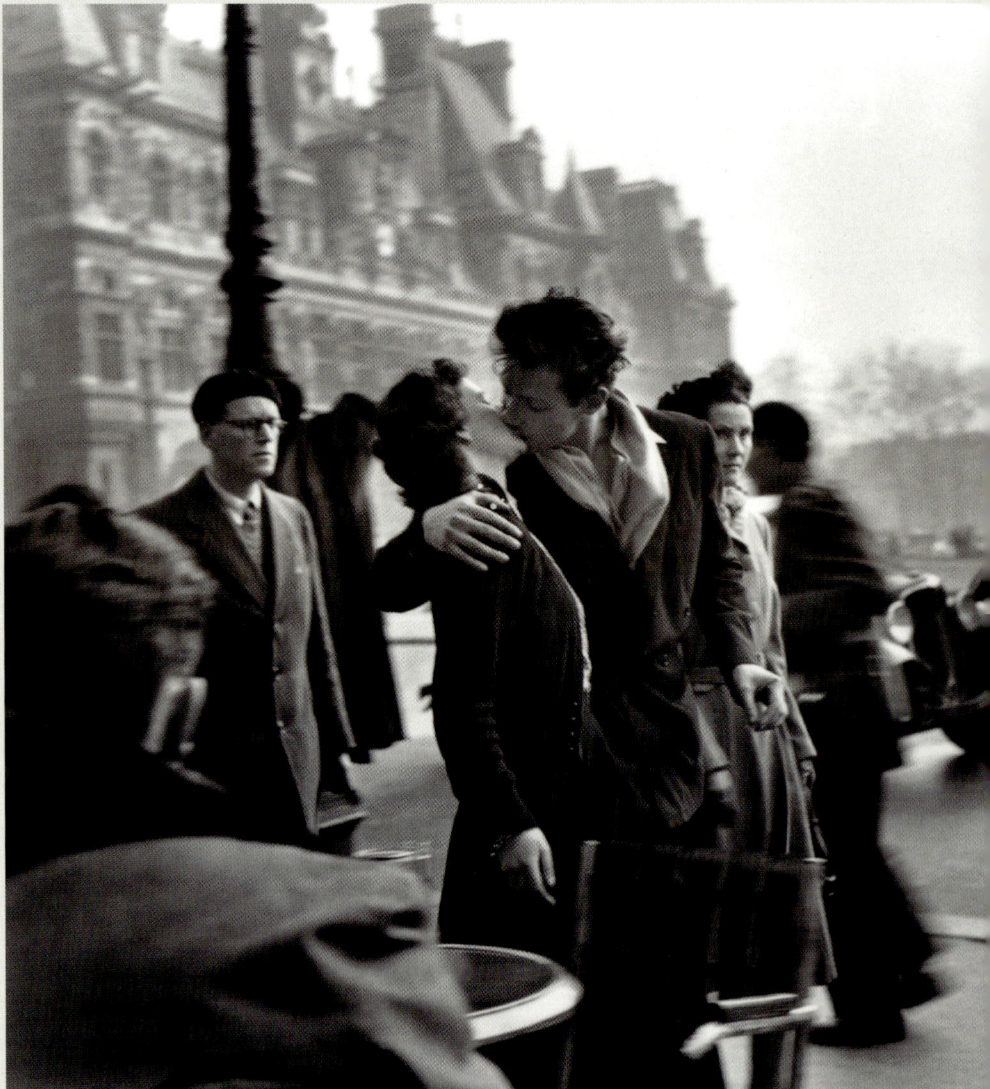

STRAIGHT PHOTOGRAPHY **S. 14** PORTRÄT **S. 15** GLAMOUR **S. 32** INSZENIERTE FOTOGRAFIE **S. 40**

Weitere Werke von Robert Doisneau
Les Concierges Rue du Dragon (1946)
Picasso (1950)
Le Muguet du Métro (1953)

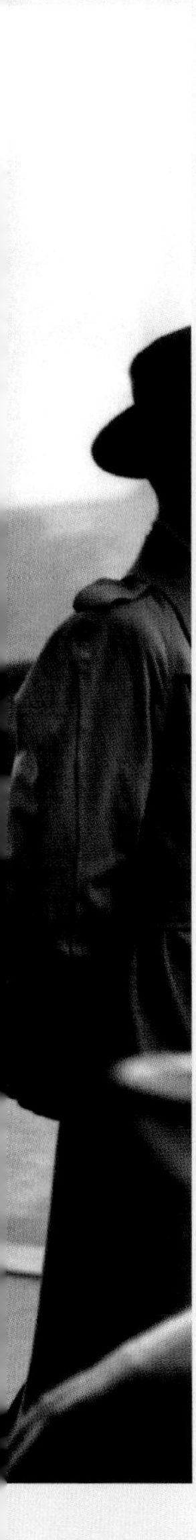

Wenn Robert Doisneau (1912–1994) mit seiner Leica durch die Straßen von Paris streifte, entstanden Alltagsbilder voller Mitgefühl und Humor, häufig gespickt mit einer Prise Pathos.

Dieses ikonische Foto präsentiert dem Betrachter Altes, Modernes und Zeitloses. Eines der bekanntesten Gebäude von Paris bildet die Kulisse für eine geschäftige Straße und für ein Paar, das die Welt ringsum völlig ausblendet. Es erschien in der Juni-Ausgabe der Zeitschrift *Life* und wurde anfangs für einen Schnappschuss gehalten – war jedoch inszeniert. Doisneau störte sich nicht daran und bemerkte dazu: „Ich fotografiere das Leben nicht so, wie es ist, sondern so, wie ich es gern hätte."

Bei dem abgebildeten Paar handelt es sich um Françoise Delbart und Jacques Carteaud. Doisneau hatte beobachtet, wie die beiden sich küssten, und sie gebeten, sich noch einmal zu küssen, dieses Mal vor der Kamera. Carteaud spielt die Rolle des Bohemiens – sein aufgeknöpftes Hemd und das Tuch bilden einen starken Kontrast zu dem ernst blickenden Mann hinter ihm und der Frau zu seiner Rechten. Delbart ist entspannt, ihre rechte Hand perfekt im Gleichgewicht. Die Unschärfe der Autos und der anderen Passanten suggeriert, dass die Zeit für das Paar stehen geblieben ist, während sie am Rest der Welt vorbeirauscht.

ROBERT DOISNEAU
Doisneau begann als Assistent von André Vigneau und ließ sich von den Werken André Kertész' und Henri Cartier-Bressons inspirieren. Erste eigene Fotos veröffentlichte er Anfang der 1930er Jahre. Während des Zweiten Weltkriegs arbeitete er für die Résistance und war nach Kriegsende lange Zeit für die *Vogue* tätig. Seine wichtigste Inspirationsquelle waren die Straßen von Paris.

→ LIEBE **S. 159** GELATINESILBERDRUCK **S. 196**

Parade, Hoboken, New Jersey

1955

ROBERT FRANK: GELATINESILBERABZUG

Kaum ein Fotoprojekt hatte eine so weitreichende Wirkung wie die Fotoreportage, die Robert Frank (geb. 1924) Mitte der 1950er Jahre über den US-amerikanischen Alltag erstellte.

In seinem Buch *The Americans* (1958) wollte Frank all das festhalten, was Neubürger bei einer Reise durch ihre Wahlheimat vermutlich fotografiert hätten. Sein Ziel war eine Sammlung von Bildern, die „überall und nirgends – leicht zu finden, nicht leicht auszuwählen und zu interpretieren“ waren. Zwischen 1955 und 1957 reiste Frank kreuz und quer durch das Land. Die für das Buch ausgewählten 83 Bilder wurden in vier Teile gegliedert, wobei alle Fotos thematisch oder konzeptuell verknüpft waren. Mit seinen Bildern des amerikanischen Lebens in der Stadt und auf dem Land trug Frank dazu bei, die fotografische Praxis zu verändern.

Parade, Hoboken, New Jersey ist das erste Bild in *The Americans*. Seine Botschaft unterscheidet sich erheblich von den patriotischen Bildern eines Norman Rockwell, die in den 1950er Jahren die Cover der *Saturday Evening Post* zierten. Franks zwangloser Stil wirkte radikal, weil er so gar nicht den damals vorherrschenden perfekten, sauberen Aufnahmen entsprach. Der Blick aus den beiden Fenstern an diesem Sommertag wird behindert von einer verschmutzten Scheibe einerseits und der amerikanischen Flagge andererseits. Die Botschaft, die Frank hier andeutet, lautet: Ungehemmter Patriotismus macht kurzsichtig.

Weitere Werke von Robert Frank
4. Juli, Jay, New York (1954)
Straßenbahn, New Orleans (1955)
Autokino, Detroit (1955)

STRAIGHT PHOTOGRAPHY **S. 14** ETHNOGRAFISCHE FOTOGRAFIE **S. 26** DOKUMENTARFOTOGRAFIE **S. 28**

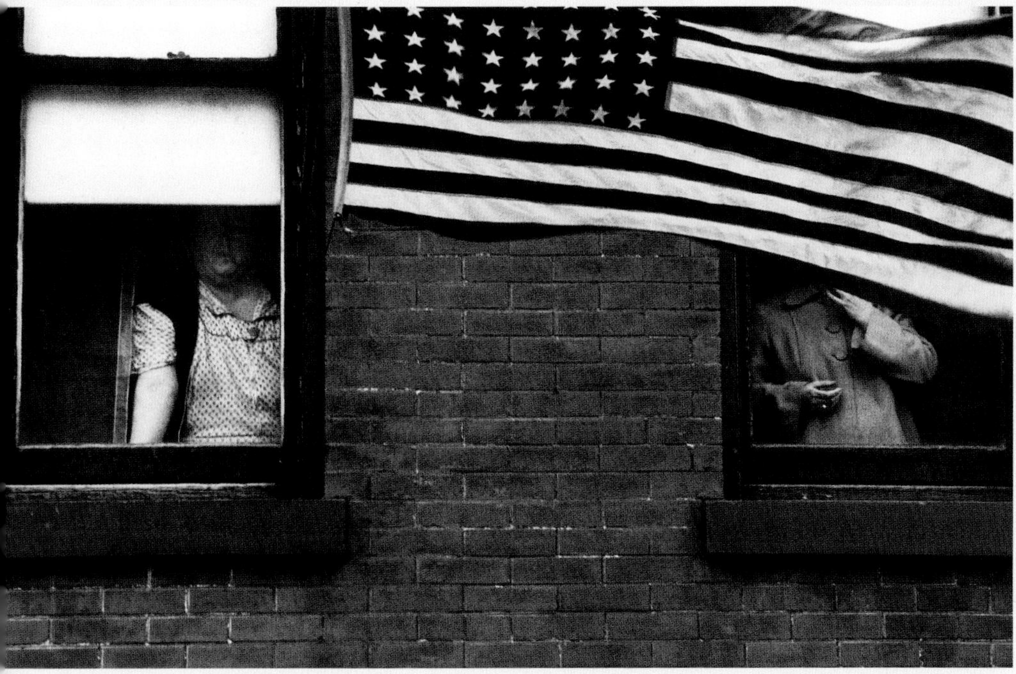

ROBERT FRANK
Der in der Schweiz geborene Frank emigrierte 1947 in die USA. Nach der Veröffentlichung von *The Americans* wandte er sich 1959 dem Film zu. Zu seinen filmischen Arbeiten zählen sein von Jack Kerouac geschriebenes und erzähltes Debüt *Pull My Daisy* sowie der berüchtigte Film über die Rolling Stones, *Cocksucker Blues* (1972).

→ KLASSE **S. 170** MENSCHEN **S. 173** GELATINESILBERDRUCK **S. 196**

USA, California Kiss, Santa Monica

1955

ELLIOTT ERWITT: SILBERABZUG

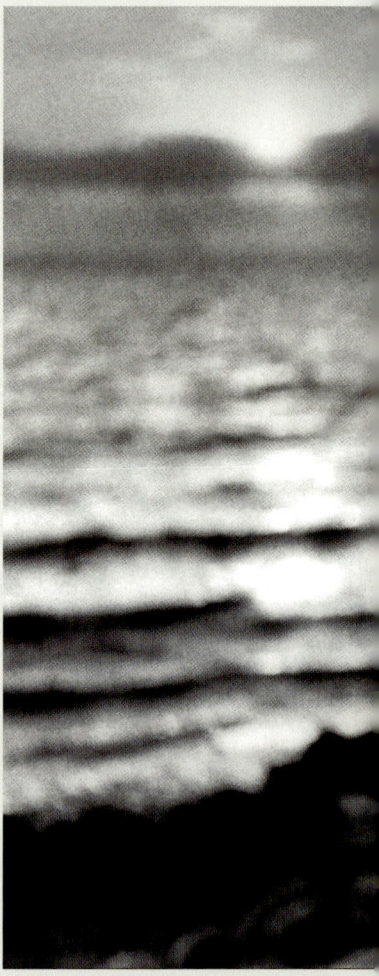

In seinen berühmtesten Fotos hält Erwitt (geb. 1928) Momente fest, in denen sich universelle menschliche Gefühle ausdrücken – ein Widerhall von Henri Cartier-Bressons Vorstellung des „entscheidenden Augenblicks".

Erwitts verspielte, innige und bisweilen ironische Fotos verströmten Optimismus und fanden deshalb vor allem in der Zeit nach dem Zweiten Weltkrieg viel Anklang. In diesem Bild küsst sich ein Paar in einem Auto, das mit Blick auf das Meer abgestellt ist. Die See ist ruhig, die Sonne geht gerade unter. Wir sehen die beiden im Seitenspiegel – dem Fokus des Bildes. Ihre Kleidung verrät, dass es sich um gut situierte Leute handeln muss. Und da über dem Kopf der Frau kein Verdeck zu sehen ist, handelt es sich bei dem Wagen offenbar um ein Cabrio. Die Szene bildet ein perfektes Postkartenmotiv.

Die 1950er Jahre waren das Zeitalter des Automobils, das in der damaligen Gesellschaft eine mehr als nur zweckmäßige Rolle spielte. Die Fahrt selbst war häufig genauso wichtig wie das Ziel. Autos wurden sogar als Erweiterung der Unterhaltungsindustrie betrachtet, und überall in den USA schossen Drive-ins aus dem Boden. Die Tatsache, dass das Paar im Rückspiegel eines Autos zu sehen ist, unterstreicht die Bedeutung des Fahrzeugs in ihrem Leben: ein in den USA so selbstverständliches Phänomen wie die Gezeiten oder der Sonnenuntergang.

Weitere Werke von Elliott Erwitt

Blick aus einem Auto, Wyoming, USA (1954)
Spanien, 1964 (1964)
Marilyn Monroe, New York City (1956)

LANDSCHAFT **S. 16** GLAMOUR **S. 32**

ELLIOTT ERWITT

Elio Romano Erwitt wurde in Paris als Sohn jüdisch-russischer Eltern geboren. Als er zehn Jahre alt war, zog die Familie nach Los Angeles. Während seines Militärdienstes in der US-Armee wurde Erwitt Assistent eines Fotografen. Sein eklektisches Werk reicht von seinen frühen humanistischen Fotos bis hin zu mehreren Filmen. Seit den 1970er Jahren hat er sich in seinen berühmtesten Aufnahmen mit Hunden beschäftigt.

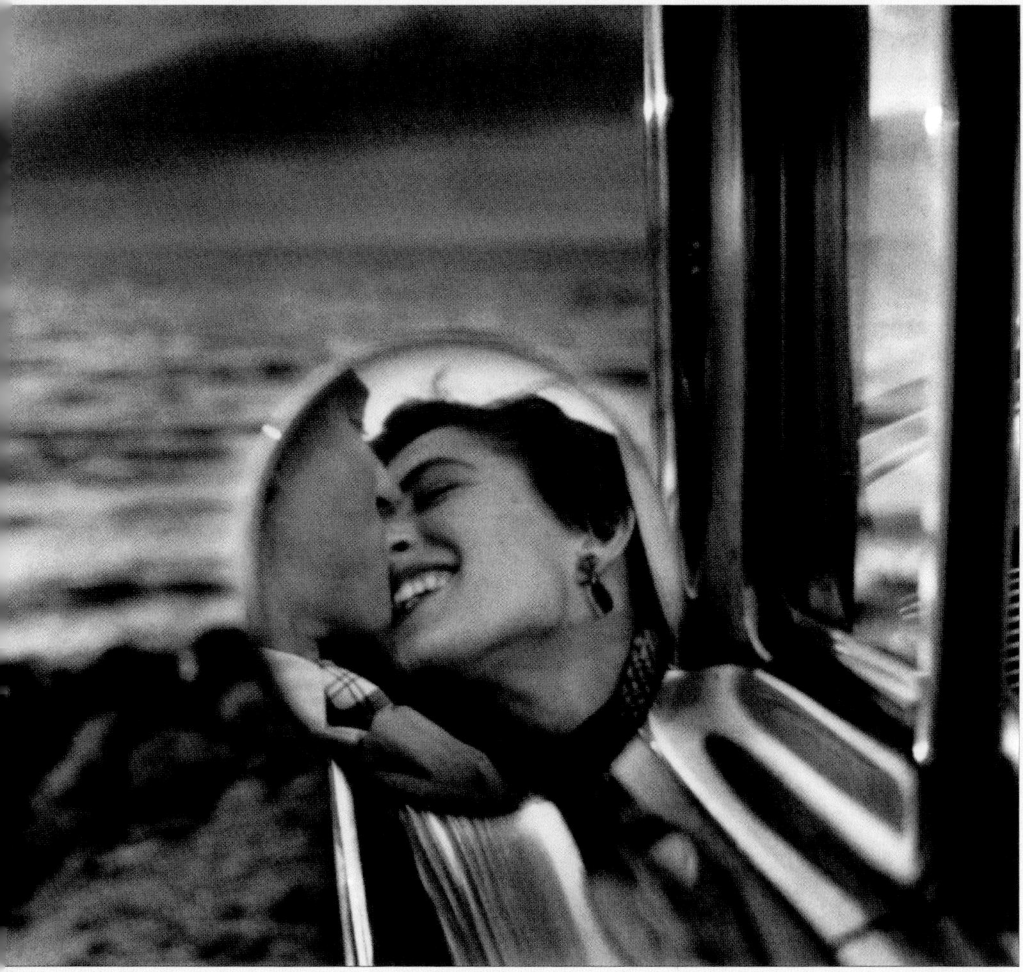

SCHÖNHEIT **S. 158** LIEBE **S. 159** MENSCHEN **S. 173**

Könige von Hollywood

SLIM AARONS: SILBERABZUG

1957

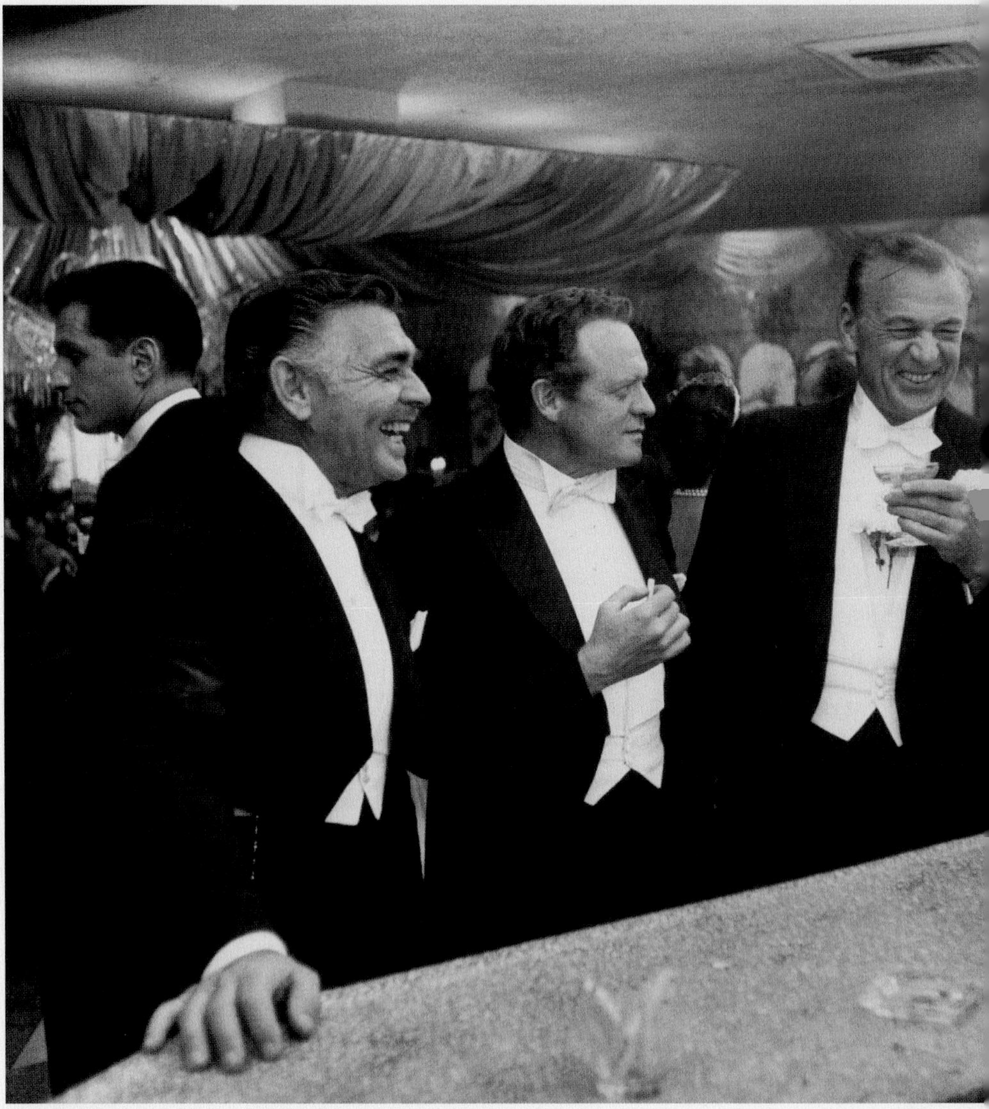

Weitere Werke von Slim Aarons
Rosa Accessoire (1955)
Kirk Douglas (1967)
Laguna Beach (1970)

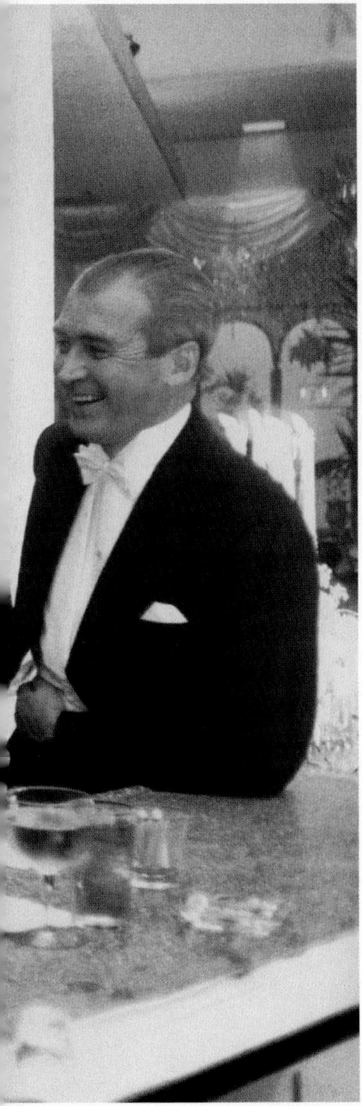

Slim Aarons (1916–2006) war nicht nur Fotograf, sondern auch ein Hollywood-Insider: Er machte Aufnahmen der Reichen und Berühmten im privaten Rahmen.

„Ich kannte jeden", hat Aarons einmal in einem Interview gesagt. „Sie luden mich zu ihren Partys ein, denn sie wussten, dass ich sie nicht bloßstellen würde. Ich war einer von ihnen." Als Aarons nach dem Zweiten Weltkrieg nach Hollywood kam, begriff er schnell, dass ein kultiviertes Auftreten ihm alle Türen öffnen würde. Seinem Publikum vermittelte er ein Gefühl von Vertrautheit – einen Blick in die Welt jenseits der Premierenfeiern und Filmstarporträts.

Könige von Hollywood, das die Zeitschrift *Smithsonian* als „Mount Rushmore des Ruhms" beschrieb, zeigt die Schauspieler Clark Gable, Van Heflin, Gary Cooper und James Stewart. Es wurde bei einer Neujahrsfeier im Restaurant Romanoff's in Beverly Hills aufgenommen. Die Männer sehen entspannt aus. Ihr Lachen – vermutlich ein Witz auf Aarons' Kosten – wirkt authentisch. Der kunstfertige Rahmen schafft ein Gefühl von Nähe zwischen den Abgebildeten und dem Betrachter. Gables rechte Hand reicht an uns heran. Das leere Glas im Vordergrund könnte dem Fotografen gehören, aber seine Position macht den Betrachter zu einem Teil der Gruppe.

SLIM AARONS
George Allen Aarons wurde für seine Arbeit als Kriegsfotograf im Zweiten Weltkrieg mit dem Purple Heart ausgezeichnet. Sein späteres Werk beschrieb er als das Fotografieren „attraktiver Menschen, die attraktive Dinge an attraktiven Orten tun." Aarons' Wohnung diente als Vorbild für die des von James Stewart verkörperten Fotografen in dem Film *Das Fenster zum Hof* (1954).

→ IKONEN **S. 166** RUHM **S. 167** GELATINESILBERDRUCK **S. 196**

Che Guevara

ALBERTO KORDA: SILBERABZUG

1960

Weitere Werke von Alberto Korda

New York (1959)

Don Quixote der Straßenlaterne (1959)

Milizionärin (1962)

Alberto Korda (1928–2001) erlangte mit seinem Porträt von Che Guevara weltweite Anerkennung.

Das Foto, im Spanischen als *Guerrillero Heroico* („Heroischer Guerillakämpfer") bekannt, entstand bei einem Gedenkgottesdienst für die 136 Toten, die bei der Explosion eines mit Munition beladenen französischen Schiffes im Hafen von Havanna ums Leben gekommen waren. Che war nur einen kurzen Moment zugegen, aber etwas in seinem Ausdruck weckte Kordas Aufmerksamkeit. Mit seiner Leica M2, für die er ein Objektiv mit 90 mm Brennweite benutzte, nahm er zwei Fotos auf. Die Höhe der Bühne, auf der Che stand, ermöglichte es dem Fotografen, ihm etwas Erhabenes zu verleihen, ohne ihn zu vergöttlichen: In seinem Ausdruck liegen Kraft und Trotz.

Nachdem Che im Oktober 1967 von der bolivianischen Armee hingerichtet worden war, brachte der italienische Verlag, der das Bild gekauft hatte, im Gedenken an den Revolutionshelden Plakate mit diesem Motiv auf den Markt. Kordas Aufnahme avancierte dadurch zu einem Schlüsselwerk des 20. Jahrhunderts. Der bescheidene Korda wiederholte zeitlebens immer wieder, dass sein Erfolg mit einer großen Portion Glück einhergegangen sei. Angehenden Fotografen riet er stets: „Vergiss die Kamera, vergiss die Objektive, vergiss das alles. Das beste Bild kannst du mit jeder Vier-Dollar-Kamera machen."

ALBERTO KORDA

Der in Havanna geborene Alberto Díaz Gutiérrez eröffnete 1953 sein erstes Studio und stieg schnell zu Kubas wichtigstem Modefotografen auf. Die Kubanische Revolution veränderte sein Leben; er wurde Fidel Castros persönlicher Fotograf und verblieb bis 1970 in dieser Stellung. Korda war auch ein hervorragender Unterwasserfotograf und stellte seine Werke später weltweit aus.

PORTRÄT **S. 15** PROPAGANDA **S. 25** DOKUMENTARFOTOGRAFIE **S. 28**

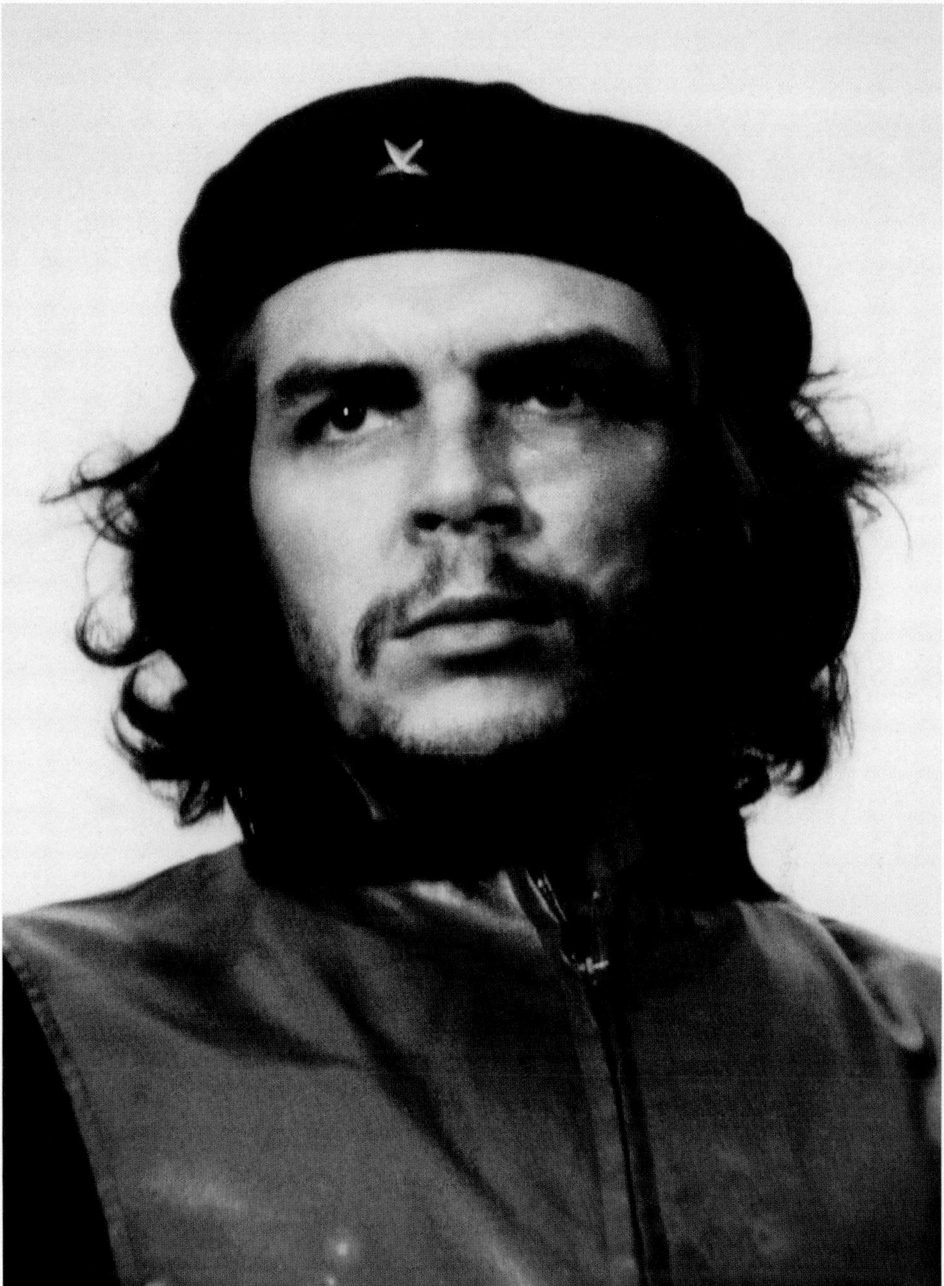

IKONEN S. 166 POLITIK S. 172

Malcolm X

EVE ARNOLD: SILBERABZUG

1961

EVE ARNOLD
Die als Eve Cohen geborene Eve Arnold fotografierte weltweit führende Persönlichkeiten, Filmstars und andere Berühmtheiten, aber auch arme und heimatlose Menschen. „Ich betrachte niemanden als gewöhnlich oder außergewöhnlich", hat sie einmal gesagt. „Ich sehe sie alle ganz einfach als Menschen vor meiner Kamera." Arnold war die erste Frau, die Mitglied der Fotoagentur Magnum wurde, und fotografierte noch, als sie die 90 schon überschritten hatte.

Eve Arnold (1912–2012) näherte sich ihren Motiven stets auf die gleiche unerschrockene Weise und fotografierte Adel und Armut mit demselben scharfsichtigen Blick.

1961 dokumentierte Arnold im Auftrag der Zeitschrift *Life* ein Jahr im Leben von Malcolm X, dem Wortführer der Nation of Islam, der ebenso viel Bewunderung wie Zorn auf sich zog. Bei allen ihren Projekten – auch bei ihrem berühmtesten, einem Shooting mit Marilyn Monroe am Set von John Hustons Film *Misfits – Nicht gesellschaftsfähig* – baute die beharrliche Arnold eine Beziehung zu ihren Modellen auf. Dadurch verschaffte sie sich einen besseren Einblick in deren Beweggründe; außerdem erleichterte es ihr die Entscheidung, wie sie das Foto aufnehmen wollte.

Dieses zwanglose Foto ist in einem Moment des Alleinseins entstanden. Der nur teilweise erkennbare Gesichtsausdruck von Malcolm X wirkt undurchschaubar. Die Armbanduhr verweist auf seine Akribie, deutet auf einen gut organisierten Menschen, während der Nation-of-Islam-Ring nahe dem Mittelpunkt des Bildes daran erinnert, für was er steht. Es ist kein gewöhnliches Politikerporträt, verströmt aber dennoch etwas Staatsmännisches und betont die Bedeutung des Mannes. Arnold beschrieb Malcolm als „wirklich cleveren Showman, der genau zu wissen schien, wie er Bilder und Presse zu seinen eigenen Zwecken nutzen konnte."

Weitere Werke von Eve Arnold

Haiti. Amerikanische Pharmafirmen testeten in dieser psychiatrischen Anstalt das frühe Beruhigungsmittel Milltown (1954)

Marilyn Monroe ruht sich aus (1955)

China. Innere Mongolei. Ein Pferd wird für den Einsatz in der Miliz trainiert (1979)

PORTRÄT **S. 15** GESELLSCHAFT **S. 34**

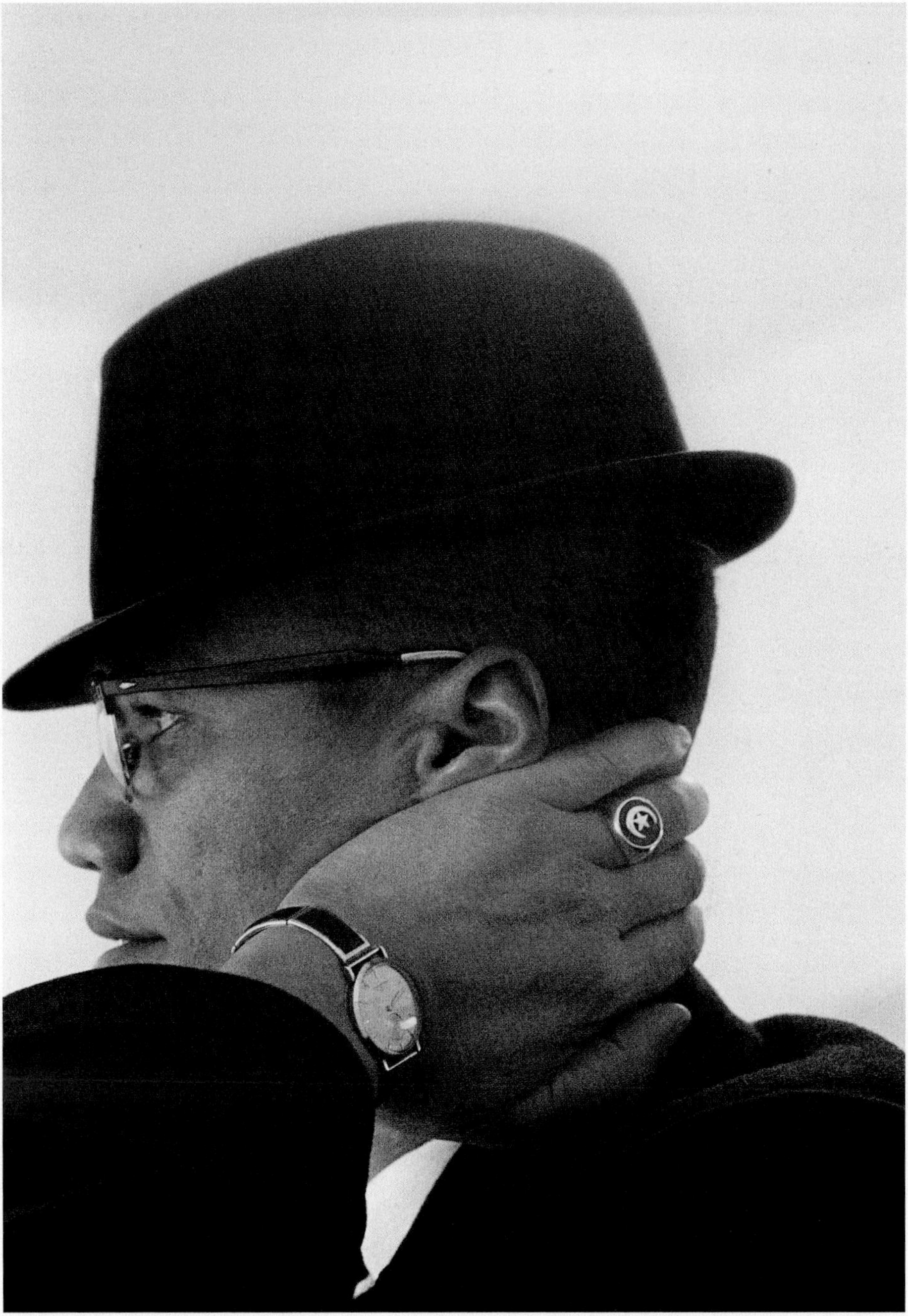

IKONEN **S. 166** POLITIK **S. 172** MACHT **S. 180** GELATINESILBERDRUCK **S. 196**

Die Ermordung Lee Harvey Oswalds durch Jack Ruby

1963

ROBERT H. JACKSON: GELATINESILBERABZUG

Nachdem er wegen eines Filmwechsels den Moment der Ermordung von Präsident John F. Kennedy verpasst hatte, stand Robert H. Jackson (geb. 1934) perfekt in Position, als Kennedys Mörder erschossen wurde.

Zwei Tage nach Kennedys Tod war Jackson im Untergeschoss des Polizeihauptquartiers in Dallas zugegen, als Lee Harvey Oswald in einem gepanzerten Wagen zur nahegelegenen Haftanstalt gebracht werden sollte. Als der Gefangene, umringt von Vollstreckungsbeamten, nach draußen geführt wurde, schoss ihm der Nachtclubbesitzer Jack Ruby in den Bauch. Jackson hatte in genau diesem Moment nicht nur freien Blick auf Oswald, er konnte auch die Reaktionen der Leute um ihn herum einfangen. Der Inspektor der Mordkommission, Jim Leavelle, weicht erschrocken zurück. Ein weiterer Mann, der noch an seiner Zigarre zieht, versucht Ruby zu ergreifen. Der Rundfunkreporter hinter ihm, das Mikrofon in der Hand, hat noch nicht begriffen, was passiert ist. Ruby ist nur von hinten zu sehen, aber sein Körper wirkt angespannt, als der Schuss abgefeuert wird, während Oswalds Gesicht schmerzverzerrt ist. Die verschwommene Figur im Vordergrund unterstreicht unsere Rolle als Zeugen und trägt zur kraftvollen Aussage dieses außergewöhnlichen Bildes bei.

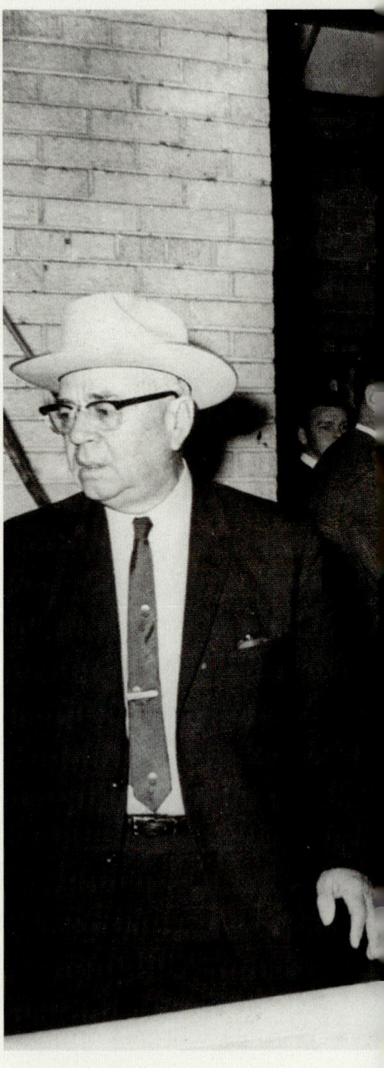

ROBERT H. JACKSON
Robert Hill Jackson, Pressefotograf beim *Dallas Times Herald*, erhielt für sein Foto von der Ermordung Lee Harvey Oswalds durch Jack Ruby den Pulitzer-Preis. Später wechselte er zum *Colorado Springs Gazette-Telegraph*; 1999 ging er in den Ruhestand.

FOTOJOURNALISMUS **S. 27**

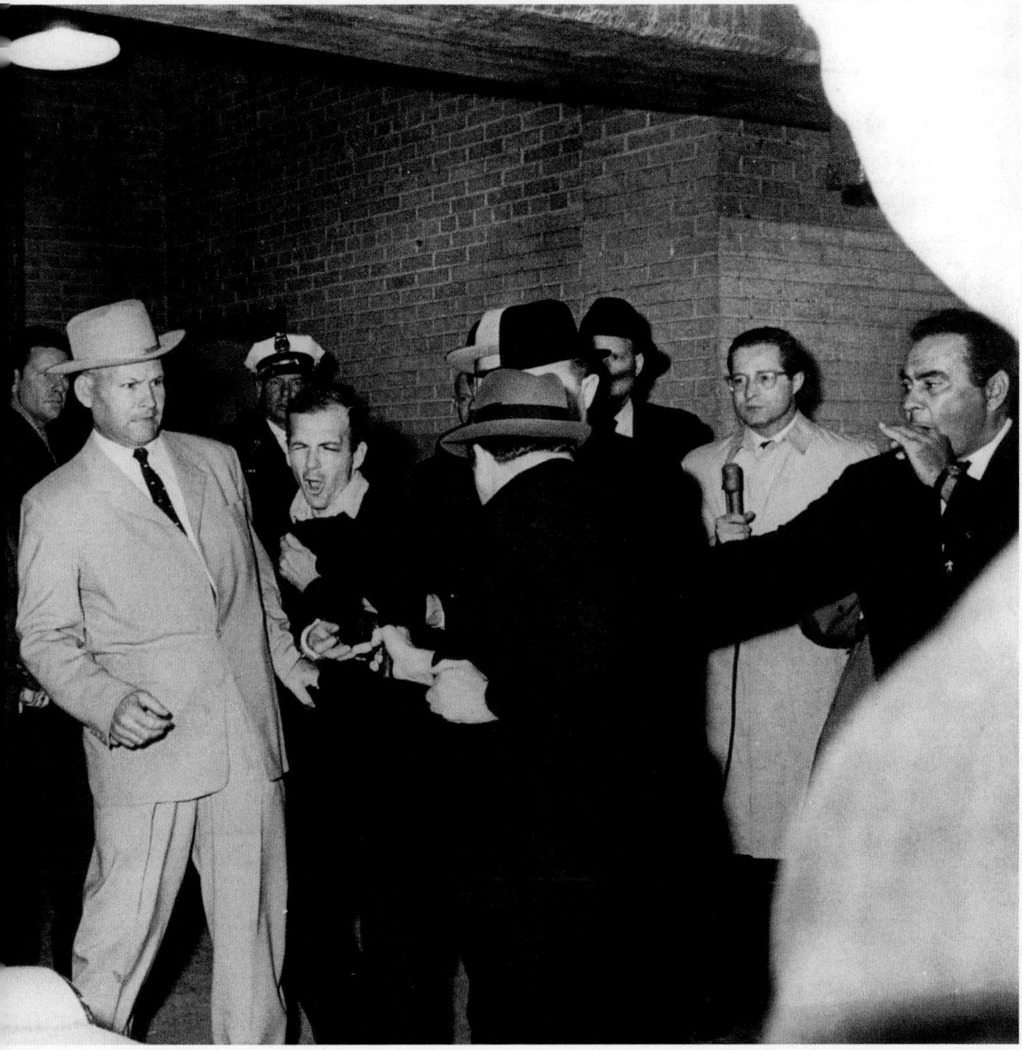

TOD **S. 165** IKONEN **S. 166** POLITIK **S. 172** VERBRECHEN **S. 181** DIGITALFOTOGRAFIE **S. 208**

Erdaufgang

WILLIAM ANDERS: EKTACHROME-FARBABZUG • NASA, USA

1968

Beim Umrunden des Mondes nahm der Astronaut William Anders (geb. 1933) dieses Bild auf, das unseren Blick auf die Erde veränderte.

Erdaufgang hat die Umweltbewegung mehr als jedes andere Foto vorangebracht. Apollo 8 war die zweite bemannte Weltraummission innerhalb des Apollo-Programms und das erste bemannte Raumschiff, das die Umlaufbahn der Erde verließ und den Mond umrundete. Am 24. Dezember 1968, als das Kommandomodul eine seiner zehn Mondumrundungen vollendete, stieg die Erde über dem Horizont des Mondes auf. Vor der Dunkelheit des Weltraums wirkte sie außergewöhnlich lebendig. Der Kommandant der Mission, Frank Borman (geb. 1928), machte ein Schwarz-Weiß-Foto.

Unten: Der felsige Rand des Mondes betont seine Kargheit, die ebenso eindrucksvoll wirkt wie die Dunkelheit um ihn herum.

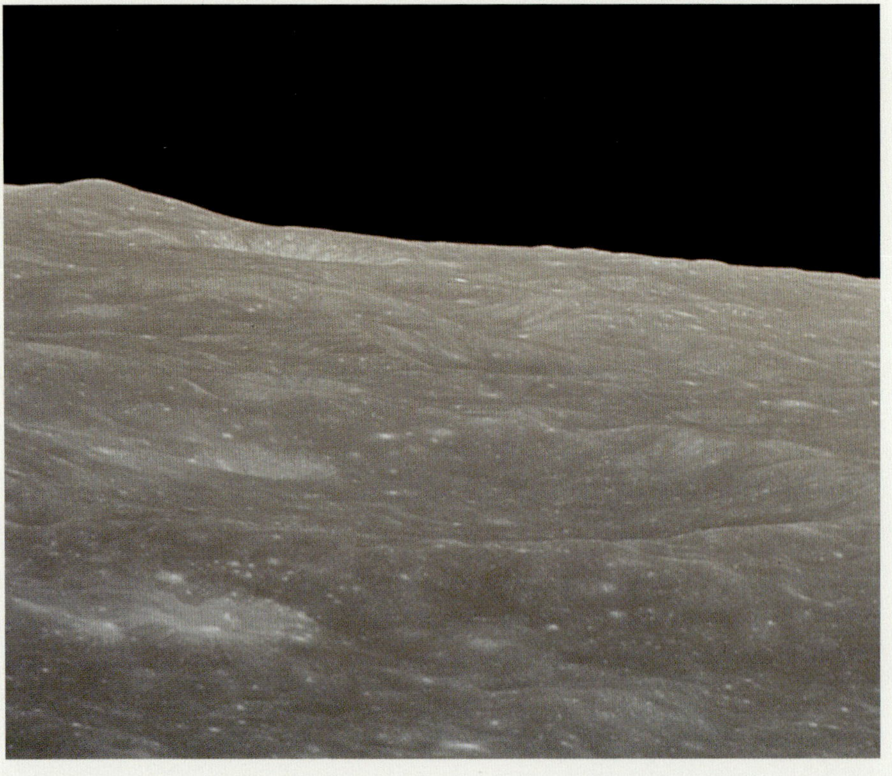

WILLIAM ANDERS
Als Sohn einer Navy-Familie besuchte Anders nach der Highschool die US Naval Academy, wurde Pilot und 1963 von der NASA als Mitglied ihrer dritten Astronautengruppe auserwählt. Er war der Reservepilot für Gemini 11 und wurde dann Mondfährenpilot für Apollo 8. Zusammen mit Kommandant Borman und dem Piloten des Kommandomoduls James Lovell war Anders einer der ersten Menschen, die sich über die Erdumlaufbahn hinaus bewegten.

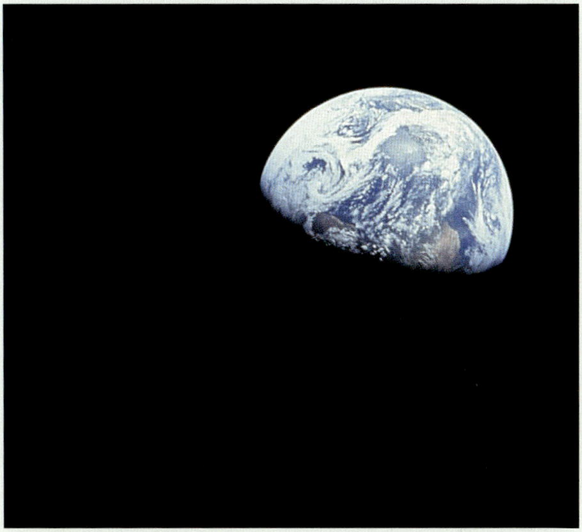

Oben: Dass die Erde als Globus nicht komplett sichtbar wird – ein Teil ist in Dunkelheit gehüllt –, unterstreicht noch die Zerbrechlichkeit des Planeten.

Dann nahm der Mondfährenpilot Anders dieses Bild auf, und zwar mit einer stark modifizierten Hasselblad 500 EL mit Motorantrieb, die mit einem 70-mm-Kodak-Ektachrome-Film bestückt war.

Die Erde als einsamer Planet vor dem Nachthimmel – solche Bilder hatten bislang nur Science-Fiction-Autoren und -Filmemacher beschworen. Anders' Schnappschuss ist eine von elf in schneller Folge entstandenen Aufnahmen; das Foto zeigt die Schönheit der Erde, aber auch ihre Zerbrechlichkeit. Auf zehn Uhr ist der Südpol zu sehen, die Äquatorlinie verläuft in einer fast vertikalen Linie in Richtung der oberen rechten Ecke. Über dem afrikanischen Kontinent bricht gerade die Nacht herein. „Wir haben diesen ganzen Weg zurückgelegt, um den Mond zu erkunden", notierte Anders später, „und das Wichtigste, das wir entdeckt haben, ist die Erde."

WETTER **S. 156** NATUR **S. 163**

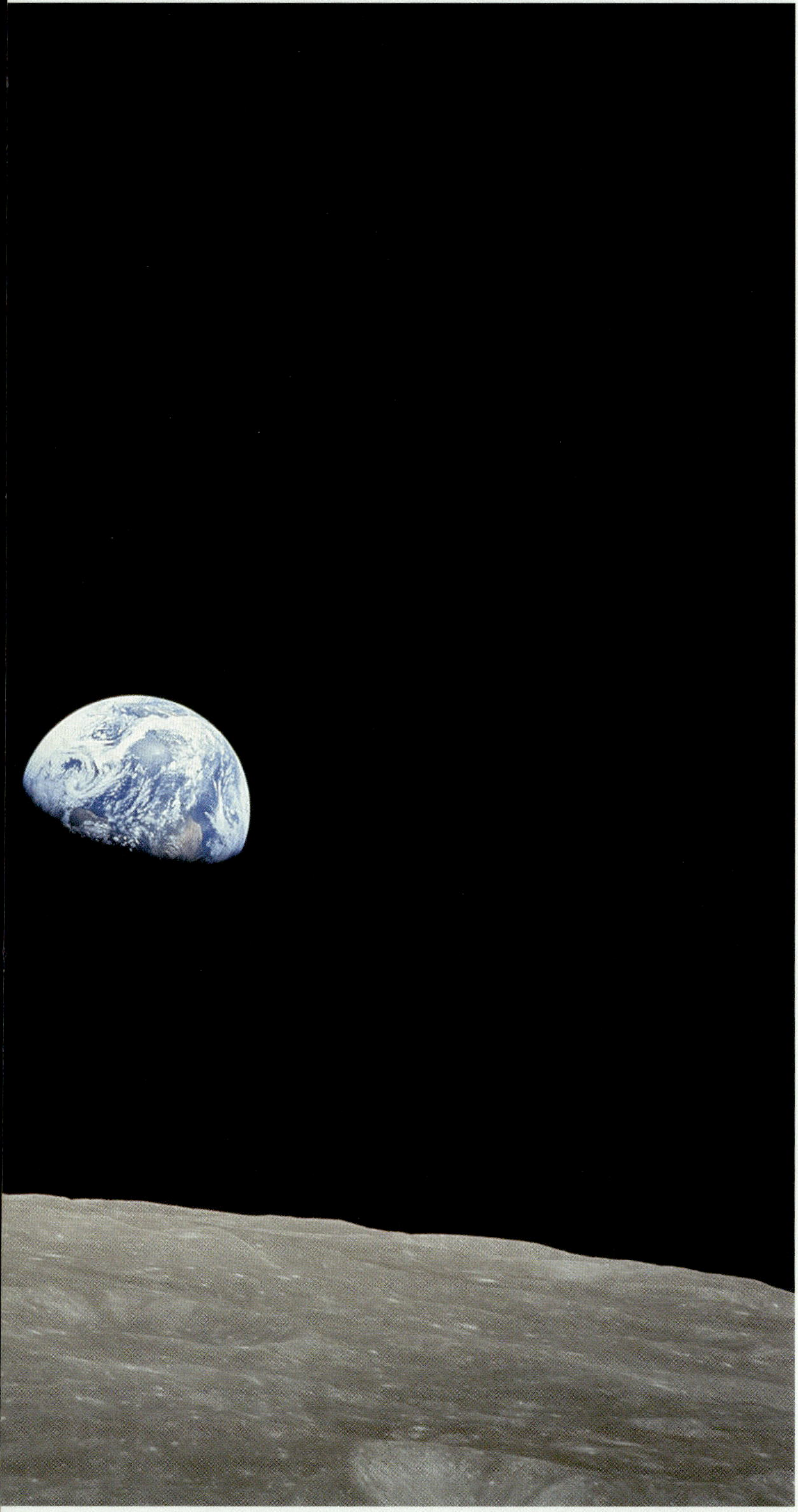

Algiers, Louisiana

WILLIAM EGGLESTON

um 1972

WILLIAM EGGLESTON
Eggleston entwickelte zwar schon am College ein Interesse für die Fotografie, fand aber erst in den 1970er Jahren breite Anerkennung. Seine bahnbrechende Ausstellung im MoMA 1976 räumte ein für alle Mal mit der Vorstellung auf, dass die Schwarz-Weiß-Fotografie das einzige angemessene Medium für ernsthafte Fotografen sei.

Mit seinen Bildern des amerikanischen Alltags verhalf William Eggleston (geb. 1939) der Farbfotografie innerhalb der Kunstwelt zum Durchbruch.

Eggleston begann Mitte der 1960er Jahre mit Farbfilmen zu arbeiten. Nachdem er mitbekommen hatte, welch starken Effekt das Dye-Transfer-Verfahren in der Werbung hatte, begann er, es für seine eigenen Werke zu verwenden – mit verblüffenden Ergebnissen. „Jedes Foto, das ich mit diesem Verfahren entwickelte", notierte er, „sah fantastisch aus, und jedes schien besser als das vorherige." Das Dye-Transfer-Verfahren verlieh Egglestons Bildern des amerikanischen Alltagslebens etwas Fremdartiges, wie nicht von dieser Welt. Ob es sich nun um eine Lampe an einer blutroten Decke handelt, ein altes Schild über der Markise eines Geschäfts oder einen Supermarktangestellten, der Einkaufswagen vom Parkplatz zum Laden zurückschiebt – die Technik brachte Bilder mit häufig ungewöhnlichen oder besonders satten Farben hervor. Dieses, zuerst in *William Eggleston's Guide* erschienene, Foto zeigt im Vordergrund eine starke Gelb-orange-Färbung, angefangen beim Fell des Hundes bis hin zur Pfütze und dem Boden drum herum. Sie bildet einen starken Kontrast zum Weiß des Hauses und des Autodachs im Hintergrund. Es ist ein faszinierendes Bild, in dem das Alltägliche zu etwas Besonderem wird.

Weitere Werke von William Eggleston

Greenwood, Mississippi (1973)

Ohne Titel (Konföderiertenflagge mit Neonbeleuchtung) (1973)

Ohne Titel (Marcia Hare in Memphis, Tennessee) (1975)

PORTRÄT **S. 15** FARBE **S. 18** KUNST **S. 31** GESELLSCHAFT **S. 34**

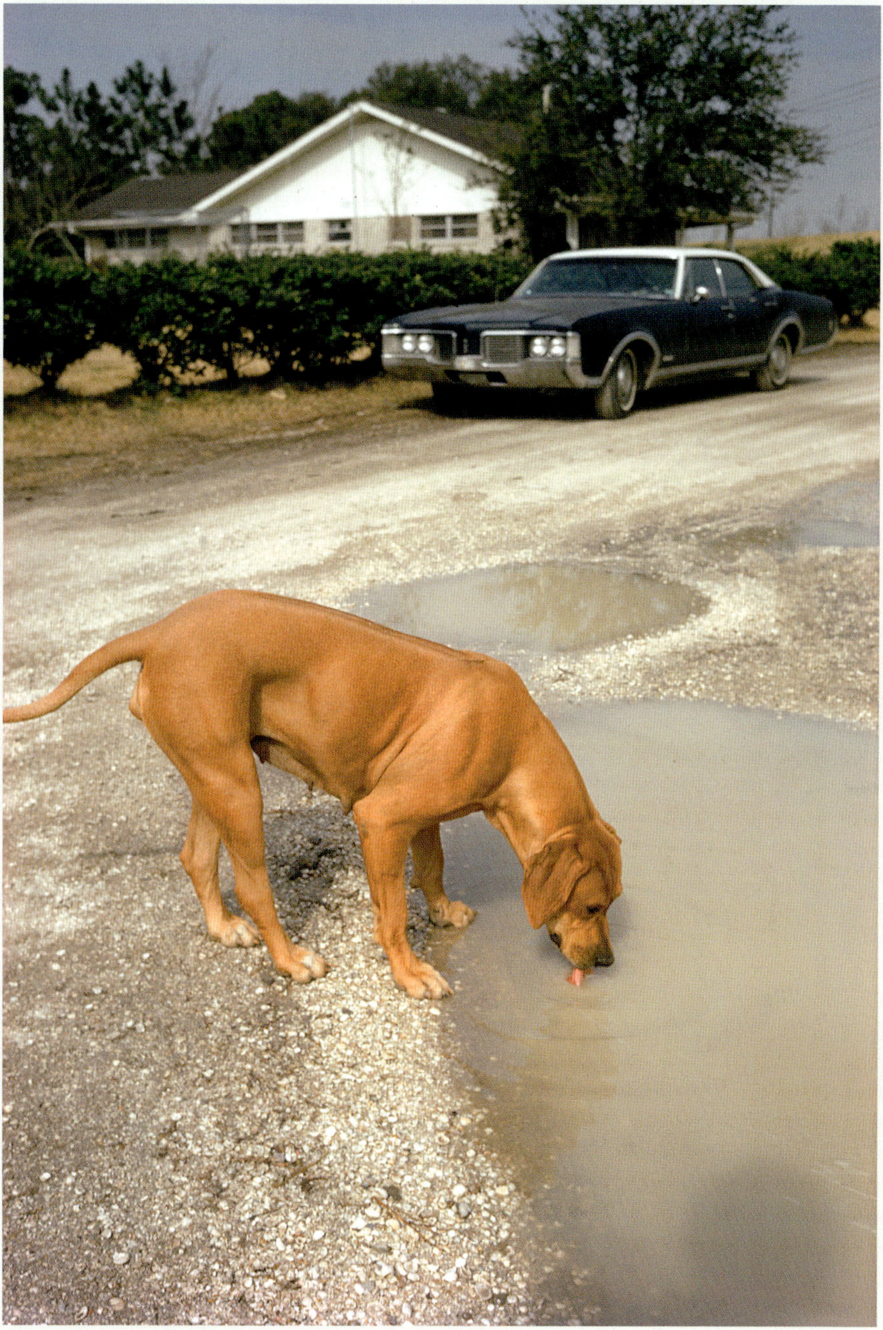

ARCHITEKTUR **S. 157** TIERE **S. 164** MODERNE **S. 176**

Phan Thị Kim Phúc

NICK ÚT: SILBERABZUG

1972

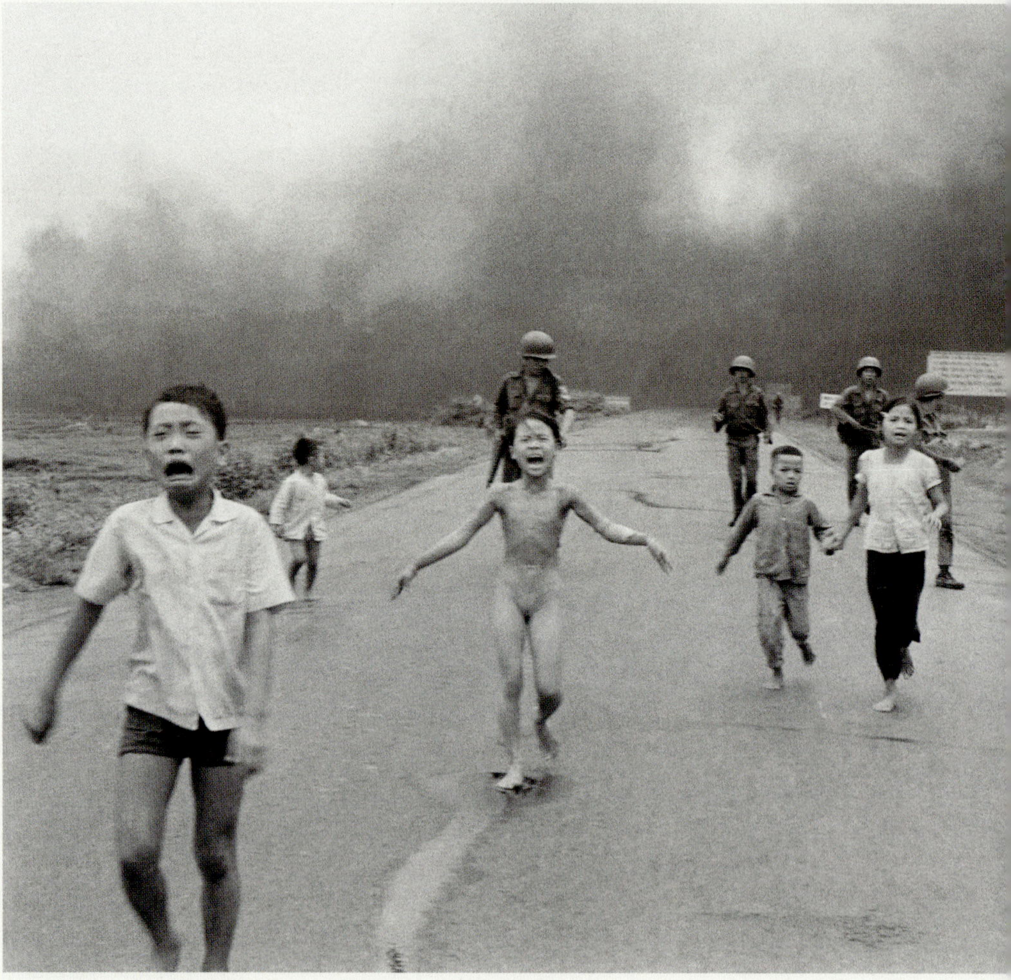

KRIEG **S. 24** PROPAGANDA **S. 25** FOTOJOURNALISMUS **S. 27** HUMANISTISCHE FOTOGRAFIE **S. 29**

NICK ÚT
Der in Long An, Vietnam, geborene Út begann im Alter von gerade mal 16 Jahren für Associated Press (AP) zu fotografieren. Während des Vietnamkriegs wurde er dreimal verletzt, setzte seine Arbeit für die Agentur aber trotzdem fort. Seither hat er für AP in Tokio, Südkorea und Hanoi gearbeitet; heute lebt er in Kanada.

Nick Út (geb. 1951) berichtete als Fotoreporter über den Vietnamkrieg und hielt das sinnlose Grauen des Krieges in diesem erschreckenden Foto fest.

Am 8. Juni 1972 war Út am Rande von Trảng Bàng unterwegs, einem 40 Kilometer nordwestlich von Saigon gelegenen Dorf. Die südvietnamesische Luftwaffe hatte versehentlich Napalmbomben auf die Siedlung abgeworfen. Als Út sich auf das Dorf zubewegte, sah er eine Gruppe von Kindern auf sich zulaufen. Eines der Kinder war völlig nackt, es schrie und weinte. Nachdem Út dieses Foto gemacht hatte, begriff er, dass Pan Thị Kim Phúc ihre Kleider durch das Feuer verloren hatte, das auch 30 Prozent ihrer Haut verbrannt hatte. Er brachte sie in ein Zivilkrankenhaus, wo die Ärzte prophezeiten, dass sie wahrscheinlich nicht überleben würde. Das Mädchen wurde dann in ein US-Militärkrankenhaus überführt, das ihm das Leben rettete.

Verstörend an diesem Bild sind die offensichtliche Gleichgültigkeit der Soldaten sowie der Schock und der Schmerz, die den Kindern ins Gesicht geschrieben stehen. Die Presse zögerte zunächst, das Bild eines nackten Kindes zu drucken, beschloss aber schließlich, eine Ausnahme zu machen. Das Foto wurde zu einem wegweisenden Bild der Antikriegsbewegung und bestärkte die amerikanische Öffentlichkeit in ihrem Wunsch, den Krieg zu beenden.

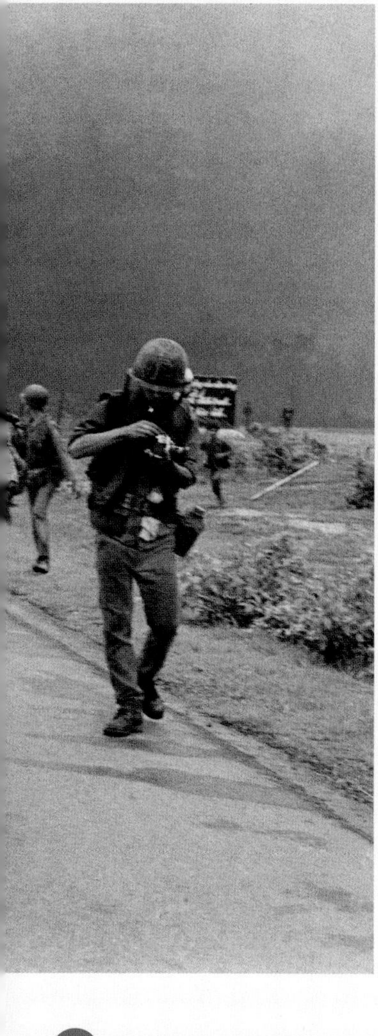

Weitere Werke von Nick Út

Eine Flüchtlingsfrau, die ihr Baby an sich presst, wird von einem Kampfhubschrauber der Regierung aus Tuy Hòa im Nordosten Saigons ausgeflogen (1975)

Muhammad Ali versetzt während eines Trainings in einem Gym in Tokio einem Sandsack einen Schlag (1976)

Ein Schneeaffe entspannt sich in einer heißen Quelle im Jigokudani-Tal im Norden der Präfektur Nagano, Japan (2012)

TOD **S. 165** POLITIK **S. 172**

Ein sonniger Sonntagnachmittag, Whitby, England

1974

IAN BERRY: GELATINESILBERABZUG

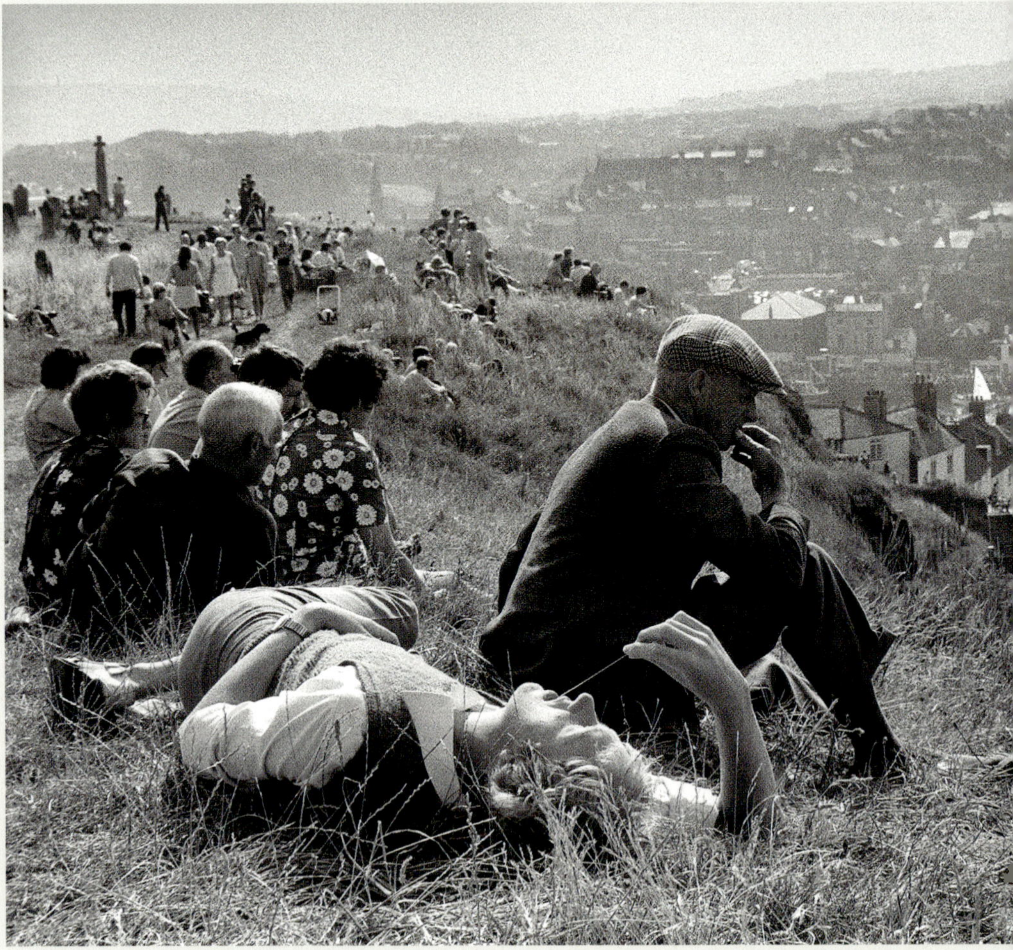

IAN BERRY
Der aus Preston, Lancashire, stammende Berry erlernte die Fotografie 1952, als er nach Südafrika ging. 1960 dokumentierte er das Massaker von Sharpeville, bei dem 69 Menschen getötet wurden. Seine Bilder wurden vor Gericht gezeigt und führten zur Freilassung vieler Demonstranten. Die Veröffentlichung dieser Fotos löste weltweit Empörung aus.

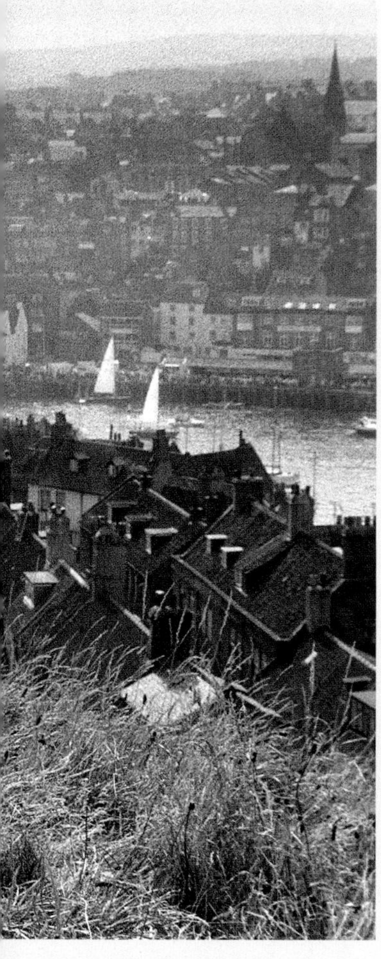

In seinem Schlüsselwerk *The English* (1978) fing der Dokumentarfotograf und Fotojournalist Ian Berry (geb. 1934) eine Nation bei der Arbeit und in ihrer Freizeit ein.

1974 erhielt Berry das erste große, vom British Arts Council ausgelobte Stipendium für Fotografie. Die umfassende Studie aller Bereiche des englischen Lebens, die daraus hervorging, war inspiriert von Robert Franks *The Americans*. Eines der berühmtesten Bilder, die Berry im Rahmen dieses Projekts aufnahm, ist dieses Foto von Menschen, die ihren freien Tag genießen. Berry zeigt, wie sie auf einem Hügel oberhalb der nordenglischen Küstenstadt Whitby entspannen. Die vielen Leute im Hintergrund sind ein Spiegelbild der dicht gedrängten Häuser unter ihnen. Nahe bei Berry sitzt eine Gruppe Menschen, die sich unterhalten und die die über den Fluss gleitenden Segelboote betrachten. Der junge Mann, der im Vordergrund liegend mit einem Grashalm spielt, wirkt entspannt. Der ältere Mann dagegen macht einen nachdenklichen Eindruck. Er trägt noch Hut und Jacke und blickt auf die Stadt hinab, scheint aber mit seinen Gedanken woanders zu sein. Die beiden stehen für zwei verschiedene Generationen, während das wild wachsende Gras um sie herum dem Bild Struktur gibt, aber auch den Gegensatz von Ländlichem und Städtischem hervorhebt.

Weitere Werke von Ian Berry

Sharpeville, Südafrika (1960)

Nachdem sie die Rädelsführer festgenommen haben, gehen die Soldaten mit Schlagstöcken und Gummigeschossen gegen die Menschenmenge vor, Londonderry, Nordirland (1971)

Evangelikale Kirche (1983)

KLASSE **S. 170** GELATINESILBERDRUCK **S. 196**

Self-Portrait in Drag (Platinum Pageboy Wig)

1981

ANDY WARHOL: TRANSFERDRUCK MIT FARBDIFFUSION (POLAROID) • 10,8 X 8,5 CM, POLAROID, HAMBURGER KUNSTHALLE

Weitere Werke von Andy Warhol

Selbstporträt (1966)

Muhammad Ali (1977)

Self-Portrait with Fright Wig (1986)

Der führende Pop-Art-Künstler Andy Warhol (1928–1987) nutzte die eingeschränkten Möglichkeiten der Polaroid-Kamera, um Tausende Porträts zu produzieren.

Die Fotografie hat in Warhols Werk stets eine zentrale Rolle gespielt, wenn auch in Form von Siebdrucken. Der Künstler, der Identität als etwas betrachtete, das man bewusst verändern konnte, nahm zwischen 1962 und 1986 zahlreiche Selbstporträts auf, die durch ihre Art der Selbstdarstellung faszinieren. Mit jeder Serie erscheint Warhols Gesicht maskenhafter. In den 1970er Jahren begann er mit der Polaroid-Kamera zu arbeiten, zunächst als Grundlage für komplexere Werke, doch viele gingen nie über diese häufig grob aufgenommenen Porträts hinaus.

Warhols Selbstporträts mit Make-up und Frauenperücke erinnern an Man Rays Bilder von Marcel Duchamp in Frauenkleidern. Der von Drag Queens faszinierte Warhol verwischte mit seiner Serie die Gendergrenzen. Sein Ausdruck ist leer, aber es liegt doch eine Spur von Verletzlichkeit darin, aus der man sowohl den Wunsch, betrachtet zu werden lesen könnte, als auch die Hoffnung, der Betrachter möge den Blick abwenden. Diese Gegensätze bilden den Kern von Warhols Berühmtheit, die er sowohl akzeptierte als auch ablehnte. Die Polaroid-Kamera lässt das Bild flach wirken und erzeugt ein grelles Licht, aber Warhol arbeitet mit subtilen Schatten, um die Umrisse weicher zu machen. Das Rot von Lippenstift und Rouge verleiht dem Ganzen eine spielerische Anmutung.

ANDY WARHOL

Warhol war eine Schlüsselfigur der modernen amerikanischen Kunst. Er sah Parallelen zwischen dem Konsumverhalten und dem Kunstmarkt, die er in seinen ikonischen Campbell's Soup Can-Drucken veranschaulichte. Während der 1960er Jahre erweiterte er seine künstlerischen Ausdrucksformen um die Fotografie und den Film. In seinem New Yorker Studio The Factory gingen ganz unterschiedliche Künstler ein und aus.

SELBSTPORTRÄT **S. 21** KUNST **S. 31**

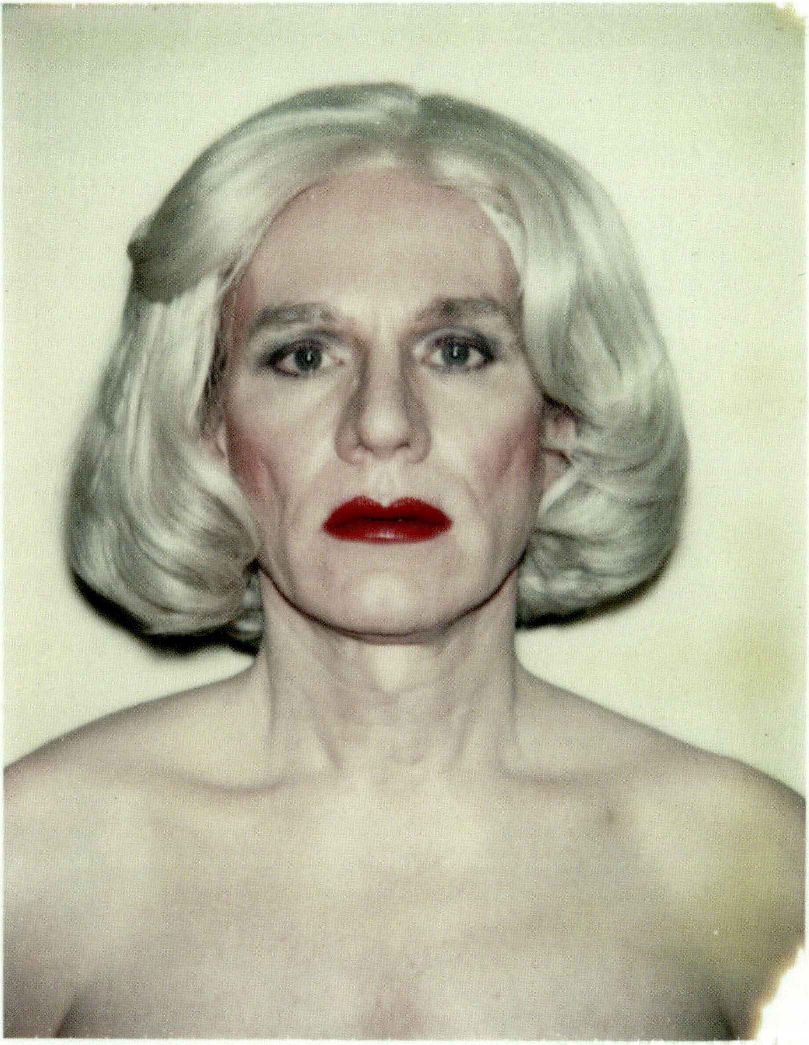

IKONEN **S. 166** RUHM **S. 167** POLAROID **S. 211**

Ohne Titel #96

CINDY SHERMAN: CHROMOGENER FARBABZUG • 61 X 121,9 CM

1981

Kein anderer Fotograf hat sich in seinen Selbstporträts auf so komplexe Weise mit dem Verhältnis von Betrachter und Modell, gesellschaftlichen Haltungen hinsichtlich Genderfragen sowie Identitätsfragen beschäftigt wie Cindy Sherman (geb. 1954).

Dieses Bild stammt aus der zweiten Serie von Shermans Ausflug in die Farbfotografie. Während sie bei der ersten Serie mit Rückprojektionen arbeitete, die an eine vergangene Film- und Fernsehära erinnerten, widmet sie sich hier der Frauendarstellung in Pornomagazinen. Die Serie entstand im Auftrag der Zeitschrift *Artforum*, und jedes Foto sollte

Weitere Werke von Cindy Sherman

Ohne Titel A (1975)

Ohne Titel, Film Still #21 (1978)

Ohne Titel #228 (1990)

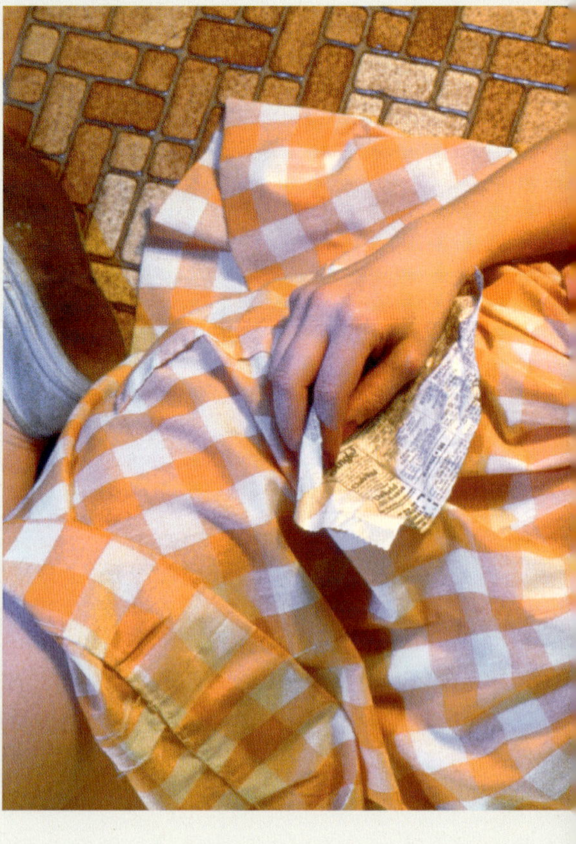

FARBE **S. 18** SELBSTPORTRÄT **S. 21** KUNST **S. 31** KONZEPTUELLE FOTOGRAFIE **S. 39** PERFORMANCE **S. 41**

auf einer Doppelseite erscheinen, und zwar im Stil des Ausfalters in der Mitte der *Playboy*-Hefte. In diesen Nahaufnahmen – ein Ansatz, mit dem sie auch bei nachfolgenden Projekten arbeiten sollte – blickt Sherman stets zur Seite. Der Blickwinkel des Betrachters betont die Verletzlichkeit des Subjekts.

In diesem Bild erzeugt Sherman mit der Farbe Orange einen nahezu kitschigen Effekt. Ihr hochgeschobener Rock gibt den Blick auf ihren Oberschenkel frei und legt den Gedanken an eine Vergewaltigung nahe. In ihrem Ausdruck könnte man Nachdenklichkeit lesen; die Zeitungsanzeige in ihrer Hand lässt vermuten, dass sie gerade telefoniert hat oder dies noch tun will. Das Foto ist mehr als eine bloße Parodie der Form; Sherman hinterfragt sowohl die Darstellung als auch die Wirkung solcher Bilder.

CINDY SHERMAN
Nach ihrem Studium der Malerei wandte sich Cynthia Morris Sherman der Fotografie zu, eröffnete zusammen mit Robert Longo, Charles Clough und Nancy Dwyer ein Studio und wurde Teil der Pictures Generation, einer Gruppe von Künstlern, die sich in ihren Werken die Konsum- und Medienkultur zu eigen machten, in der sie aufgewachsen waren.

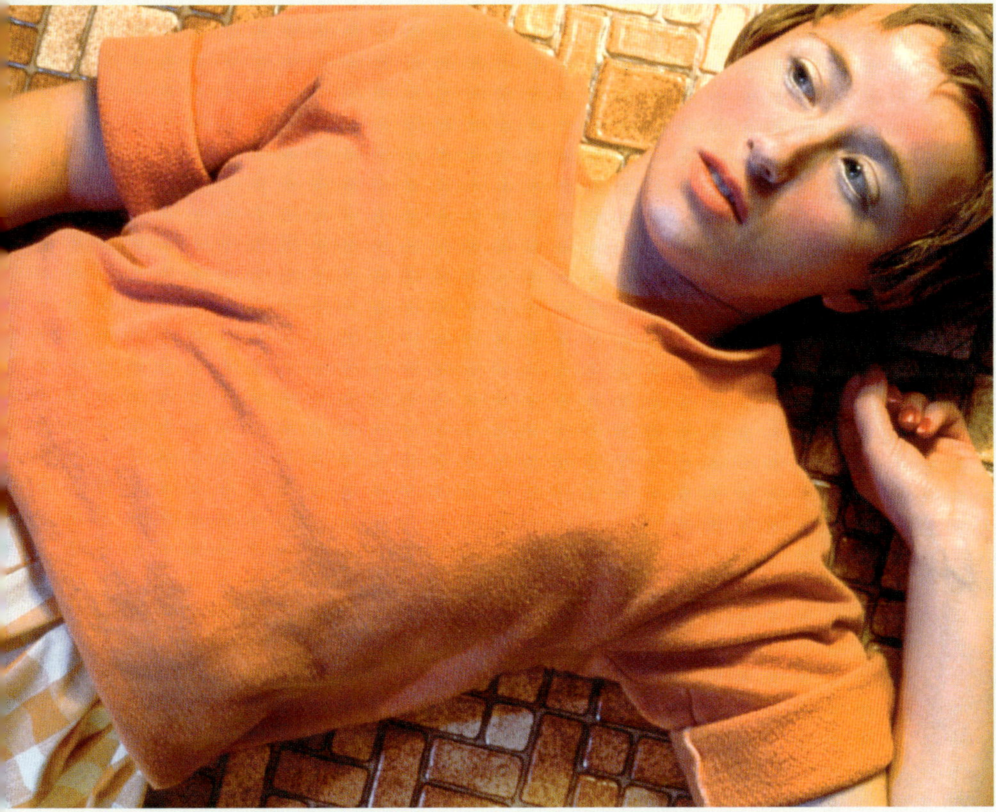

→ IKONEN **S. 166**

Cookie im Tin Pan Alley

NAN GOLDIN: CIBACHROME-ABZUG

1983

Mit ihren Bildern von Freunden, Liebhabern und Fremden der New Yorker Underground-Szene brachte Nan Goldin (geb. 1953) etwas Rohes in die Porträtfotografie.

Als Goldin 1978 nach New York zog, fotografierte sie vorwiegend in Farbe und beschäftigte sich vornehmlich mit der Frage der Identität, dort wo „ein drittes Geschlecht sinnvoller zu sein schien als die beiden anderen." Ihre damals entstandenen Bilder kennzeichnete ein für jene Zeit typisches anarchisches Stilgemisch, mit dem sie gegen die Zwangsjacke des „konventionellen" Verhaltens aufbegehrte. Indem Goldin die Grenzen zwischen Kunst, Mode, Anthropologie und Fotojournalismus verwischte, schuf sie eine Ästhetik, die nachfolgende Fotografen inspirierte.

Goldin fotografierte Freunde beim fröhlichen Zusammensein auf Partys ebenso wie in schlechten Zeiten – jenen Phasen der stillen Selbstbeobachtung. Einen solchen Moment zeigt *Cookie im Tin Pan Alley.* In ihrer stillen Selbstvergessenheit ähnelt Cookie einer der Büsten an der Wand hinter ihr. Ihr Teint und ihr helles Kleid bilden einen starken Kontrast zu der hölzernen Wandverkleidung und der schwach ausgeleuchteten Umgebung. Die beiden Gläser auf dem Tisch könnten das Gefühl von Einsamkeit relativieren. Doch Cookie wirkt nicht glücklich mit der Gesellschaft, die sie dort womöglich hat. Vielleicht sind auch beide Drinks ihre, und sie hängt ihren eigenen Gedanken nach.

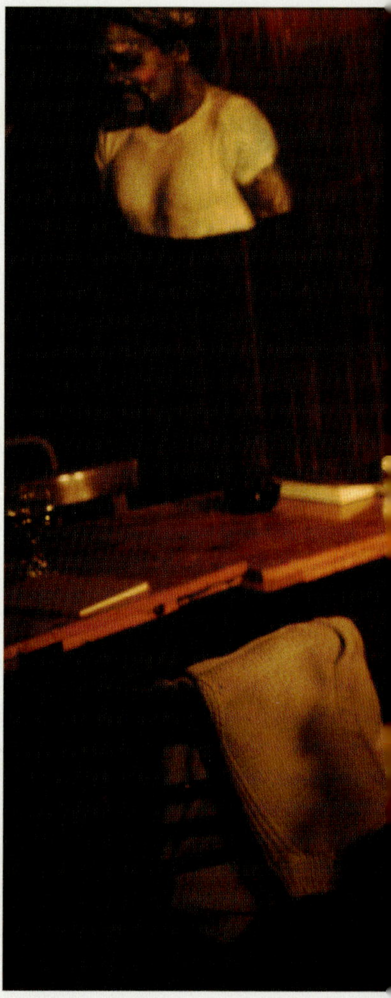

Weitere Werke von Nan Goldin

Die Umarmung, New York City (1980)
Nan und Brian im Bett, New York City (1983)
Nan, einen Monat nachdem sie verprügelt wurde (1984)

NAN GOLDIN

Goldin gehört zu den wichtigsten Chronisten der amerikanischen Subkultur. Ihr fotografisches Werk war punkig, bevor es die Punk-Bewegung überhaupt gab. Mit einer Ausstellung über die schwulen und transsexuellen Gemeinschaften in Boston erregte sie 1973 erstmals Aufmerksamkeit. Ihr wichtigstes Werk bleibt ihre Diashow „The Ballad of Sexual Dependency" mit Fotos aus den Jahren 1979 bis 1986, die Einblicke in die New Yorker Musik- und Kunstszene des No Wave geben.

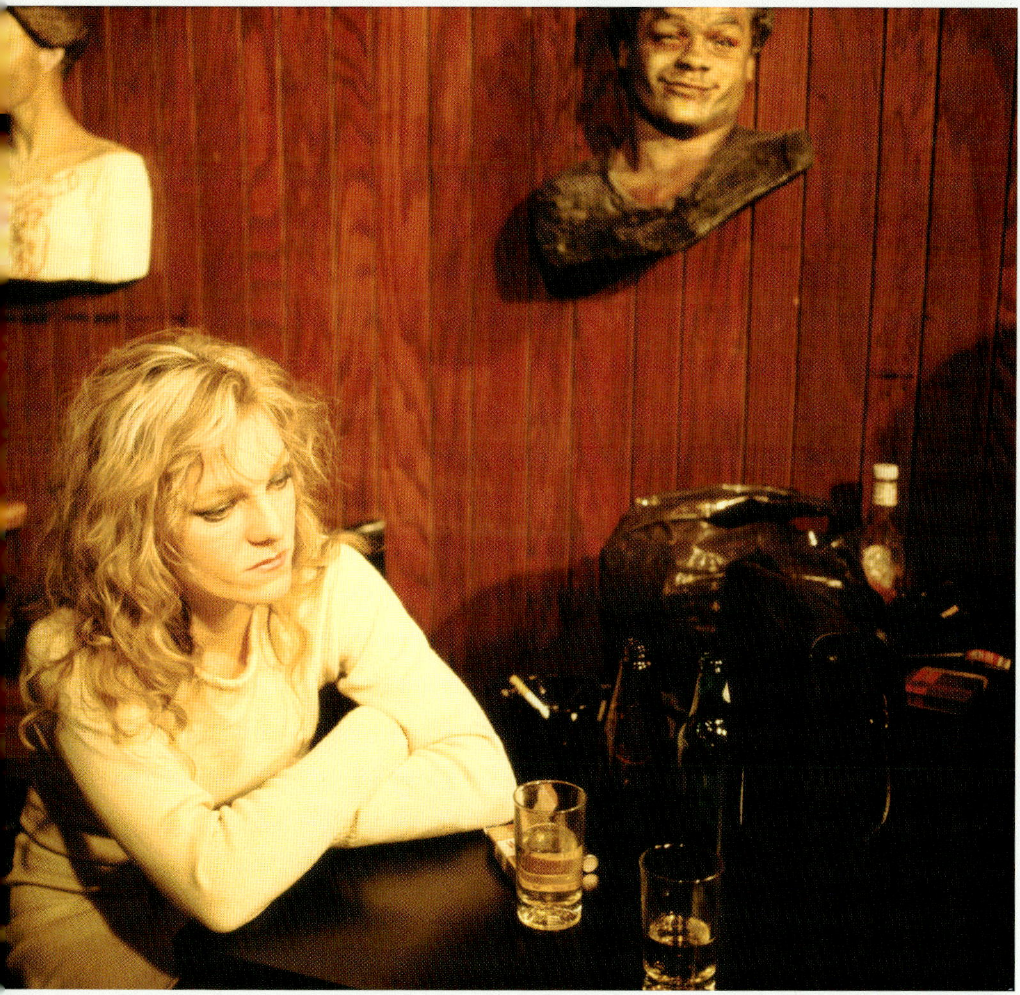

→ MENSCHEN **S. 173**

New Brighton, England

MARTIN PARR: CHROMOGENER FARBABZUG

1983 – 1985

Martin Parr (geb. 1952) verwischt die Grenzen zwischen Kunst und Unterhaltung sowie zwischen Hochkultur und Alltagstrivialität. Mit seinen farbintensiven Aufnahmen hat er einen Wandel in der britischen Haltung gegenüber der Fotografie bewirkt.

Parrs erste Serie mit Farbfotos war vor allem vom Werk Joel Meyerowitz' inspiriert, aber auch von John Hindes Postkarten der Butlins-Ferienlager, die sich im Großbritannien der 1960er und 1970er Jahre großer Beliebtheit erfreuten. Die Serie „The Last Resort: Photographs of New Brighton" entstand im Laufe von drei Sommern, von 1983 bis 1985. Parr dokumentierte das Leben der Arbeiterklasse an der Küste unweit seines Wohnorts Wallasey an der Mündung des River Mersey. Auf die britische Landschaftsfotografie hatte diese Serie eine ebenso bahnbrechende Wirkung wie ein Jahrzehnt zuvor William Egglestons Werk in den USA.

Das Bild auf der folgenden Doppelseite ist eines der bekanntesten aus der Serie. Als es in einer Londoner Galerie

Unten: Anders als die anderen Kinder, die darauf warten, bedient zu werden, hat dieses Mädchen Parrs Kamera wahrgenommen. Ihre Haltung steht in einer Linie mit dem vertikal über den Tisch verlaufenden Schatten (siehe folgende Doppelseite) und bildet einen Kontrapunkt zu der jungen Frau.

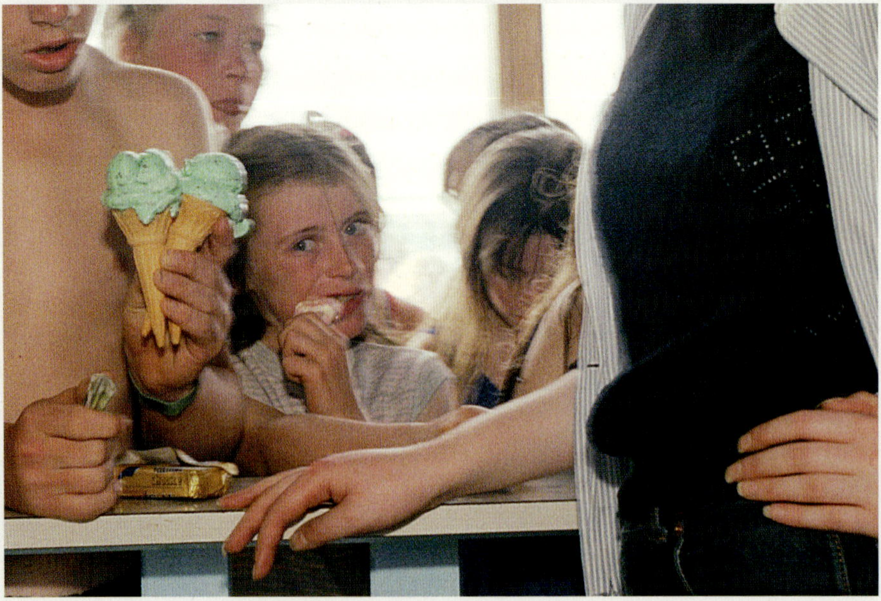

DOKUMENTARFOTOGRAFIE **S. 28** GESELLSCHAFT **S. 34**

MARTIN PARR
Neben seiner fotografischen Arbeit sammelt Parr mit großer Leidenschaft Postkarten, die bereits häufig ausgestellt wurden, sowie Fotobücher. In Zusammenarbeit mit dem Kritiker Gerry Badger hat er eine dreibändige Geschichte des Fotobuchs vom 19. Jahrhundert bis heute herausgebracht.

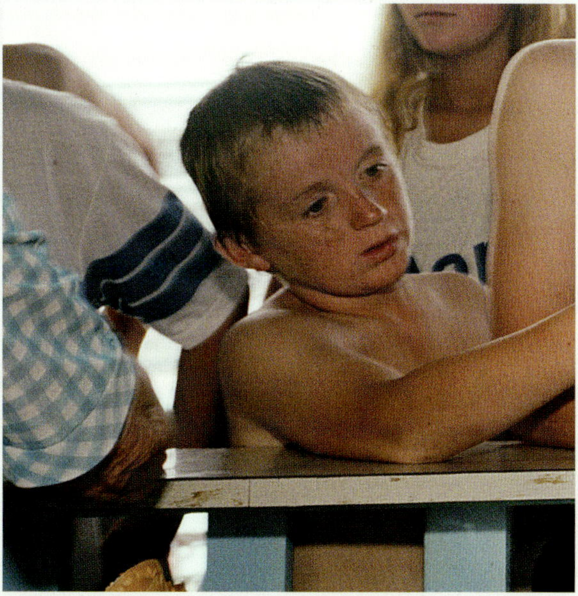

erstmals ausgestellt wurde, verhöhnten die Kritiker Parrs Darstellung der Arbeiterklasse als herablassend. Inzwischen werden die Bilder jedoch als sehr viel authentischeres Abbild anerkannt als die vielen „vornehmen" Schwarz-Weiß-Fotos zuvor. Das Foto ist unterteilt in das Durcheinander der Kinder vor dem Tresen und die einsame Angestellte hinter dem Tresen im Vordergrund. Auffällig ist der direkte, nahezu provokative Blick der jungen Frau, die direkt in die Kamera sieht. Ihre leicht geschürzten Lippen signalisieren Verärgerung, entweder weil Parr sie ablenkt oder wegen der durcheinander rufenden Kinder, mit denen sie fertigwerden muss. Parrs Vorliebe für satte Farben zeigt sich im Grün des Minze-Schoko-Eises sowie in der Haut der Kinder, die vom Sonnenlicht unterschiedlich stark gefärbt ist.

Oben: Parrs Bilder wirken wie Schnappschüsse, wie Fotos ohne perfekten Rahmen. Die beiden in das Foto hineinreichenden Arme verweisen auf eine größere Welt außerhalb des Bildes.

Weitere Werke von Martin Parr
Clifton College Public School, Bristol, England (1988)
Der schiefe Turm von Pisa, Italien (1990)
Common Sense, Benidorm, Spanien (1997)

→ KLASSE **S. 170** ALLTAG **S. 183**

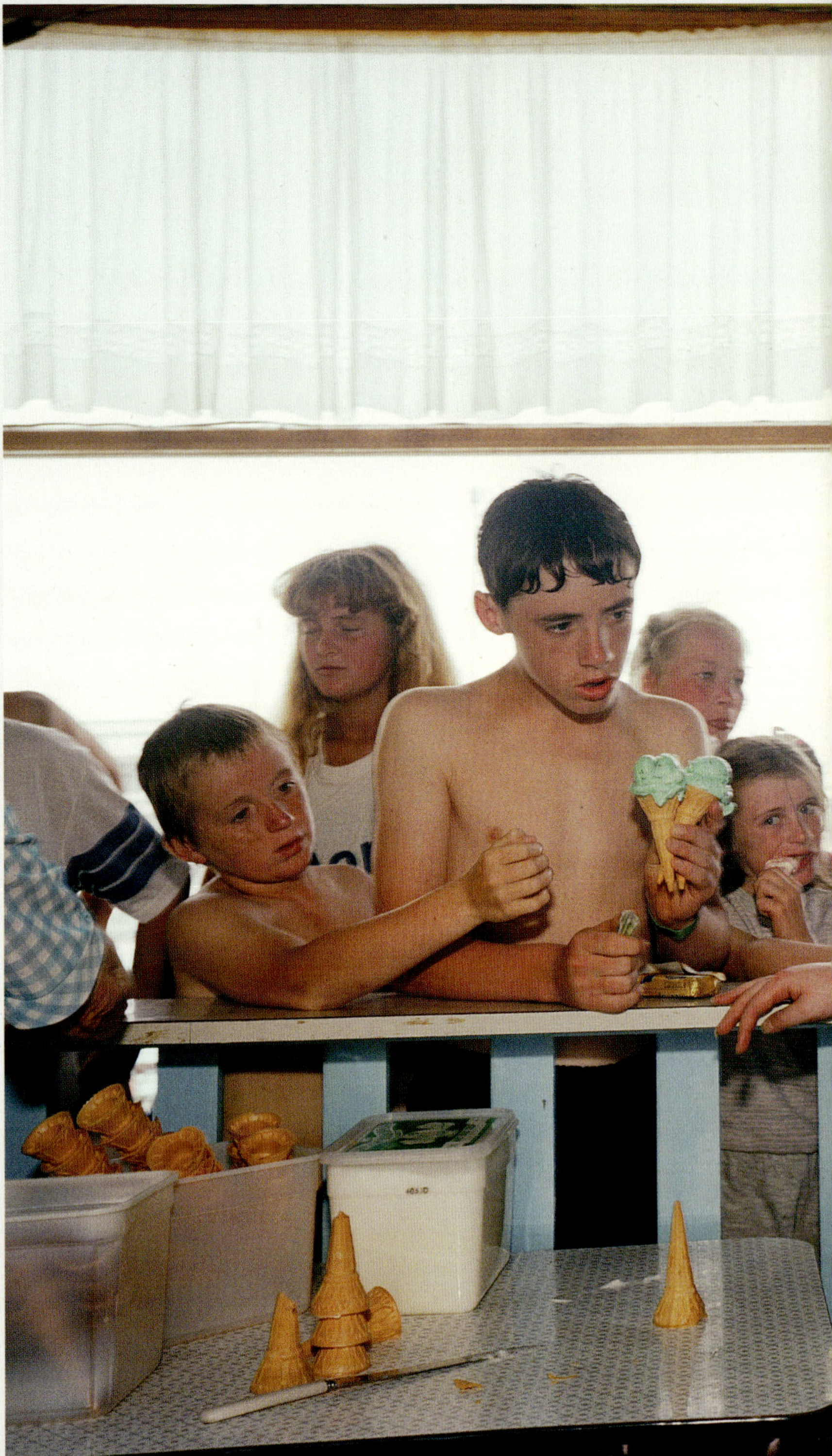

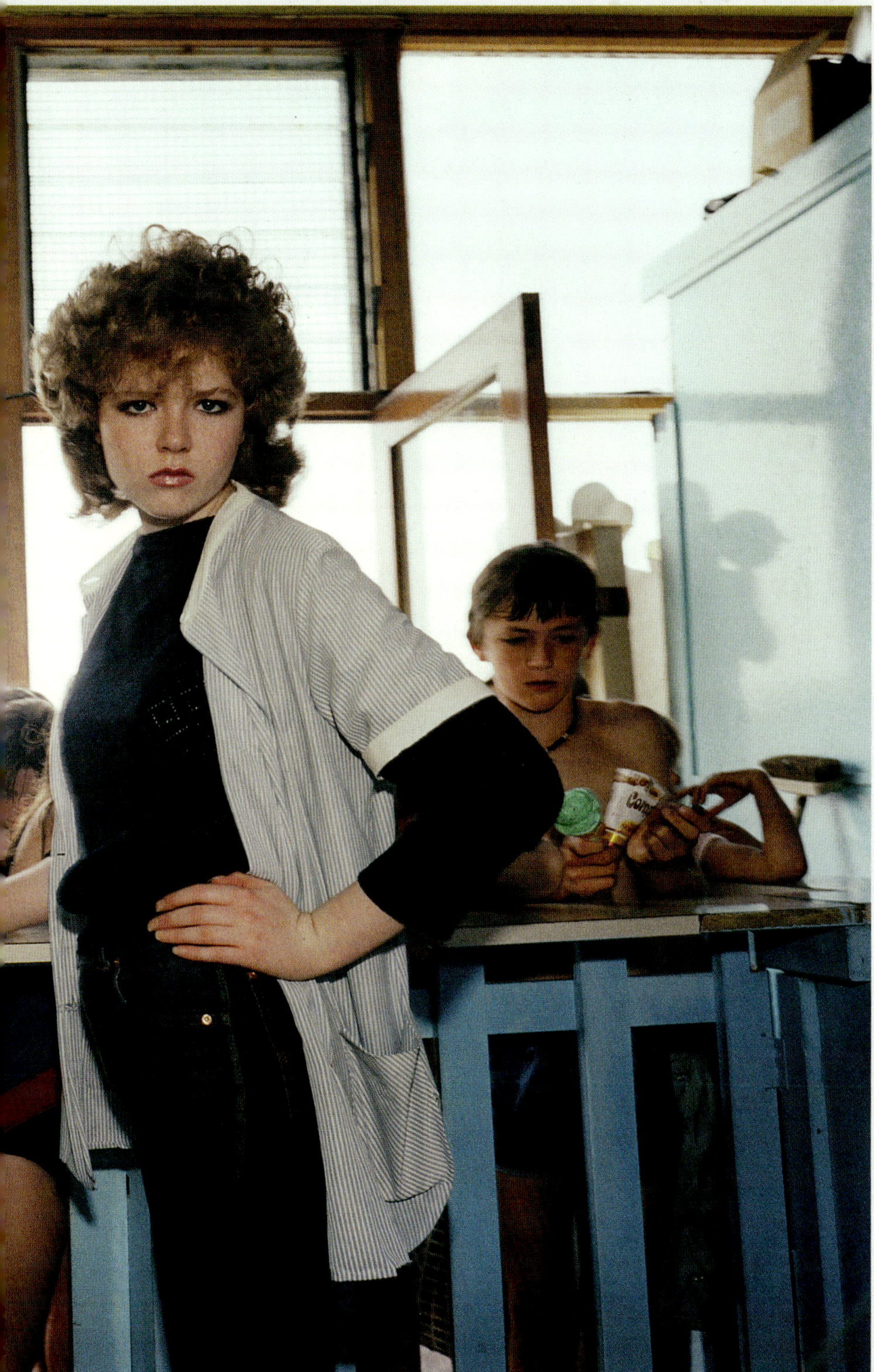

Piss Christ

ANDRES SERRANO: CIBACHROME-FARBABZUG

1987

Weitere Werke von Andres Serrano

Blut (1987)

Donald Trump (America) (2004)

Baum am Toten Meer (Jerusalem) (2014)

Andres Serranos (geb. 1950) Werk ist trotz der Qualität seiner Bilder sehr umstritten – schließlich konfrontiert der Künstler sein Publikum mit einem provokanten Umgang mit Rasse, Geschlechterrollen und Religion.

Das eindrucksvolle Bild eines Kruzifixes in einer durchscheinenden gelborangen Substanz löste aufgrund seines Titels große öffentliche Empörung aus und zählt zu den umstrittensten Kunstwerken der 1980er Jahre. Dass Serrano vom National Endowment for the Arts mit einem Stipendium in Höhe von 15.000 US-Dollar bezuschusst worden war, rief im US-Kongress zusätzliche Empörung hervor; ein Senator riss dabei sogar eine Kopie des Bildes in Stücke.

Über die heftigen Reaktionen wurden die Beweggründe des Künstlers für die Anfertigung dieses Kunstwerks zu oft beiseitegedrängt. Angesichts des vielerorts verbreiteten gewinnbringenden Handels mit religiösen Symbolen wollte Serrano mit *Piss Christ* zeigen, dass der wahre Wert des Glaubens größer ist als jeder kommerzielle Gewinn. Solche Artefakte haben, auch wenn sie in Urin schwimmen – in diesem Fall in dem des Künstlers –, einen immanenten Wert, sofern sie spirituelle Stärke bieten. Und Serranos Bild ist einfach hinreißend schön. Es ist so ausgeleuchtet, dass das Blut Christi das Bild umfängt, während das kräftige Gelb im oberen Teil des Kruzifixes für das Licht Gotts steht, das auf Christus herabscheint.

ANDRES SERRANO
Der New Yorker Serrano untersucht die Verbindung zwischen Spirituellem und Körperlichem sowie das Leben der Besitzlosen in unserer heutigen Gesellschaft. In seinen Fotos benutzt er häufig Körperflüssigkeiten und Fäkalien. Wegen seiner ambivalenten Haltung gegenüber gesellschaftlichen Konventionen beschwört er immer wieder Kontroversen herauf.

PORTRÄT **S. 15** FARBE **S. 18** STILLLEBEN **S. 20** AVANTGARDE **S. 23** KUNST **S. 31**
KONZEPTUELLE FOTOGRAFIE **S. 39**

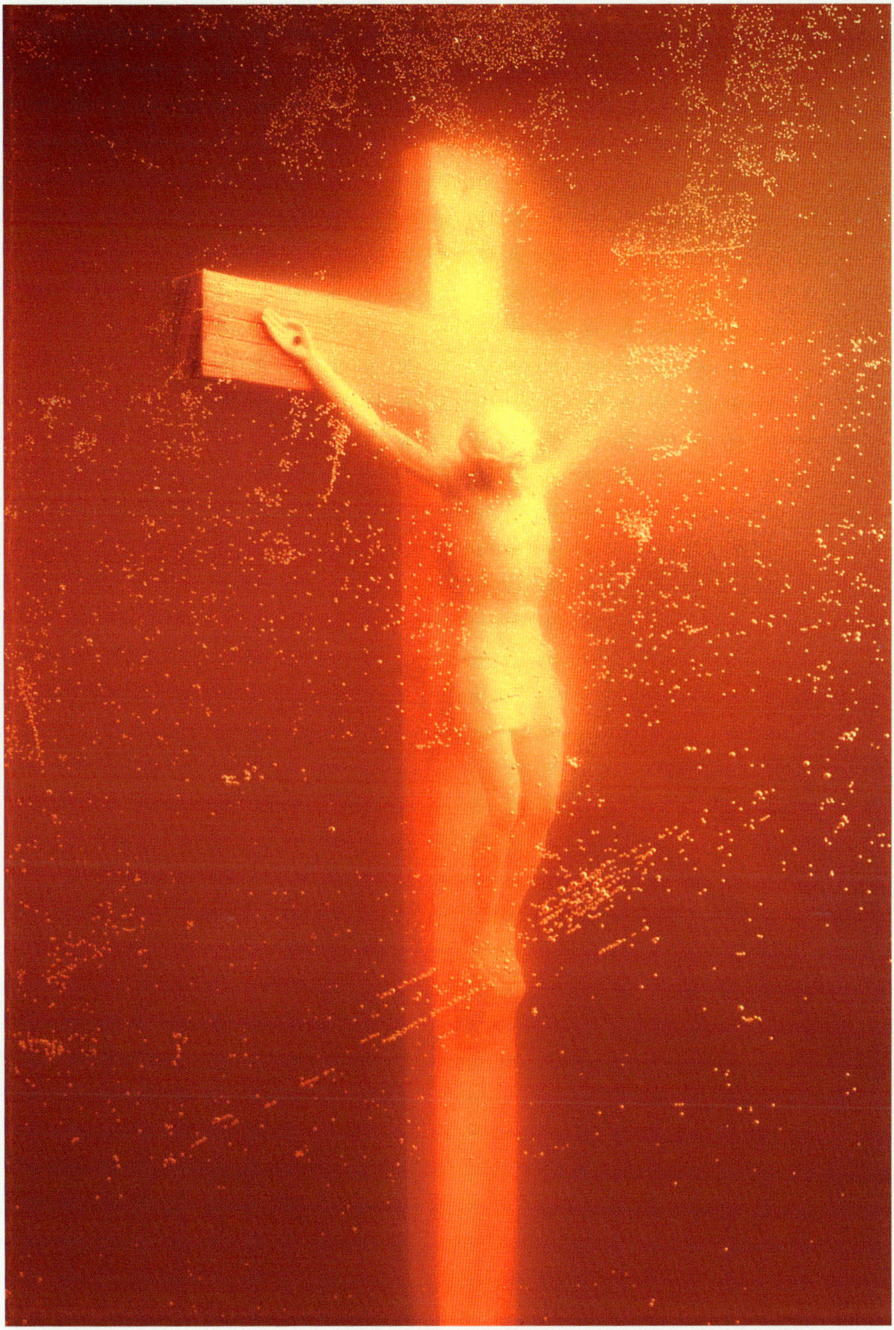

RELIGION S. 160

Louvre 1, Paris 1989

THOMAS STRUTH: CHROMOGENABZUG, 183 X 234 CM

1989

Als einer der Hauptvertreter der Düsseldorfer Fotoschule erkundet Thomas Struth (geb. 1954), wie wir mit anderen Menschen in sozialen Räumen interagieren.

In seiner Serie „Museumsbilder" widmet sich Struth seinem „Interesse für das Schicksal der Kunst in Museen" und seinem Wunsch, der Vergöttlichung der Kunst ein Ende zu setzen – einen Weg zu finden, ein Gemälde so zu sehen, wie es womöglich wahrgenommen wurde, bevor es mit Ruhm beladen wurde. In diesen großformatigen Bildern werden die Kunstwerke durch das Verfahren des stellvertretenden Sehens lebendig: Wir sehen nicht nur das Gemälde selbst, sondern betrachten es auch durch die Augen der Museumsbesucher. Der Fokus liegt hier auf Jacques-Louis Davids großem Gemälde *Die Krönung Napoleons* (1807), das im Pariser Louvre hängt. Hinten ist eine große Gruppe bei einer Führung zu sehen, davor einzelne Personen, die sich das Bild alleine anschauen. Im Vordergrund bilden weitere ins Gespräch vertiefte Menschen ein malerisches Tableau innerhalb des Rahmens. Hinter ihnen lauscht ein Aufseher einer Funknachricht, und ein Paar führt eine angeregte Unterhaltung. Struths Foto ist ein Abbild von Louis-Léopold Boillys Gemälde *Publikum beim Betrachten von Davids „Krönung"* (1810). Zwischen den beiden Werken liegen knapp 200 Jahre, aber die Unterschiede im Verhalten des Publikums sind gering.

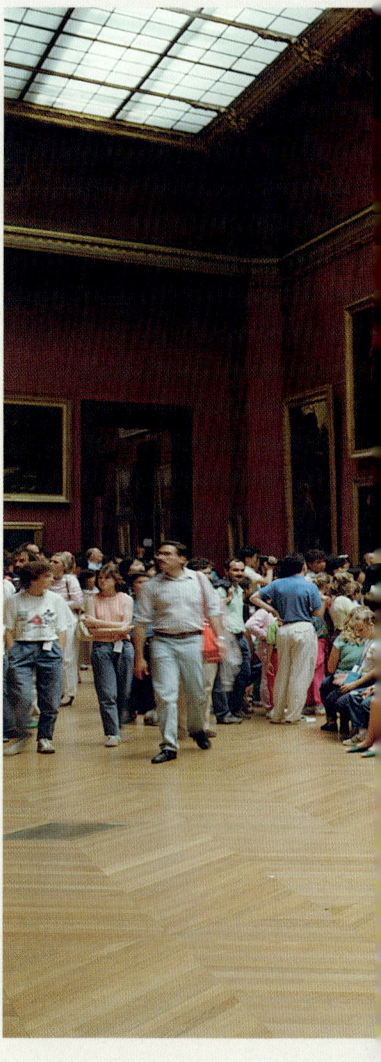

Weitere Werke von Thomas Struth

Shinjuku, Tokio (1986)

Familie Smith, Fife (1989)

Königin Elizabeth II. und Prinz Philip, Windsor Castle (2011)

THOMAS STRUTH

Nach seinem Studium an der Düsseldorfer Kunstakademie zog Struth erstmals 1976 mit Rasterfotos seiner Heimatstadt Düsseldorf die öffentliche Aufmerksamkeit auf sich. In einer Porträtserie erkundete er die psychologische und soziale Dynamik innerhalb von Familien, dazu zählt auch ein Bild von Königin Elizabeth II. und Prinz Philip.

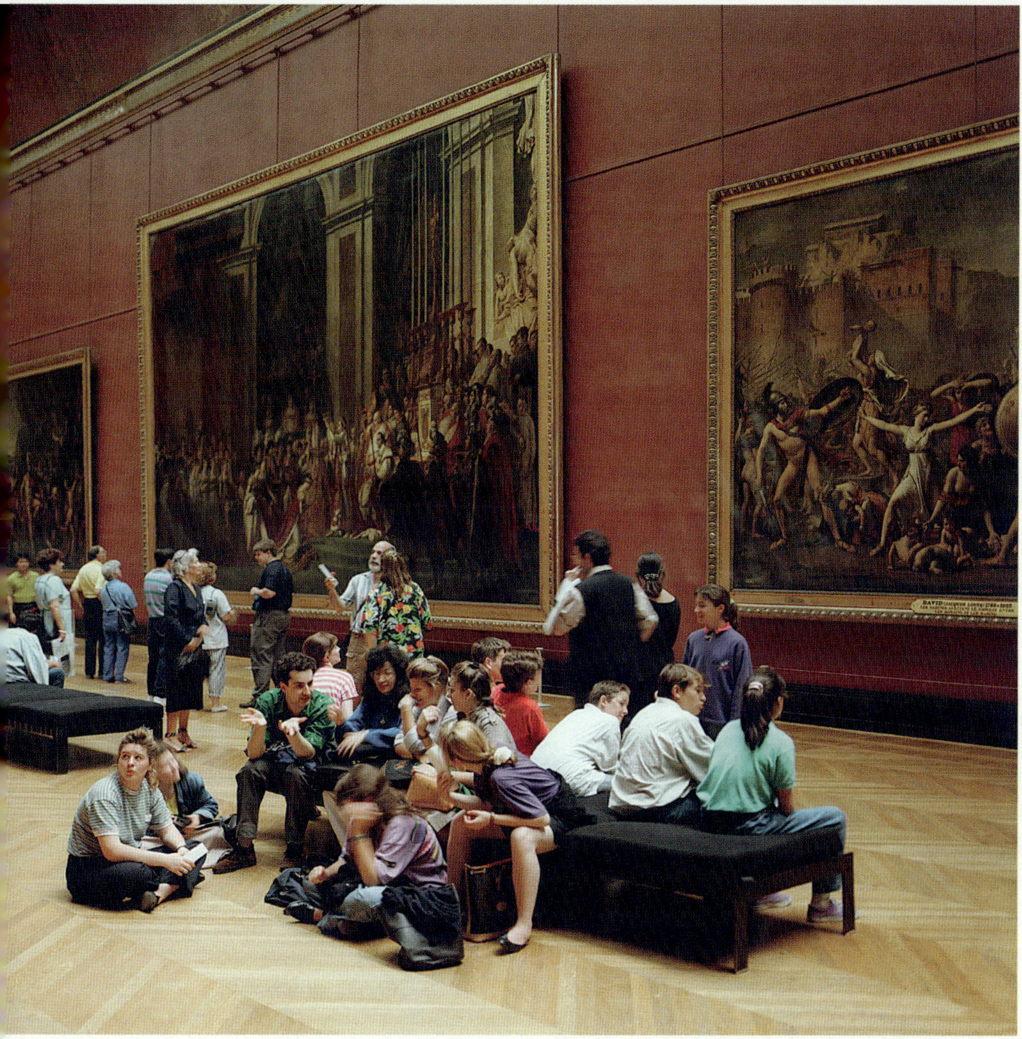

→ MENSCHEN **S. 173**

Lutz & Alex sitzen in den Bäumen

1992

WOLFGANG TILLMANS: CHROMOGENER FARBABZUG

Weitere Werke von Wolfgang Tillmans
grey jeans over stair post (1991)
Concorde L449-11 (1997)
Paper Drop (Haze) (2011)

Wolfgang Tillmans (geb. 1968), der die traditionellen Grenzen zwischen Mode, Kunst und Fotojournalismus verwischte, war in den 1990er Jahren einer der Hauptchronisten der Jugendkultur und ist ein scharfsinniger Beobachter zeitgenössischer Sitten und Verhaltensweisen.

Lutz & Alex sitzen in den Bäumen gehört zu einer Fotoserie, die zwei Kindheitsfreunde des Fotografen zeigt. Erstmals veröffentlicht wurde das Bild in der einflussreichen britischen Modezeitschrift *i-D*, die sich auch mit Kunst und Kultur beschäftigte – später geriet das Magazin in Konflikt mit einer Zeitungshändlerkette, die sich weigerte, Zeitschriften mit derart provokanten Bildern zu vertreiben.

Die maßgeschneiderte Welt vor dem Sündenfall, wie Tillmans sie hier zeigt, ist sowohl ehrlich als auch verspielt. Wie so viele seiner Arbeiten aus jener Zeit präsentiert dieses Bild Mode, ohne sich ganz darin zu vertiefen. Die Mäntel lenken die Aufmerksamkeit des Betrachters auf die Nacktheit der Modelle, unterstreichen aber auch ihre Androgynität. Auf dem von einem erhöhten Standpunkt mit einer 50-mm-Contax-Spiegelreflexkamera aufgenommenen Foto blickt Alex direkt in die Kamera, ungeniert und eigensinnig, vielleicht, weil sie höher in den Baum hinaufgeklettert ist. Aus der Art, wie sie sich der Kamera entgegenlehnt, spricht eine Vertrautheit. Lutz dagegen wirkt steifer. Sein Blick geht von der Kamera weg, und in seinem Ausdruck liegt Unbehagen.

WOLFGANG TILLMANS
Als erster Fotograf wurde Tillmans mit dem Turner-Preis für zeitgenössische Kunst ausgezeichnet. Er hat in verschiedenen Genres gearbeitet und sich erst in jüngster Zeit der abstrakten Fotografie zugewandt. Vor allem aber interessiert er sich dafür, wie Menschen auf dieser Welt leben – das verdeutlichen die Fotos, die er nach dem Erdbeben auf Haiti im Jahr 2010 aufnahm.

PORTRÄT **S. 15** FARBE **S. 18** AKT **S. 19** KUNST **S. 31** MODE **S. 36**

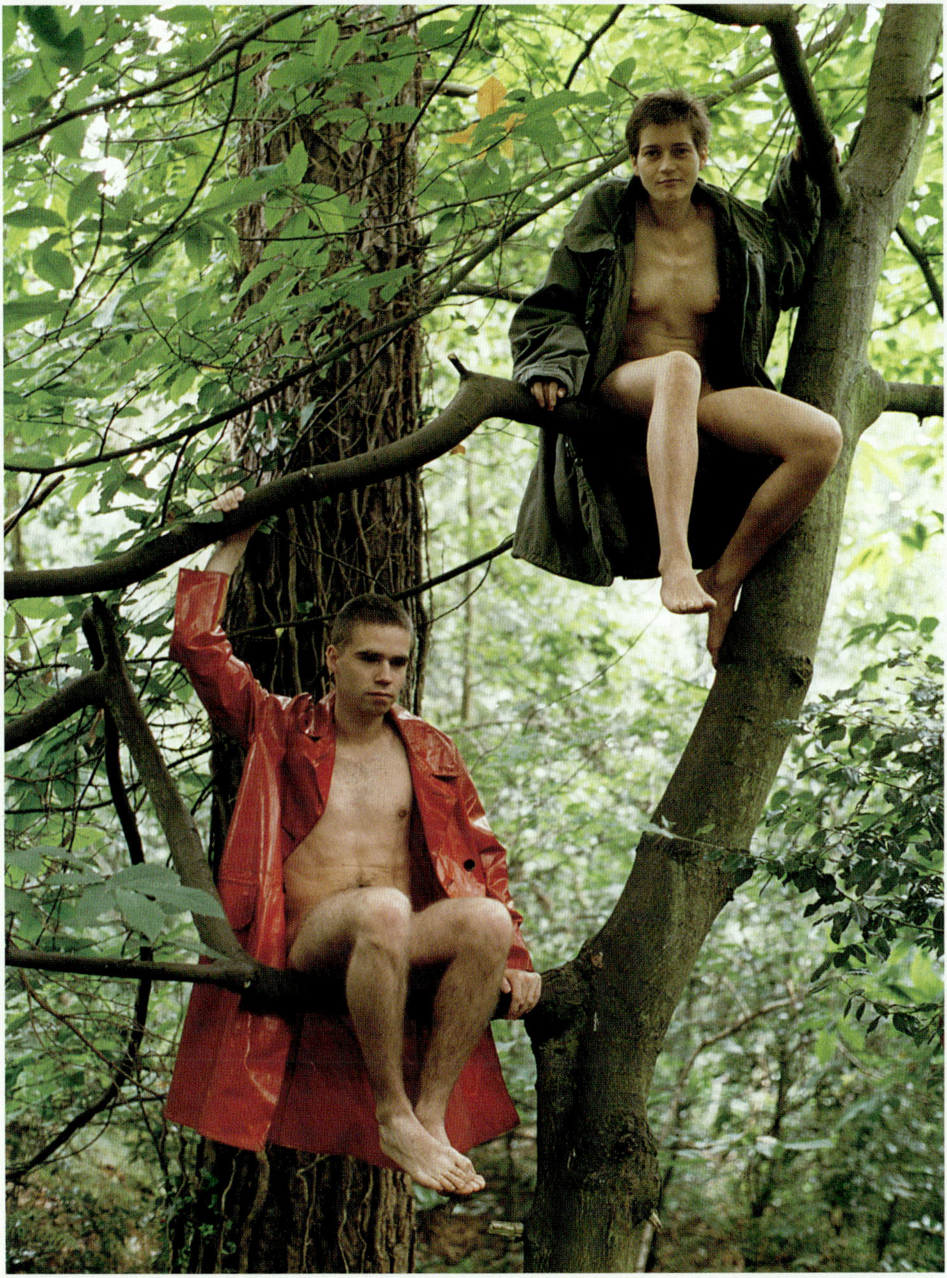

JUGENDKULTUR **S. 186**

ARBEIT FÜR DEN WELTFRIEDEN, *aus:* Zeichen, die sagen, was du sie sagen lassen willst, und nicht Zeichen, die sagen, was jemand anders dich sagen lassen will

1992 – 1993

GILLIAN WEARING: C-TYPE-ABZUG AUF ALUMINIUM • 44,5 X 29,7 CM

Weitere Werke von Gillian Wearing

Selbstporträt als 17-Jährige (2003)

Schlafmaske (für Parkett Nr. 70) (2004)

Ich als Cahun, eine Maske meines Gesichts haltend (2012)

Gillian Wearings (geb. 1963) Werk wird von Fragen der Darstellung beherrscht; die Fotografin gibt den Menschen, die sie porträtiert, eine Stimme oder erforscht Identität mit Hilfe von Selbstporträts.

In dieser Serie von Straßenporträts bricht Wearing mit gängigen Vorstellungen, indem sie ihren Modellen die Möglichkeit gibt, zu sagen, was sie denken und wie sie sich fühlen. Auf diese Weise gibt sie ihnen die Kontrolle über das Bild zurück. Die Idee für die Serie ist aus der ambivalenten Haltung der Fotografin gegenüber den Konventionen der Porträtfotografie entstanden und ihrem Gefühl, dass sie es „nicht ertragen konnte, Fotos von Menschen ohne deren Wissen aufzunehmen.“ Wenn Wearing Fremde auf der Straße ansprach, bat sie sie darum, ihre Gedanken auf ein Stück weißes Papier zu schreiben. Von einem schwarzen Polizisten, der „HELP“ notierte, über einen älteren Mann, der „ME“ aufschrieb, bis zu einer jungen Frau, die erklärte, „MY GRIP ON LIFE IS RATHER LOOSE!“ („Ich hänge nicht sehr am Leben“), versuchte Wearing, das Nebeneinander von Gedanken, Ausdruck und Interpretation einzufangen.

Dieses Bild war 2017 Teil einer Serie von Kunstwerken, die der Londoner Bürgermeister Sadiq Khan und der Künstler David Shrigley unter dem Titel „#LondonIsOpen“ in 270 U-Bahn-Stationen zeigten, um die Weltoffenheit der Stadt zu demonstrieren – trotz des Referendums zugunsten des Austritts Großbritanniens aus der EU.

GILLIAN WEARING
Wearing wird den Young British Artists zugerechnet, die in den 1990er Jahren eine lose Gruppe bildeten. Als eine der wenigen Künstler in dieser Gruppe arbeitete sie mit Fotografie und Video. 1997 wurde sie für *60 Minutes of Silence* mit dem Turner-Preis ausgezeichnet. Für das Werk nutzte sie die Videokamera wie einen Fotoapparat, um in einer einstündigen Einstellung die Beziehung zwischen Fotograf und Modell zu untersuchen.

STRASSENFOTOGRAFIE **S. 17** DOKUMENTARFOTOGRAFIE **S. 28** KUNST **S. 31** KONZEPTUELLE FOTOGRAFIE **S. 39**

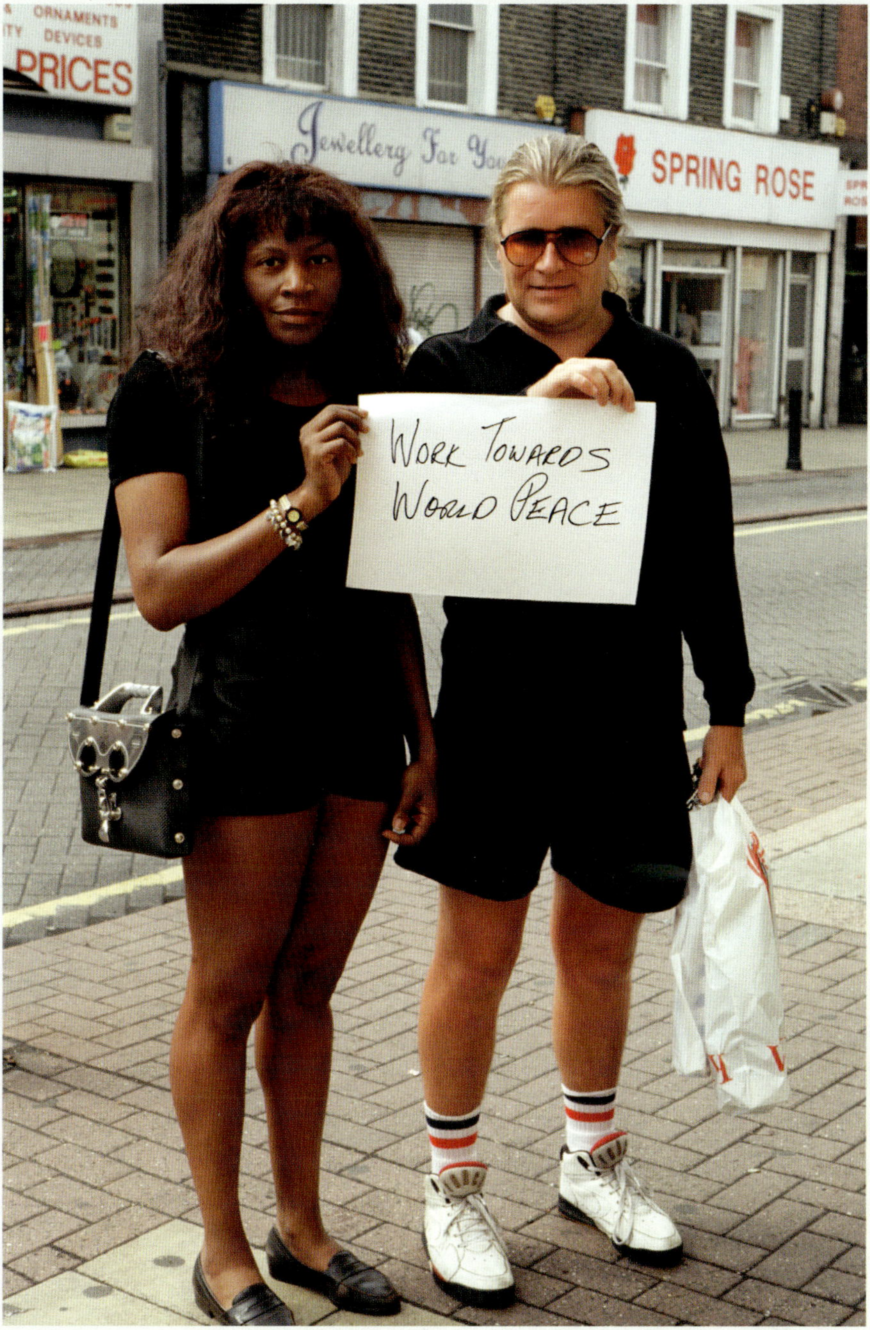

POLITIK **S. 172**

Hilton Head Island, S.C., USA, 24. Juni 1992

1992

RINEKE DIJKSTRA: CHROMOGENABZUG • 117 X 94 CM • AUFLAGE VON SECHS BILDERN

Weitere Werke von Rineke Dijkstra

Julie, Den Haag, Niederlande, 29. Februar 1994

Vondelpark, Amsterdam, 10. Juni 2005

Marianna und Sasha, Kingisepp, Russland, 2. November 2014

In ihren großformatigen Porträts hält Rineke Dijkstra (geb. 1959) die Unbeholfenheit der Jugend fest.

Eine Jugendliche steht an einem Strand, hinter ihr brandet das Meer. Von ihrem Standpunkt scheinen Spuren der Brandung auszugehen, geschwungene Linien erstrecken sich wie Tentakel über den Sand. Mit einer Hand hält sie ihr Haar fest, damit der Wind es nicht durcheinanderwirbelt. Die andere Hand, an der ein Ring mit aquablauem Stein zu sehen ist, folgt der Linie ihres Beines.

Das Bild ist Teil von Dijkstras bahnbrechender Serie „Beach Portraits“. Indem sie sowohl die Intimität von Diane Arbus als auch die rigorose Formalität von Thomas Struth aufgreifen, geben Dijkstras Fotos nicht nur Einblick in die Persönlichkeit ihrer Modelle, sondern verweisen auch auf die universelle Erfahrung der Jugend und den damit einhergehenden Sturm der Gefühle.

Dieses Bild ist eine Reverenz an die *Geburt der Venus*, wenngleich die Porträtierte sich im Ausdruck unterscheidet. Botticellis Venus verströmt Gelassenheit, während die Jugendliche in Dijkstras Porträt nachdenklich dreinblickt. Vielleicht war es die Nervosität, weil sie von einer Fremden fotografiert wurde, vielleicht die Temperatur am Strand oder etwas Persönliches, das wir nie erfahren werden. Aber es beschwört jenen Moment in der Jugend, in dem sich alles verändert.

RINEKE DIJKSTRA
Die Niederländerin Dijkstra hat erklärt, ihren charakteristischen Stil ausgehend von einem zufällig aufgenommenen Selbstporträt entwickelt zu haben, das sie 1991 nach dem Schwimmen zeigt. Das Foto, auf dem sie ziemlich angeschlagen wirkt – sie erholte sich gerade von einem Fahrradunfall –, enthüllt die Fülle an Details, die mit einem vermeintlich simplen Foto eingefangen werden können.

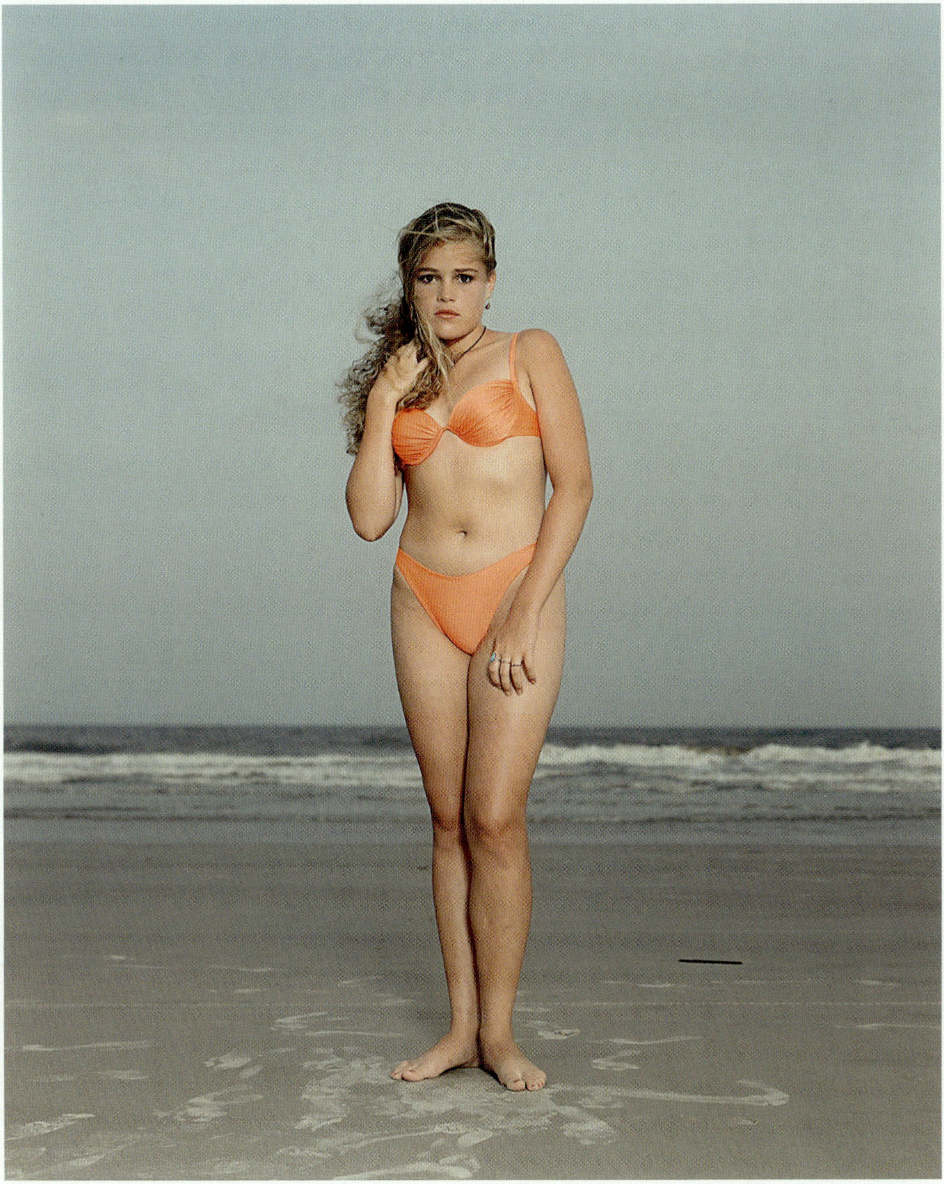

MENSCHEN **S. 173** JUGENDKULTUR **S. 186**

Ostsee, Rügen

HIROSHI SUGIMOTO: GELATINESILBERABZUG

1996

SCHWARZ-WEISS-FOTOGRAFIE **S. 12** LANDSCHAFT **S. 16**

In seinen großformatigen Fotos bringt Hiroshi Sugimoto (geb. 1948) die Vergänglichkeit des Lebens zum Ausdruck.

Dieses perfekt symmetrische Bild der Ostsee, das horizontal durch das Aufeinandertreffen von Meer und Himmel geteilt wird, ist ebenso betörend wie schön. Die Einfachheit der Komposition regt den Betrachter an, die komplexe Oberflächenstruktur des Wassers und des scheinbar reglosen Himmels näher zu ergründen.

Sugimoto begann 1980 mit der Aufnahme seiner Serie von Meerespanoramen, zu der dieses Foto gehört. Er verwendet eine Großbildkamera mit 20,3 x 25,4 cm Schwarz-Weiß-Filmen, die er sorgfältig von Hand entwickelt (er zieht sie auf Gelatinesilberpapier mit doppelter Stärke ab). Anders als andere Bilder der Serie, in denen Himmel und Meer in einem Streifen von Weiß- und Grautönen verschwimmen oder die Sonne auf das Meer prallt und starke Hell-Dunkel-Kontraste erzeugt, erinnert diese faszinierende Kombination zweier klar voneinander unterschiedener Blöcke an den späten Mark Rothko. Im Gegensatz zu Sugimotos ähnlichem Bild *Karibisches Meer, Jamaika* (1980) ist hier kein Muster im Wasser zu erkennen, nur eine gekräuselte Ruhe, der etwas Beunruhigendes innewohnt.

HIROSHI SUGIMOTO
Der aus Tokio stammende Sugimoto studierte Kunst am Art Center College of Design in Pasadena, Kalifornien, und ging anschließend nach New York. Er ist berühmt für seine technischen Raffinessen und arbeitet häufig mit Langzeitbelichtungen, etwa bei seinen Fotos von Kinosälen, Gebäuden und riesigen Skulpturen von Richard Serra.

Weitere Werke von Hiroshi Sugimoto

Hyäne-Schakal-Aasgeier (1976)
Canton Palace, Ohio (1980)
Joe: 2029 (2005–2006)

→ WETTER **S. 156** NATUR **S. 163**

Flower Rondeau

NOBUYOSHI ARAKI: RP-PRO-CRYSTAL-ABZUG

1997

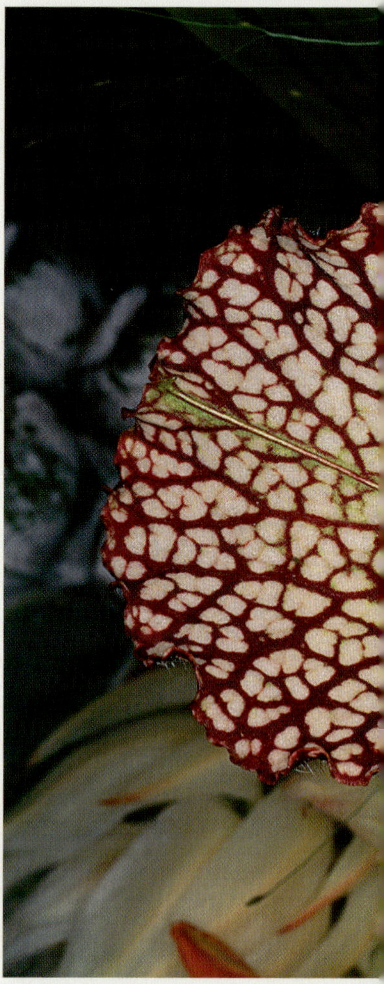

Mit erotischen Frauenakten und Stillleben erkundet Nobuyoshi Araki (geb. 1940) unsere Beziehung zu Sex, Tod und Verfall.

Oberflächlich betrachtet wirken Arakis Blumenbilder im Vergleich zu seinen besser bekannten Aktfotos konservativ. Viele Jahre lang haben der Fotograf und seine Frau, die Essayistin Yōko Aoki, auf ihrem Balkon einen kleinen Garten gepflegt. Die Pflanzen, die dort heranwuchsen, lieferten die Motive für sein Buch *Flowers in Paradise* – der doppeldeutige Titel beschreibt sowohl die Schönheit der Blumen als auch die Bedeutung dieses kleinen Rückzugsorts für Araki. In gängigen Gartenzeitschriften würden diese Bilder jedoch nie erscheinen, denn sie sind nicht weniger erotisch aufgeladen als Arakis umstrittenere Frauenakte. Für den Fotografen repräsentieren Blumen das weibliche Geschlecht, ihre übereinanderliegenden Blütenblätter ähneln den weiblichen Genitalien. Gleichzeitig sind sie ein Sinnbild für die Vergänglichkeit des Lebens. In den formal beeindruckenden, oft vor einem schwarzen oder neutralen Hintergrund aufgenommenen Fotos sind gelegentlich echte oder Plastikreptilien zu sehen. Für dieses Bild hat Araki eine tote Eidechse verwendet. Ihr Verfall bildet einen starken Kontrast zu der schönen rosafarbenen Rose, erinnert uns aber auch an die Vergänglichkeit der Schönheit.

Weitere Werke von Nobuyoshi Araki

Satchin and his Brother Mabo (1963–1965)

Photo Maniac's Diary (1991)

Marvellous Tales of Black Ink (1994)

FARBE **S. 18** STILLLEBEN **S. 20** KUNST **S. 31**

NOBUYOSHI ARAKI
Araki ist ein extrem fleißiger Fotograf, der seine Bilder in mehr als 350 Büchern versammelt hat. Die Reaktionen auf sein Werk schwanken zwischen Beifall und Empörung. Über die kontroverse Debatte um die Explizitheit und den Ton vieler seiner Arbeiten wird oft vergessen, von welch technischer Brillanz seine Stillleben gekennzeichnet sind.

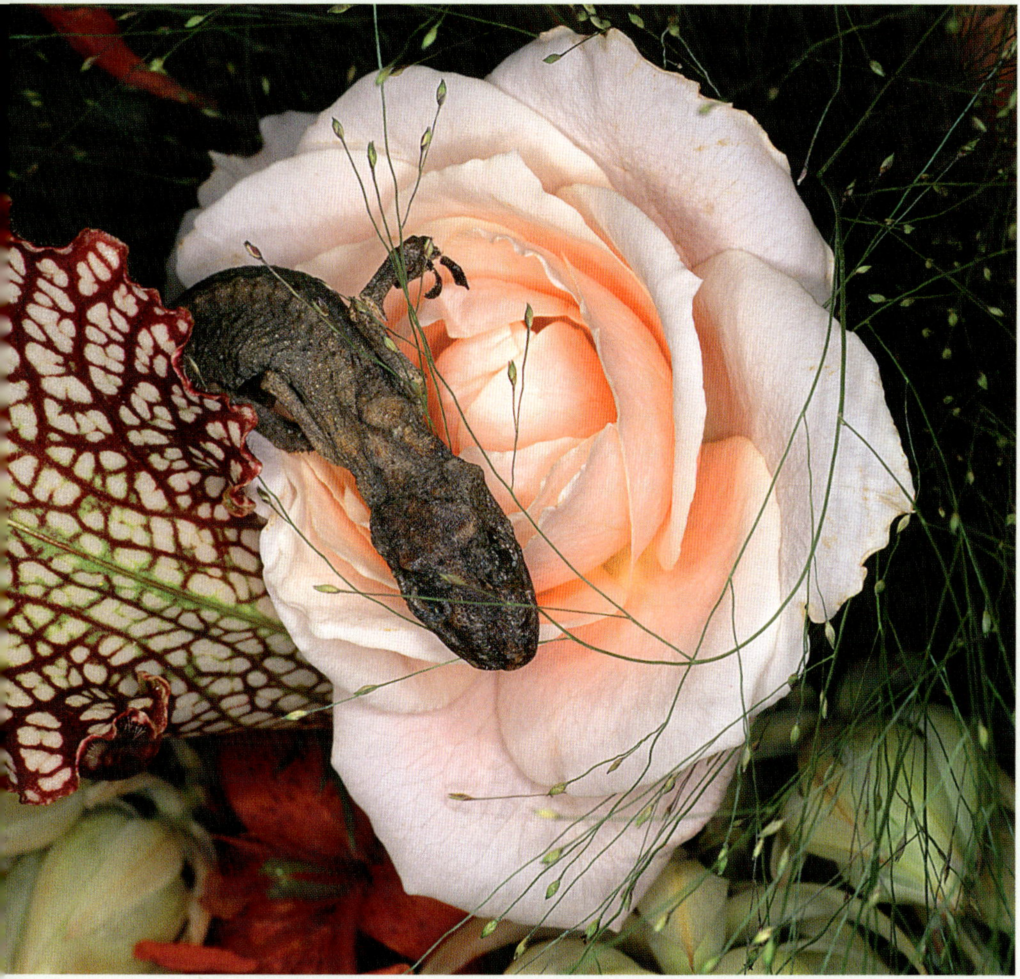

NATUR **S. 163** TOD **S. 165** FARBE **S. 199**

The Falling Man

RICHARD DREW: CIBACHROME-ABZUG

2001

Unter den Bildern, die das Grauen des 11. September 2001 festhalten, sticht dieses erschreckende und doch berührend menschliche Foto von Richard Drew (geb. 1946) besonders hervor: Es zeigt einen einzelnen, in seinem schnellen Sturz von einem der Türme des World Trade Centers wie eingefrorenen Mann.

Die Medienberichte über den Terrorangriff konzentrierten sich hauptsächlich auf zwei Schlüsselmomente: wie die Flugzeuge in die Zwillingstürme fliegen und wie das Gebäude daraufhin einstürzt. In den dazwischen liegenden 102 Minuten riefen die in den Gebäuden festsitzenden Menschen ihre Familien an, versuchten zu entkommen und standen vielfach vor der Wahl, in dem sich ausbreitenden Feuer zu verbrennen oder in den Tod zu springen. Drew fotografierte einen Mann, wahrscheinlich ein Angestellter des Restaurants Windows on the World im Nordturm, der sich für den Sprung in die Tiefe entschieden hatte.

Das gleich nach dem Angriff veröffentlichte Foto wurde schon bald zurückgezogen: Es wurde als geschmacklos betrachtet. Und doch gab es den Verstorbenen ein Gesicht, ein Gesicht der Würde. In einem Artikel der *Esquire* im Jahr 2003 nannte Tom Junod dieses Opfer „The Falling Man" (dt.: „Der fallende Mensch"). Drew erinnerte sich, dass der Mann „wie ein Pfeil zwischen den beiden Türmen des World Trade Centers hindurchgeschossen" war. Links von ihm ist der Nordturm zu sehen; rechts der Südturm. Der genaue Zeitpunkt: 15 Sekunden nach 9:41 Uhr.

RICHARD DREW
Als Associated-Press-Fotojournalist war Richard Drew einer von vier Fotografen, die der Ermordung von Robert F. Kennedy in der Küche des Ambassador Hotels in Los Angeles beiwohnten.

FOTOJOURNALISMUS **S. 27** HUMANISTISCHE FOTOGRAFIE **S. 29**

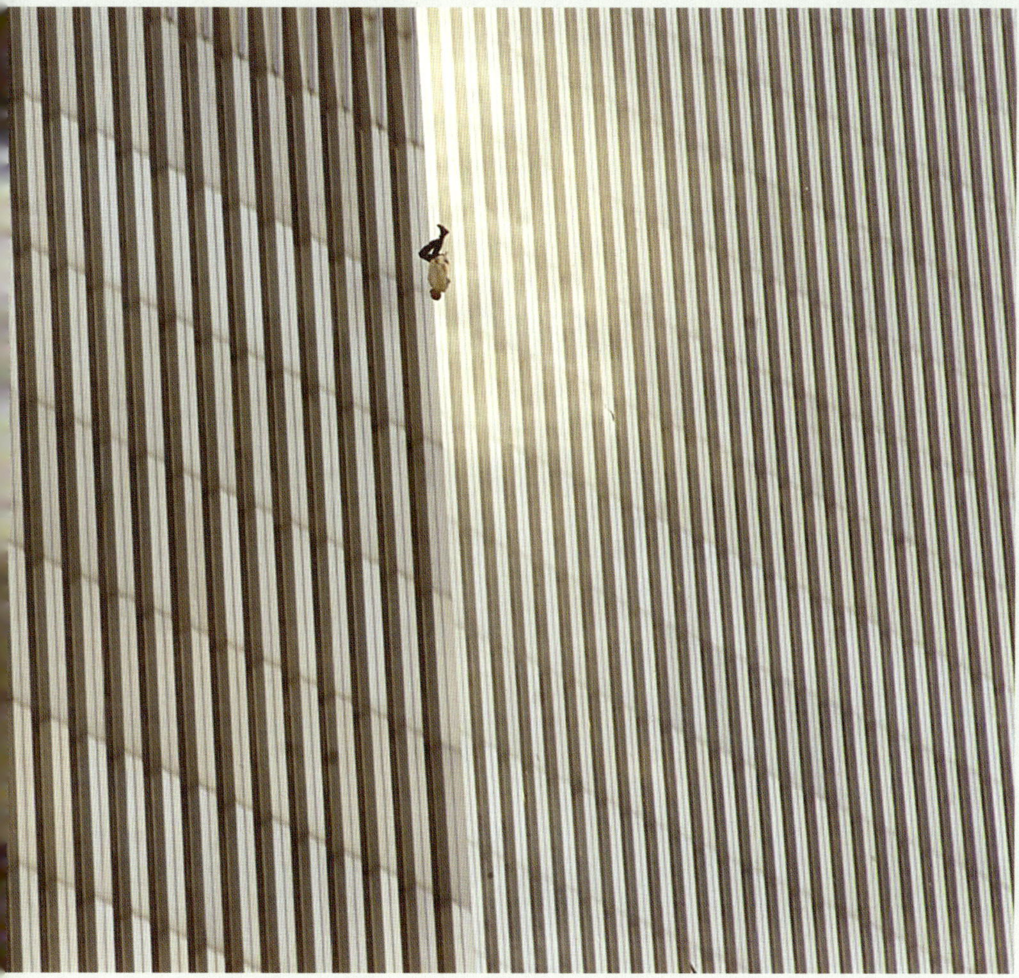

Weitere Werke von Richard Drew

Bobby Kennedy auf dem Boden der Küche des Ambassador Hotels liegend, Los Angeles (1968)

Diana Ross ist angekommen (1977)

→ TOD **S. 165**

Overpass

JEFF WALL: GROSSDIA IM LEUCHTKASTEN • 214 X 237,5 CM

2001

Jeff Wall (geb. 1946) hat der Fotografie zu einer führenden Rolle in der zeitgenössischen Kunst verholfen; er bedient sich verschiedener Einflüsse, um Momente zu inszenieren, die Raum für vielfältige Interpretationen bieten.

Dieses Foto ist eine Fortführung von Walls „street pictures", die 1982 mit *Mimic* begannen und allesamt inszeniert sind. Mit Großformatkameras erzeugt Wall Bilder, die ebenso malerisch wie fotografisch sind. Bei seinen Werken schöpft er oft aus seinem großen kunstgeschichtlichen Wissen, und obwohl seine Bilder die Größe von Leinwänden besitzen, erhalten sie durch die Präsentation in Leuchtrahmen eine ganz andere, überraschende Wirkung.

Die konstruierte Wirklichkeit in diesem Bild – weit entfernt von Cartier-Bressons „entscheidendem Augenblick" – ist durch metallische Grau- und Blautöne gekennzeichnet. Die Farbe des Himmels, der sich aufgrund eines bevorstehenden Unwetters verdunkelt hat, harmoniert mit der des Fußwegs, der Straße und der Kleidung einiger der abgebildeten Personen. Die Straßenlaternen und die Stromkabel teilen das äußere rechte Ende des Bildes ab und ziehen eine Trennlinie zwischen der mechanisierten Welt und den Passanten. Die Betonmauer verleiht dem Bild Tiefe. Das Unpersönliche dieser Aufnahme – die Reisenden wenden der Kamera den Rücken zu – steht in Kontrast zu der Direktheit von *Mimic*, verweist aber auch auf das universelle Thema des Bildes, nämlich das in stetem Wandel begriffene Leben.

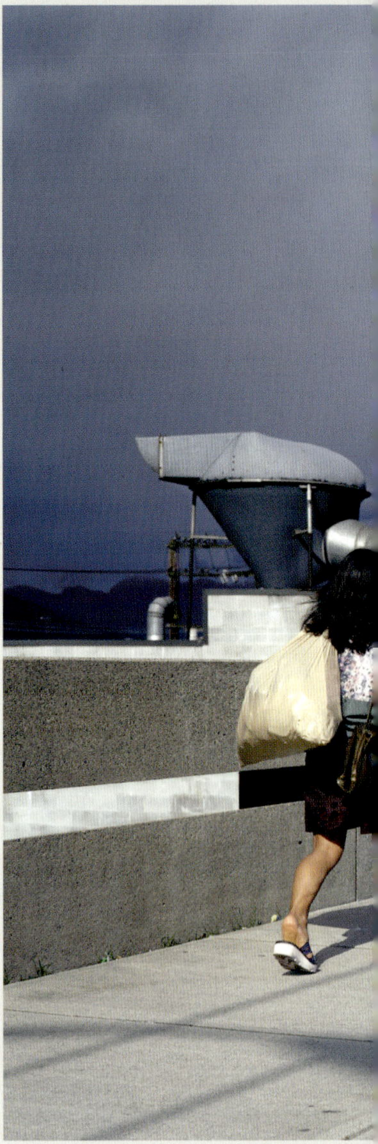

JEFF WALL
Wall ist ein kanadischer Kunsthistoriker und Vorreiter der Vancouver School of Photoconceptualism. In seinem fotografischen Werk finden sich gleichermaßen Verweise auf die Popkultur wie auf Formen und Stilrichtungen der klassischen Malerei. Seit seinem Durchbruch mit *Picture for Women* im Jahr 1979 hat Wall seine häufig großformatigen Arbeiten stets als Großdias in Leuchtkästen gezeigt.

Weitere Werke von Jeff Wall
Picture for Women (1979)
Mimic (1982)
Ein plötzlicher Windstoß (nach Hokusai) (1993)

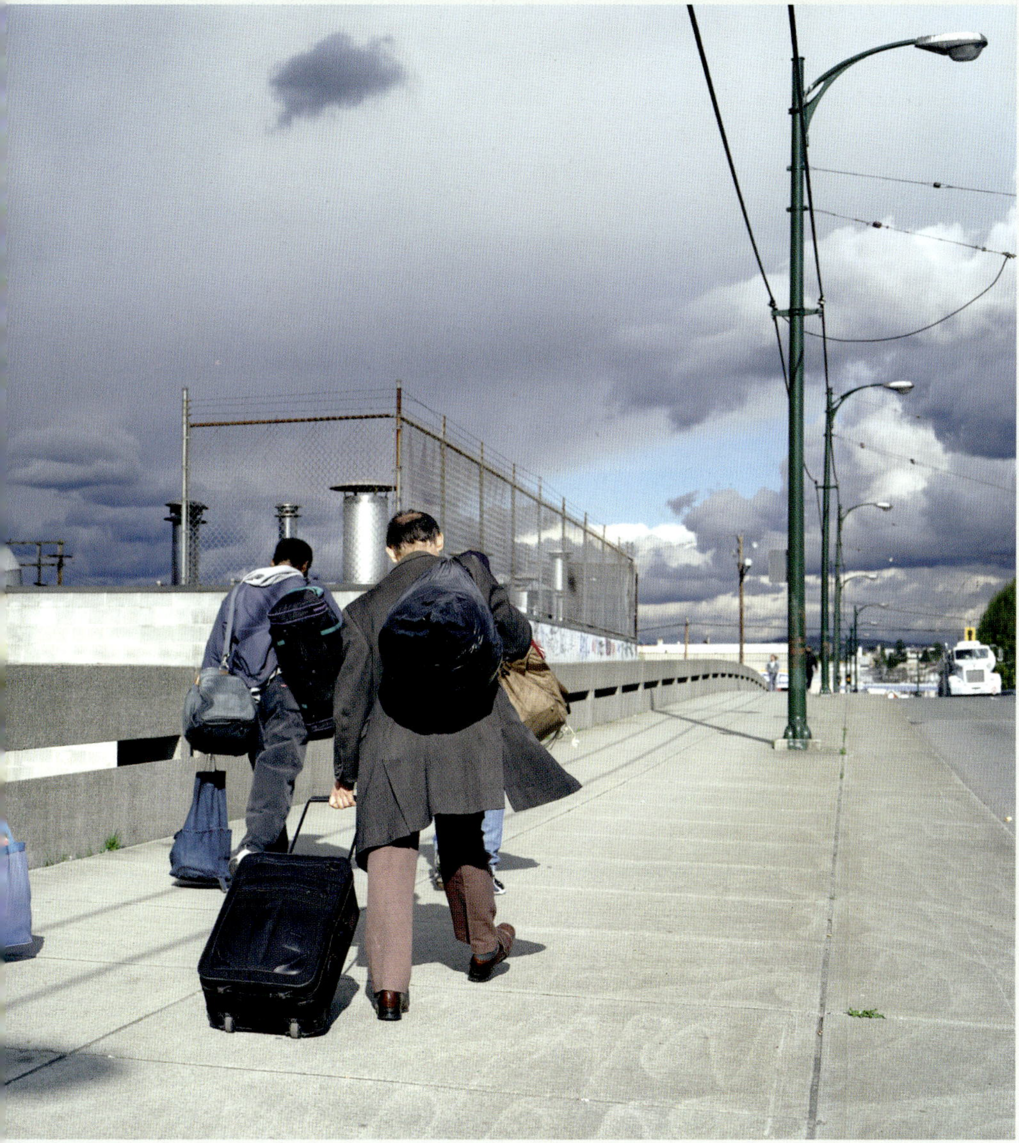

→ KONSUMISMUS **S. 169**

Beneath the Roses

GREGORY CREWDSON: DIGITALER CHROMOGENABZUG • 73,7 X 111,8 CM

2014

Weitere Werke von Gregory Crewdson

Ohne Titel (13–35) (1996)

Natural Wonder (1997)

Twilight (2001–2002)

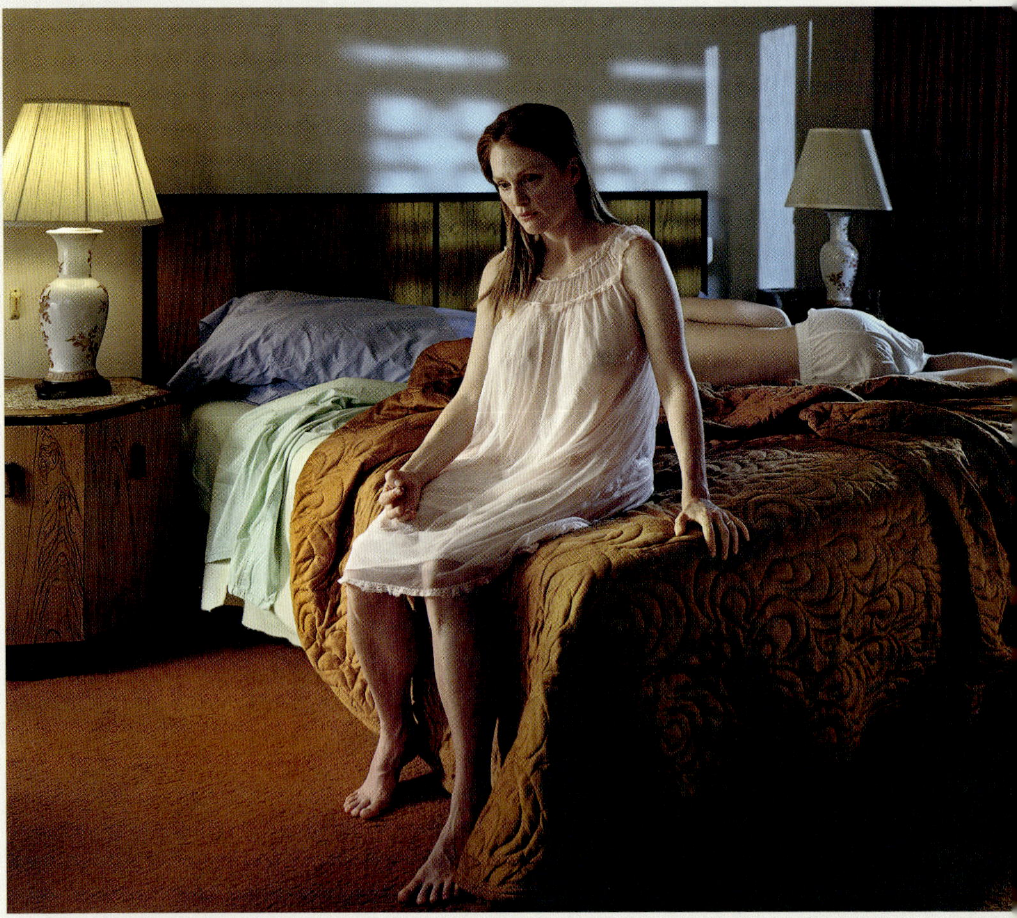

Mit Fotos, die an Filmproduktionen erinnern, nimmt Gregory Crewdson (geb. 1962) in seinen glanzvollen Tableaus das häusliche Leben in den amerikanischen Vorstädten auseinander.

Mit aufwendig inszenierten Bildern, an deren Vorbereitung oft Dutzende Helfer mitarbeiten, hat Crewdson seinen Ruf bei der Kritik wie in kommerzieller Hinsicht begründet. An der Fertigstellung der Serie „Beneath the Roses" arbeitete er knapp zehn Jahre. Die Bilder verweisen nicht nur auf zahlreiche filmische Einflüsse von Douglas Sirk und Todd Haynes bis zu David Lynch und Steven Spielberg; Crewdson schöpft seine Inspiration auch aus Gemälden von Edward Hopper sowie aus den von Norman Rockwell fotografierten Covern der *Saturday Evening Post*. Crewdsons Nachbildungen amerikanischer Vorstädte sind stets in Dämmerlicht getaucht, der Halbschatten deutet auf verborgene oder einfach außerhalb des Blicks liegende Geheimnisse, und vertraut wirkende Szenarien bleiben doch ohne Erklärung. Mit einer Großformatkamera und der Schauspielerin Julianne Moore als Darstellerin für dieses Bild erzeugt Crewdson ein Drama ohne Plot, Motivation oder Auflösung. Moores nahezu leerer Ausdruck, der an Cindy Shermans Selbstporträts erinnert, lässt verschiedene Deutungen zu. Die gesamte Szene kann als Pastiche auf die filmische Darstellung gelesen werden (die Zusammenarbeit der Schauspielerin mit Haynes unterstreicht die meta-narrative Ebene des Bildes) oder als Baudrillard'scher Kommentar auf die „Künstlichkeit" der heutigen Gesellschaft.

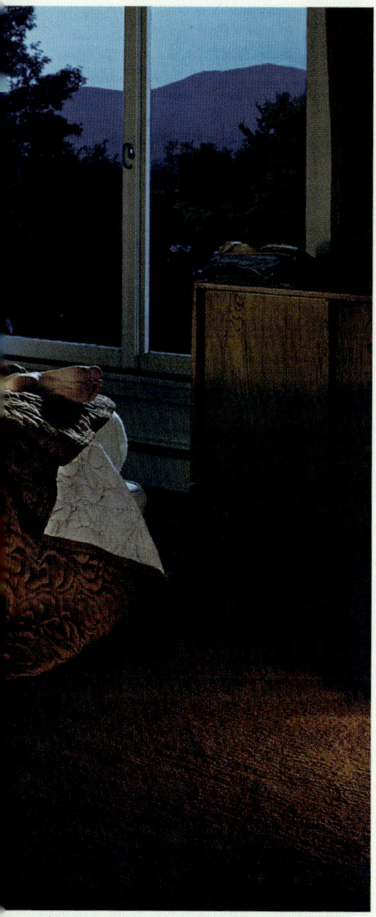

GREGORY CREWDSON
In seiner Abschlussarbeit für seinen Master of Fine Arts an der Yale University untersuchte Gregory Crewdson anhand eigener Fotos den Alltag der Einwohner von Lee, Massachusetts. Für seine erste fotografische Serie „Natural Wonders" kehrte er in diesen Ort zurück.

→ KONSUMISMUS **S. 169** MODERNE **S. 176** FAMILIE **S. 182**

Amazon

ANDREAS GURSKY: CHROMOGENABZUG • 207 X 407 X 6,2 CM

2016

Der Absolvent der Düsseldorfer Fotoschule Andreas Gursky (geb. 1955) verwendet digital bearbeitete Bilder, um eine hyperreale Welt der Globalisierung und des Massenkonsums darzustellen.

Wie Thomas Struth erschafft Gursky monumentale Panoramen, die seine Faszination für die Funktionsweisen einer Welt spiegeln, die von der Gleichförmigkeit einer technologisierten Gesellschaft und dem Ausmaß des modernen Kommerzes gekennzeichnet ist. Diese Aufnahme eines mehr als 90.000 Quadratmeter großen Amazon-Lagers ist das

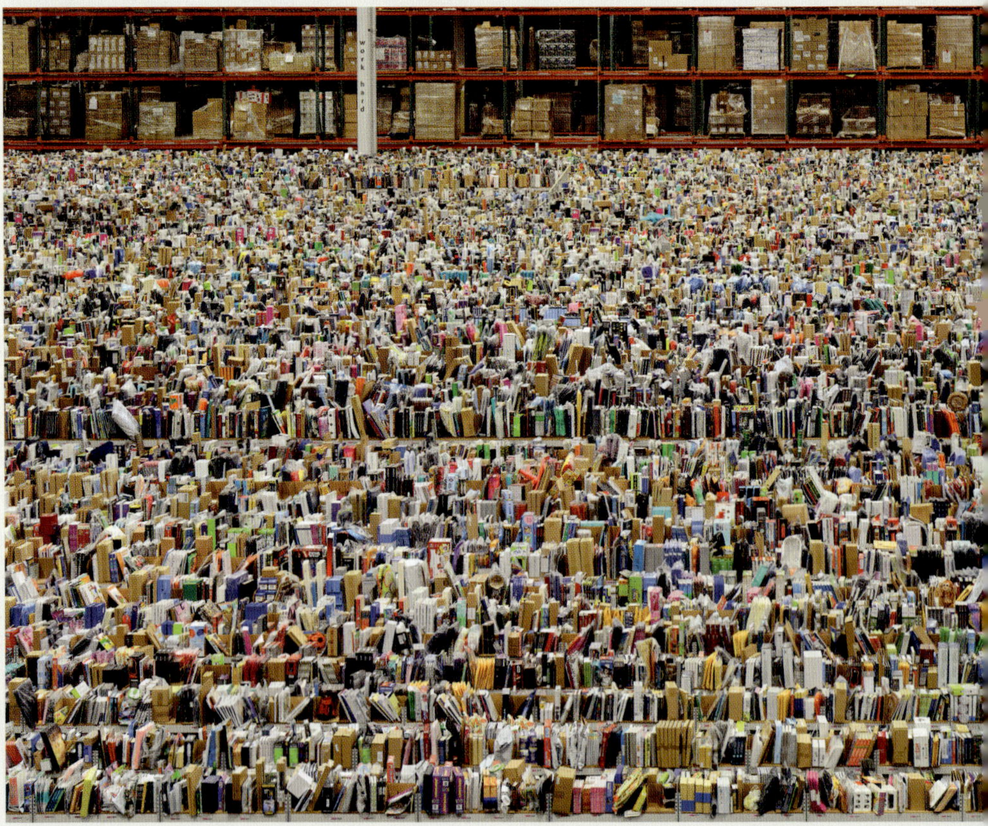

LANDSCHAFT **S. 16** FARBE **S. 18** KUNST **S. 31**

Gegenteil eines pointillistischen Gemäldes. Georges Seurat schuf mit *Ein Sonntagnachmittag auf der Insel La Grande Jatte* (1884–1886) mit Hilfe gemalter Punkte ein stimmiges Bild der Ruhe. *Amazon* dagegen ist das pure Chaos – ein Logistikaufwand unbegreiflichen Ausmaßes –, das erst dann vertraute Züge annimmt, wenn man es in der Nahaufnahme betrachtet. An den Stützpfeilern im Hintergrund prangen die Mantras „work hard“, „have fun“ und „make history“. Es ist das perfekte Bild für einen Fotografen, der in seinem Werk die Richtung, in die sich die heutige Gesellschaft entwickelt, häufig hinterfragt. In seinen vorherigen Bildern hatte Gursky Menschen gezeigt, jedoch nicht als Individuen. In diesem Bild indes fehlt jedes Gefühl von Menschlichkeit. Es ist eine auf Grundlage von Algorithmen entwickelte Umgebung, die der Logik von Gurskys früherem Werk entbehrt.

ANDREAS GURSKY
Von allen Gursky-Bildern hat sein friedliches *Rhein II* (1999) das größte Medieninteresse auf sich gezogen. Das zweite aus einer Serie von sechs Fotos des Rheins und seiner grünen Ufer unter einem bedeckten Himmel wurde bei einer Auktion von Christie's im Jahr 2011 für 4,3 Millionen Dollar versteigert und ist damit das am teuersten gehandelte Foto aller Zeiten.

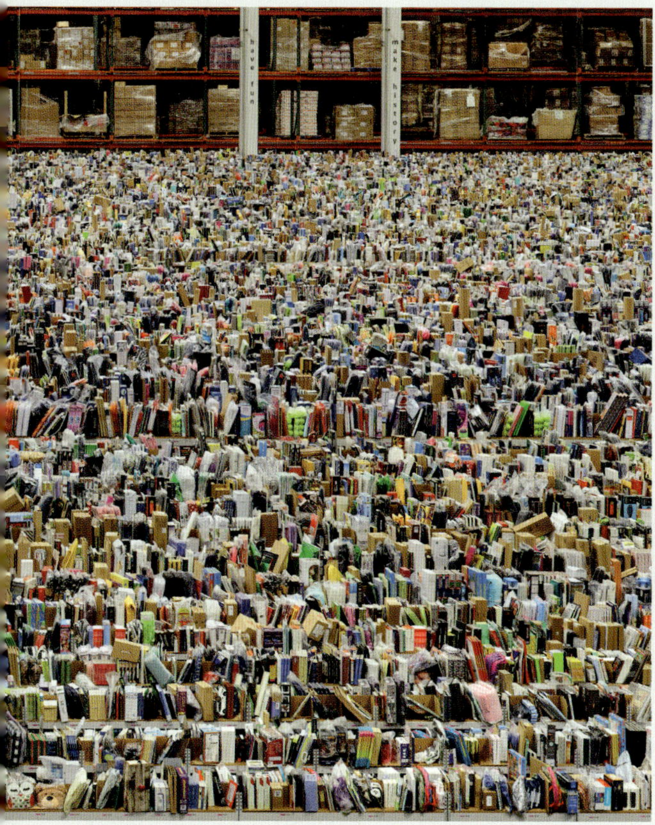

Weitere Werke von Andreas Gursky

Hong Kong, Shanghai Bank (1994)

Rhein II (1999)

Kuwait Stock Exchange (2007)

KONSUMISMUS **S. 169** MODERNE **S. 176**

Salinen #13

EDWARD BURTYNSKY: CHROMOGENABZUG

2016

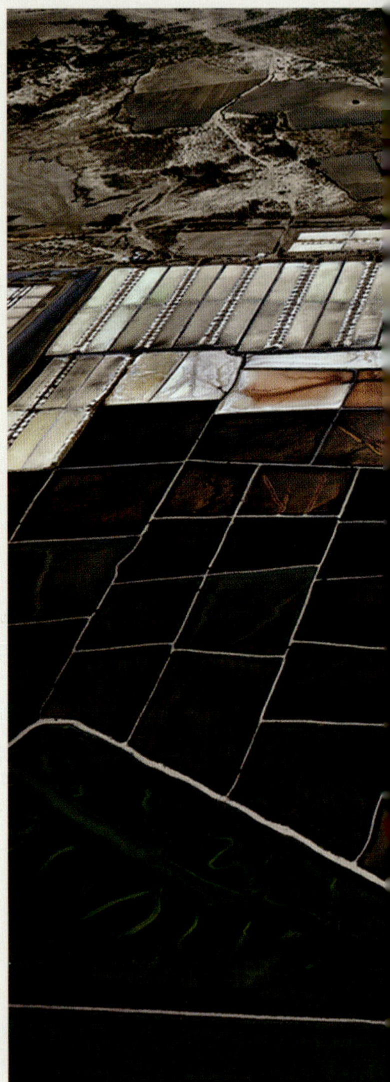

Im Mittelpunkt der riesigen Landschaftsaufnahmen des kanadischen Fotografen Edward Burtynsky (geb. 1955) stehen die Auswirkungen der Industrie auf die Umwelt.

Burtynskys gleichermaßen abstrakte und spezifische Salinen-Serie ist ebenso eindrucksvoll wie alarmierend. Den Kontext einmal außer Acht gelassen, sind sein Gebrauch von Farbe, das durch den Bildausschnitt hervorgehobene geometrische Muster sowie die schieren Maße der Fotos technisch beeindruckend.

Dieses aus einer Höhe von etwa 150 bis 200 Metern über dem Boden aufgenommene Bild hat eine formale Qualität, die über die Reportage oder konventionelle Luftfotografie hinausgeht. In seiner Gesamtheit zeigt es das, was Burtynsky als „demokratische Verteilung von Licht und Raum über das gesamte Feld“ beschreibt. Gleichzeitig kann man unmöglich über die Auswirkungen des Dargestellten für die Umwelt und die Menschen hinwegsehen. Diese Salinen liegen im Rann von Kachchh in Gujarat, Indien. Seit Jahrhunderten schon verdienen sich Menschen hier ihren Lebensunterhalt mit der Salzgewinnung, und heute sind dort mehr als 100.000 Arbeiter beschäftigt. Doch aufgrund des durch globale Industriemethoden verursachten fallenden Grundwasserspiegels wird es dieses natürliche Phänomen bald nicht mehr geben. Dieses Bild und die Serie, aus der es stammt, dokumentieren, wie das gesamte Werk Burtynskys, die Folgen der Umweltzerstörung sowohl für den Menschen wie für die Natur.

EDWARD BURTYNSKY

Burtynsky, der mehr an den „eingehend betrachteten Moment“ als an Cartier-Bressons „entscheidenden Augenblick“ glaubt, schuf sein frühes Werk mit einer Feldkamera für Großformate und einem 10,1 x 12,7-cm-Papierfilm. Seit 2007 arbeitet er mit einer hochauflösenden Digitalkamera, mit der er auch den Bau des Drei-Schluchten-Staudamms in China dokumentierte.

KUNST **S. 31** TOPOGRAFIE **S. 35**

Weitere Werke von Edward Burtynsky
Landschaften, Bruce Peninsula, Ontario (1981)
Rückstandshalden #34, Sudbury, Ontario (1996)
Erdöl #19 b Belridge, Kalifornien, USA (2003)

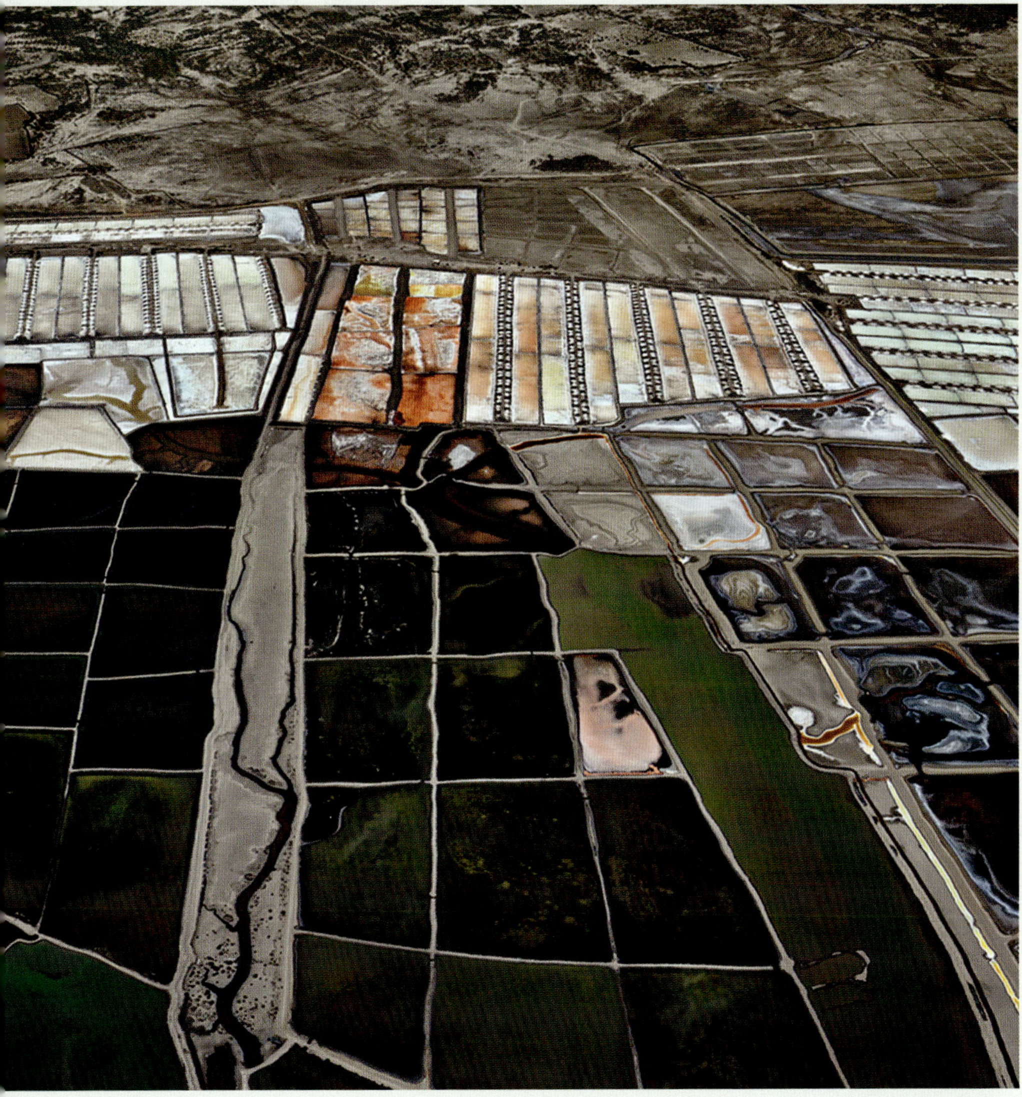

NATUR **S. 163** TOD **S. 165** POLITIK **S. 172** TECHNOLOGIE **S. 175**

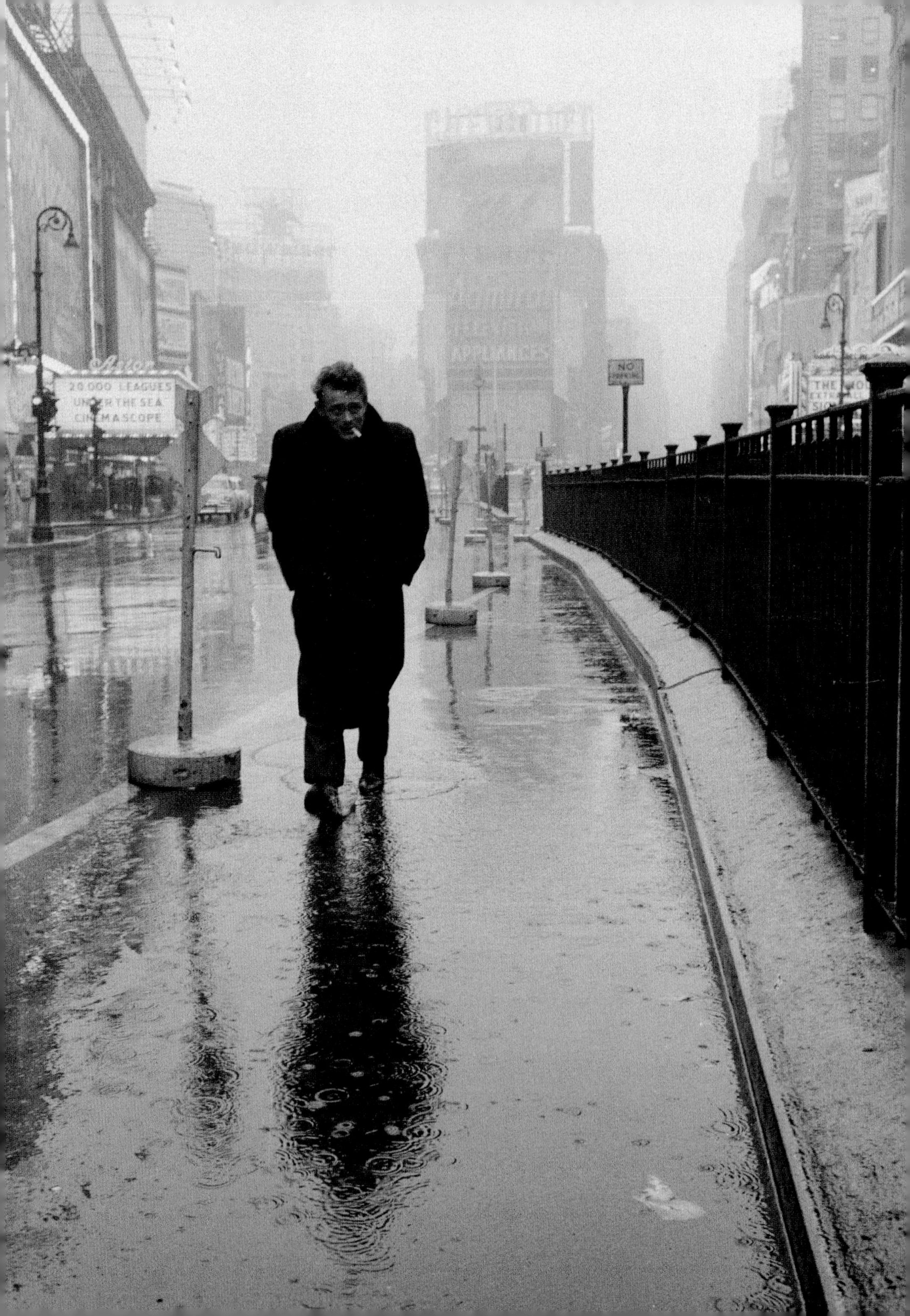
20,000 LEAGUES
CINEMASCOPE
APPLIANCES

THEMEN

Wetter

HAUPTVERTRETER: CARLETON WATKINS • ALFRED STIEGLITZ • KURT HIELSCHER • EDWARD WESTON • ANSEL ADAMS • ERNST HAAS • HIROSHI SUGIMOTO

Technologische Innovationen ermöglichten eine klarere Bildkomposition und machten die Landschafts- und Küstenfotografie stimmungsvoller, indem sie den Aufnahmen mehr Struktur und schönere Tonwerte verliehen.

Die frühen Pioniere der dokumentarischen Landschaftsfotografie, wie Carleton Watkins, der mit einer riesigen Plattenkamera das Yosemite Valley fotografierte, betonten die Tiefenschärfe, indem sie den Fokus auf die Wolkenformationen legten. Ganz anders die piktorialistische Fotografie, etwa im Werk von Frank Meadow Sutcliffe und Peter Henry Emerson (1856–1936), die sich von der Straight Photography wegbewegte und Techniken aus der Dunkelkammer anwandte, durch die der Hintergrund und der Himmel eine ätherische Anmutung erhielten. Die Reaktion auf diese Bewegung wiederum war eine Rückkehr zum Dokumentarischen, das nun auch abstrakte Qualitäten aufwies. In seinem Übersichtswerk *Deutschland* (1924) zeigt Kurt Hielscher (1881–1948) 304 Bilder ländlicher Gegenden, in denen stets das Wetter im Vordergrund steht. In einer zwölfjährigen Studie mit dem Titel Equivalent (1922–1935) untersuchte Alfred Stieglitz Wolkenformationen. Mit der Abstraktion arbeitete auch Hiroshi Sugimoto (siehe Seite 140) in seinen Meerespanoramen, während Ansel Adams (siehe Seite 90) immer wieder die sich stetig verändernde Beziehung von Erde und Himmel einfing.

WICHTIGE NEUERUNGEN

Der englische Fotograf Herbert Ponting (1870–1935) erreichte 1912 mit Captain Robert Scott und seiner vom Unglück verfolgten Mannschaft die Antarktis, wo er 14 Monate zubrachte. Seine dort entstandenen Bilder zählen zu den umfassendsten frühen Dokumentationen dieses damals noch unerforschten Gebiets.

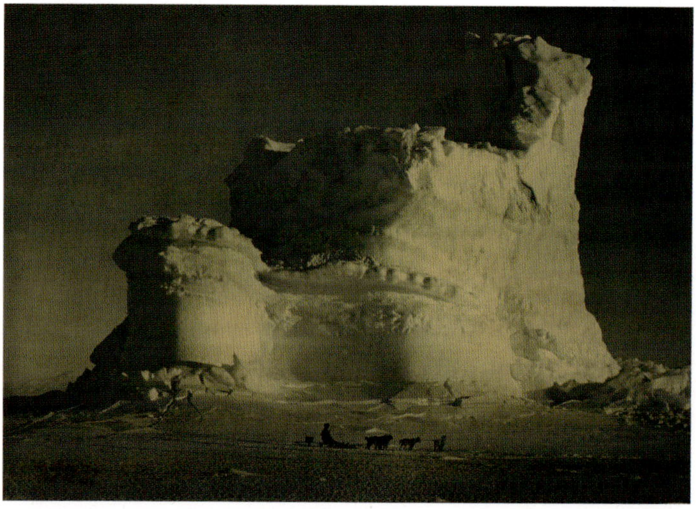

Die Castle Bay, Herbert G. Ponting, 1910–1913, getönter Gelatinesilberabzug, 55,2 x 75,9 cm, The J. Paul Getty Museum, Los Angeles, USA

Architektur

HAUPTVERTRETER: NICÉPHORE NIÉPCE • WILLIAM HENRY FOX TALBOT • FREDERICK H. EVANS • FRANCIS BEDFORD • CHARLES SHEELER • THOMAS STRUTH • ANDREAS GURSKY

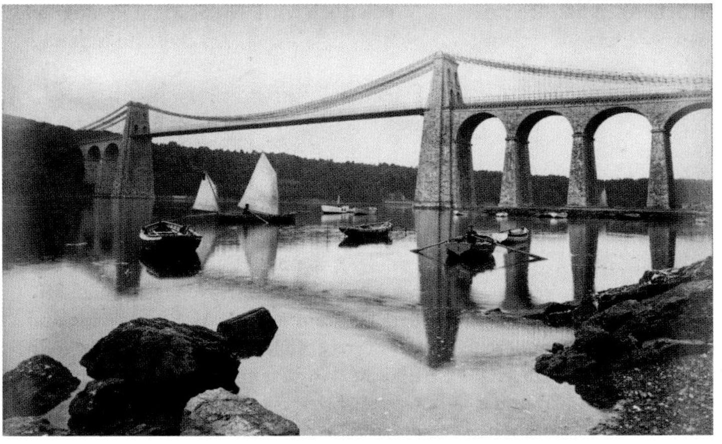

Boote an der Menai Suspension Bridge, Anglesey, Wales, Francis Bedford, um 1865

Das Verhältnis von Architektur und Fotografie wird von ästhetischen sowie kommerziellen Aspekten bestimmt, bildet aber auch den Kulturwandel in der Gesellschaft ab.

Eine solide Grundlage erhielt das Thema durch Nicéphore Niépces *Blick aus dem Arbeitszimmer von Le Gras* (siehe Seite 46) und den Blick ins Innere der Lacock Abbey (1835) von William Henry Fox Talbot. Angesichts der langen Belichtungszeiten früher Kameras eigneten sich Gebäude hervorragend als Fotomotive. Einen wirklichen Aufschwung aber erfuhr die Architekturfotografie erst Mitte des 19. Jahrhunderts. In Frankreich zielte das von der Regierung geförderte Projekt Missions Héliographiques darauf, jedes Monument und jede Sehenswürdigkeit des Landes fotografisch festzuhalten. Derweil nahmen Fotojournalisten im Amerikanischen Bürgerkrieg teilweise zerstörte Bauten in den Fokus, während sich Francis Bedford (um 1816–1894) und Frederick H. Evans in Großbritannien auf Kirchen und Kathedralen konzentrierten. Ein erhöhter Standpunkt sowie die Perspektive entwickelten sich schon bald zu bedeutsamen Faktoren, und kleinere Kameras ermöglichten ungewöhnliche Blickwinkel. Frank Lloyd Wright (1867–1959) war einer der ersten Architekten, die das Potenzial der Fotografie erkannten, während die sowjetischen Konstruktivisten und die Mitglieder des Bauhauses eine radikale Sicht auf urbane Konstruktionen zum Ausdruck brachten.

WICHTIGE NEUERUNGEN

In den Jahren nach dem Zweiten Weltkrieg vollzog sich ein Wandel bei der Verwendung der Architekturfotografie. Diente diese ursprünglich geschäftlichen Zwecken, war sie nun zunehmend in Lifestyle-Magazinen präsent. Die Gebäude, in denen Menschen lebten und arbeiteten, mussten genauso stylish sein wie die Kleidung, die sie trugen. In den folgenden Jahrzehnten richteten die Kunstfotografen ihren Blick immer mehr auf das Architekturdesign.

STRAIGHT PHOTOGRAPHY **S. 14** LANDSCHAFT **S. 16** STRASSENFOTOGRAFIE **S. 17**
BLICK AUS DEM ARBEITSZIMMER VON LE GRAS **S. 46** NEW YORK, NIGHT VIEW **S. 78** THE FALLING MAN **S. 144**

Schönheit

HAUPTVERTRETER: JULIA MARGARET CAMERON • MAN RAY • GEORGE HURRELL • GEORGE HOYNINGEN-HUENE • CLARENCE SINCLAIR BULL • EDWARD WESTON

Die Vorstellung von Schönheit hat sich im Laufe der Zeit stetig gewandelt und ist seit jeher kulturell geprägt. Die Fotografie hat genau wie die Malerei und die Bildhauerei dazu beigetragen, unser Schönheitsideal zu formen.

Die Beziehung eines Künstlers zur Schönheit hat stets eine entscheidende Rolle bei der Darstellung derselben gespielt. Westliche Schönheitsideale, die sich bis in die griechische Antike zurückverfolgen lassen, durchdringen die Fotografie wie jede andere Kunstform vor ihr. (In anderen Kulturen hat die Fotografie eine vergleichbare Rolle gespielt.) Der Piktorialismus des späten 19. Jahrhunderts griff auf klassische Formen des Porträts zurück, wie an Julia Margaret Camerons *Beatrice* (siehe Seite 56) deutlich wird. Die Straight Photography richtete bei ihren Landschaftsbildern und bei ihren Fotos von Menschen den Fokus stärker auf die natürlichen Eigenschaften, während die abstrakte Fotografie die Schönheit der Form herausstellte. Ein einfaches Utensil wie André Kertész‘ *Gabel* (siehe Seite 70) oder Edward Westons Akt-Serie brachten Linien und Kurven zur Geltung und lösten sich oftmals von konventionellen Darstellungsformen. Mit dem Aufkommen der Modemagazine und des Films erhielten das Phänomen Schönheit und die dahinter entstehende Industrie eine wichtigere Rolle. Schönheit wurde zu etwas Erstrebenswertem, das untrennbar mit Glamour und, in geringerem Maße, mit Berühmtheit einherging.

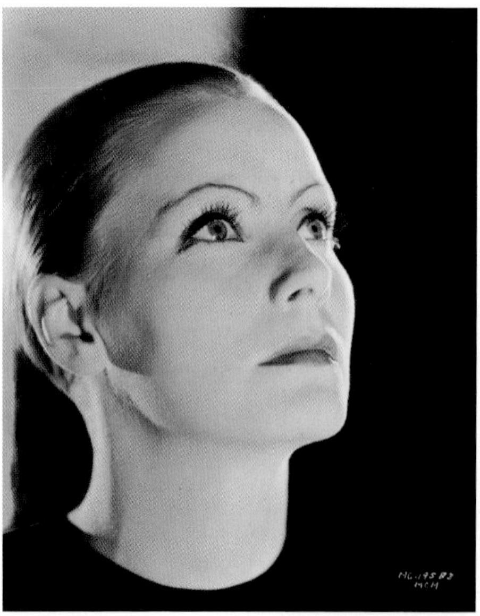

WICHTIGE NEUERUNGEN
Die Werbung für Schönheitspflegemittel für ein gleichmäßigeres Erscheinungsbild entstand in den 1920er Jahren mit der Ausbreitung der Massenmedien und den immer populärer werdenden Modemagazinen. Der Film spielte bei der Definition der Schönheit eine wichtige Rolle, und Stars wie Greta Garbo wurden durch die von ihnen aufgenommenen Bilder definiert. Clarence Sinclair Bull erkannte Garbos Verhältnis zur Kamera; er war der einzige Fotograf, der die Schauspielerin von ihrem ersten Moment in Hollywood an offiziell begleitete.

Greta Garbo,
Clarence Sinclair Bull, 1931

PIKTORIALISMUS **S. 13** PORTRÄT **S. 15** AKT **S. 19** ABSTRAKTE FOTOGRAFIE **S. 22** GLAMOUR **S. 32** MODE **S. 36**
WERBUNG **S. 37** BEATRICE **S. 56** LIEBESPAAR IM CAFÉ **S. 76** DER KUSS VOR DEM RATHAUS IN PARIS **S. 96**

Liebe

HAUPTVERTRETER: BRASSAÏ • ROBERT DOISNEAU • ELLIOTT ERWITT • NORMAN PARKINSON • ANNIE LEIBOVITZ

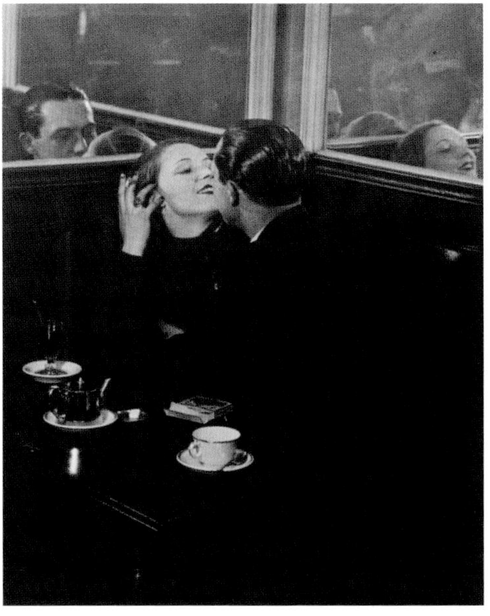

WICHTIGE NEUERUNGEN
Die humanistische Tradition in der Nachkriegszeit hat dazu beigetragen, das Bild der Liebe in der westlichen Gesellschaft auszuformen. Das Kriegsende selbst brachte sogar eines der symbolischsten Fotos hervor: Alfred Eisenstaedts am V-J Day entstandene Aufnahme eines US-Marines, der auf dem Times Square eine fremde Frau küsst, fängt einen flüchtigen Moment intensiver Liebe perfekt ein.

Liebespaar im Café, Brassaï, 1932, Gelatinesilberabzug, 28,3 x 22,7 cm, Musée National d'Art Moderne, Centre Pompidou, Paris, Frankreich

Unzählige Fotografen haben versucht, den perfekten Ausdruck der Liebe in all ihren Formen festzuhalten, angefangen bei familiären Bindungen bis hin zu jugendlicher Verliebtheit.

Viele berühmte Fotos der Liebe sind Momentaufnahmen. Einige wurden, ähnlich dem Motiv eines Malers, inszeniert, etwa Robert Doisneaus *Der Kuss vor dem Rathaus in Paris* (siehe Seite 96) oder auch Brassaïs frühes Foto *Liebespaar im Café* (siehe Seite 76). Sie zeigen perfekte Bilder junger Liebe. Der Film lud diese Fotos außerdem mit Glamour und Ruhm auf, wie in Marcello Geppettis Aufnahme von Richard Burton und Elizabeth Taylor, die sich 1962 in Italien beim Sonnenbad küssen. In *Girl and Movie Poster, Cincinnati, Ohio* von John Vachon (1914–1975) wird deutlich, dass Fotografen schon 1938 den Kontrast zwischen konventionellen Bildern der Liebe auf der Leinwand und der Wirklichkeit des Alltags hervorgehoben haben. Elliott Erwitts *Mutter und Kind, New York* (1953) ist ein Schlüsselbild der humanistischen Fotografie, das Zärtlichkeit und Empfindsamkeit verströmt. *John Lennon und Yoko Ono* (1980) von Annie Leibovitz (geb. 1949) und das 1970 entstandene Porträt der schwulen Aktivisten Tom Doerr und Marty Robinson von Diana Davies (geb. 1938) sind Beispiele für liebevolle, auf Gegenseitigkeit beruhende Beziehungen zwischen Menschen.

STRAIGHT PHOTOGRAPHY **S. 14** PORTRÄT **S. 15** GESELLSCHAFT **S. 34** MODE **S. 36** SELFIE **S. 43** LIEBESPAAR IM CAFÉ **S. 76** DER KUSS VOR DEM RATHAUS IN PARIS **S.96** USA, CALIFORNIA KISS, SANTA MONICA **S. 100** SCHÖNHEIT **S. 158**

Religion

HAUPTVERTRETER: JULIA MARGARET CAMERON • FRED HOLLAND DAY • FREDERICK H. EVANS • EDWARD S. CURTIS • ANDRES SERRANO • DAVID LACHAPELLE • ADI NES

WICHTIGE NEUERUNGEN

Das Aufkommen der Fotografie in Verbindung mit der zeitgleichen Loslösung der Kunst von der Religion spiegelt den menschlichen Fortschritt im postindustriellen Zeitalter: Da der gesellschaftliche Alltag immer stärker von menschengemachten als von natürlichen Dingen geprägt ist, wird die Religion als wichtiges verbindendes Element entbehrlich.

Als die Fotografie zur Blüte gelangte, wurde die Kunst längst nicht mehr von der Religion beherrscht. Die Darstellung von Religion in der Fotografie zielte folglich nicht darauf, über die Kunst nach Transzendenz zu streben, sondern legte ihren Fokus auf die Dokumentation des Glaubens und das Hinterfragen religiöser Institutionen.

Piktorialisten wie Julia Margaret Cameron (siehe Seite 56) und Fred Holland Day nutzten die religiöse Bildsprache, um ihr Werk in einen künstlerischen Kontext zu stellen, letzterer etwa mit seinem berühmten Porträt *Die Kreuzigung* (1898). Frühere Fotografen jedoch, wie der für seine geschickt komponierten Bilder französischer und englischer Kathedralen berühmte Frederick H. Evans, begründeten die konventionellere Darstellung von Religion aus einer eher dokumentarischen Perspektive. Ethnologen folgten ihrem Beispiel, indem sie religiöse Praktiken rund um die Welt fotografisch festhielten; dazu gehören auch Edward S. Curtis' Bilder von den Ritualen und der Bekleidung amerikanischer Ureinwohner. Diesen Ansatz verfolgten auch Robert Frank und Ian Berry in ihren Studien über Amerika beziehungsweise England. Und da die Bedeutung der christlichen Kirche in der westlichen Welt immer mehr abnimmt, beschäftigen sich heutige Fotografen mit der Rolle der Religion im Zeitalter des Konsums, von Andres Serranos umstrittenem *Piss Christ* (siehe Seite 130) bis zu *Jesus is my Homeboy* (2003) von David LaChapelle (geb. 1963).

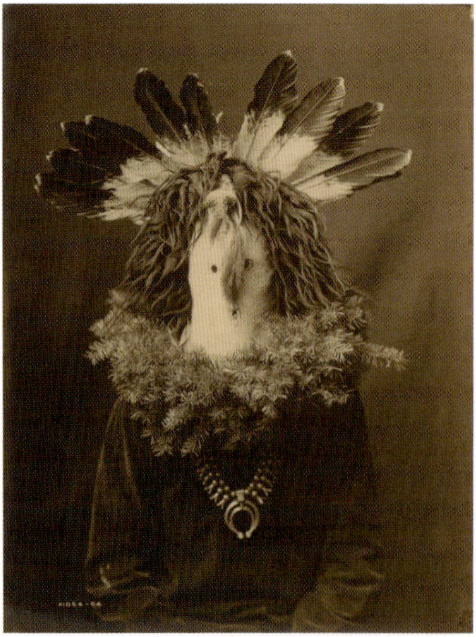

Haschogan (Hausgott), The Yebichai Hunchback, Edward S. Curtis, 1904, Gelatinesilberabzug, Library of Congress, Washington D.C., USA

PIKTORIALISMUS **S. 13** FARBE **S. 18** AKT **S. 19** AVANTGARDE **S. 23** POP-ART **S. 33** KONZEPTUELLE FOTOGRAFIE **S. 39** PISS CHRIST **S. 130**

Bewegung

HAUPTVERTRETER: EADWEARD MUYBRIDGE • ÉTIENNE-JULES MAREY • GUSTAVE LE GRAY • GJON MILI • ROBERT CAPA • BOB MARTIN

Wie Maler über Tausende Jahre zuvor haben Fotografen versucht, Bewegungsabläufe einzufangen. Ihre Anstrengungen haben viele erfindungsreiche und technische Innovationen hervorgebracht.

Eadweard Muybridge ergründete mit seinen Studien menschliche und tierische Bewegungsabläufe; seine Bilder lassen die Anfänge des Films vorausahnen. Doch auch ein einzelnes Bild konnte Bewegung vermitteln. Noch bevor kürzere Belichtungszeiten es möglich machten, die brandende Flut einzufangen, nutzte Gustave Le Gray in *Die große Welle, Sète* (1857) die Unschärfe, um eine dramatische Stimmung zu erzeugen und Bewegung abzubilden. In Robert Capas Fotos von der Landung der Alliierten (siehe Seite 92) dient die Unschärfe auf ähnliche Weise dazu, die grausame Bewegung des Krieges festzuhalten. Die Anmut der Bewegung und die Biegsamkeit des menschlichen Körpers zelebrierten Alexei Brodowitsch (1898–1971) mit seinen Tänzerinnen in *Cotillion* (1935) und Rudolf Koppitz (1884–1936) in seiner *Bewegungsstudie* (1925), dem Bild einer Nackten, die sich an drei bekleidete Frauen hinter ihr lehnt. André Kertész legte den Fokus in *Mein Bruder als Ikarus* (1919) auf das Athletische. Kürzere Belichtungszeiten ermöglichten es, Motive in schneller Bewegung einzufangen. In Richard Drews *Falling Man* (siehe Seite 144) verleiht die Klarheit des Bildes einem Opfer des Terrorismus eine feierliche Würde.

WICHTIGE NEUERUNGEN
Étienne-Jules Marey experimentierte mit Verschlusssystemen und entwickelte die Chronofotografie. Beispielhaft dafür ist seine Studie über einen Stabhochspringer (1890–1891), bei der er zehn Bilder pro Sekunde auf einer einzigen Platte festhielt.

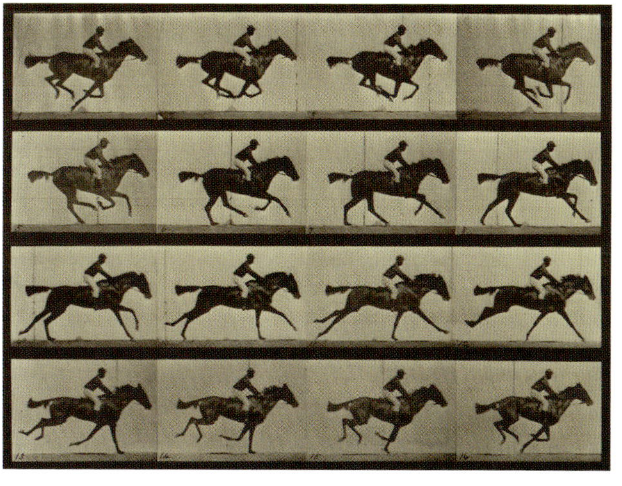

Animal Locomotion,
Eadweard J. Muybridge, 1887,
Kollotypie, 23,8 x 30,8 cm,
The J. Paul Getty Museum,
Los Angeles, USA

STRAIGHT PHOTOGRAPHY **S. 14** AKT **S. 19** KRIEG **S. 24** FOTOJOURNALISMUS **S. 27**
WISSENSCHAFTLICHE FOTOGRAFIE **S. 30** LANDUNG DER ALLIIERTEN AM OMAHA BEACH **S. 92**

Surreales

HAUPTVERTRETER: MAN RAY • EUGÈNE ATGET • CLAUDE CAHUN • LEE MILLER • HANS BELLMER • DORA MAAR • RENÉ MAGRITTE • MAURICE TABARD

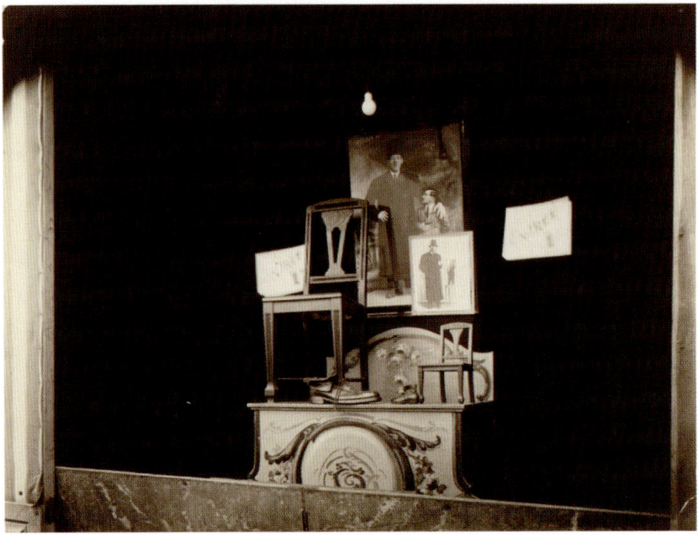

Bude auf einem Straßenjahrmarkt, Eugène Atget, 1925, Gelatine-silberabzug, 17,3 x 22,5 cm, The J. Paul Getty Museum, Los Angeles, USA

Die Surrealisten sahen in der Fotografie eine Möglichkeit, das Alltägliche neu zu betrachten. Außerdem nutzten sie das Medium, um mit Hilfe von Effekten die Vorstellung des Surrealen zu erkunden und zu veranschaulichen.

Im selben Jahr, als Man *Rays Le Violon d'Ingres* (siehe Seite 66) auf dem Cover der Zeitschrift *Littérature* erschien, veröffentlichte André Breton (1896–1966) das erste Manifest des Surrealismus. Die Fotografie war ein wichtiger Bestandteil dieser Kunstrichtung, wobei die Bilder weniger als Interpretation der Realität denn als Transkription derselben verstanden wurden; jedes noch so banale Foto konnte in einem neuen Kontext außergewöhnlich erscheinen. Am offensichtlichsten war dies im Werk von Eugène Atget. Anders als Man Ray und Maurice Tabard (1897–1984), die mit Doppelbelichtung und weiteren Effekten arbeiteten, oder im Vergleich zu René Magritte (1898–1967), der fotografische Gegenstücke zu seinen Gemälden schuf, und Hans Bellmer (1902–1975), der mit Puppen sexualisierte Bilder konstruierte, boten Atgets Bilder von oft menschenleeren Pariser Straßen traumähnliche Ansichten jener Stadt, in der die Künstler lebten.

WICHTIGE NEUERUNGEN

Sigmund Freuds Essay „Das Unheimliche" (1919) übte großen Einfluss auf das Denken der Surrealisten aus. So wie das, was uns zurückweichen lässt – das Unheimliche –, uns unbewusst an unsere eigene Identität und jene Impulse erinnert, die wir unterdrücken, so zielte die Kunst der Surrealisten darauf, diese verborgenen Wünsche aufzuspüren und an die Oberfläche unseres Bewusstseins zu holen.

AKT **S. 19** ABSTRAKTE FOTOGRAFIE **S. 22** KUNST **S. 31**
KONZEPTUELLE FOTOGRAFIE **S. 39** LE VIOLIN D'INGRES **S. 66**

Natur

HAUPTVERTRETER: GEORGE SHIRAS • WILLIAM HENRY FOX TALBOT • GUSTAVE LE GRAY • HERBERT PONTING • ANSEL ADAMS • EDWARD WESTON • EDWARD BURTYNSKY

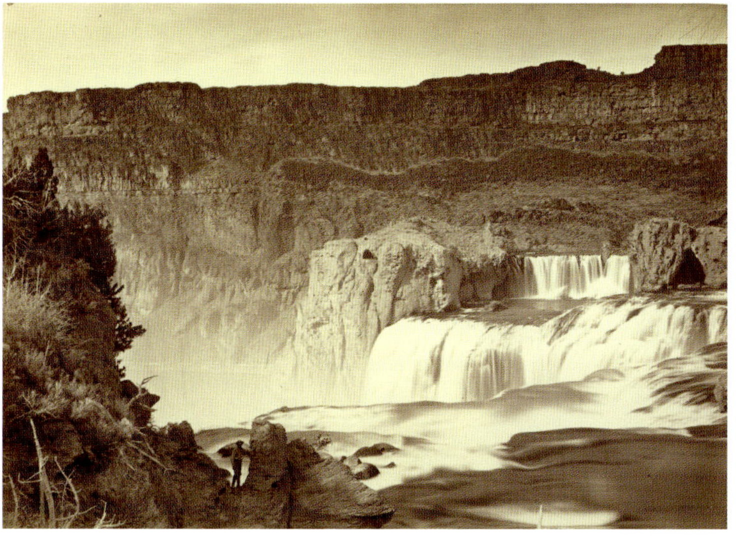

Shoshone Falls, Snake River, Idaho. Ansicht zur Mittagszeit. Umgebende Felswände rund 305 Meter hoch, Timothy H. O'Sullivan, 1874, Albuminsilberabzug, 20,2 x 27,3 cm, The J. Paul Getty Museum, Los Angeles, USA

In der Darstellung der Natur ist im Zuge der zerstörerischen Auswirkungen menschlichen Handelns auf die Umwelt die Bewunderung der Sorge gewichen.

Die frühe Naturfotografie reichte von malerischen Bildern der örtlichen Pflanzenwelt, wie in William Henry Fox Talbots *Byronica Dioca – the English Vine* (1839) und Gustave Le Grays Aufnahmen des Waldes von Fontainebleau (um 1855), bis hin zu den Aufnahmen weiter Landschaften wie die der Shoshone Falls, Idaho (1874), von Timothy H. O'Sullivan. Doch die Schnelligkeit der Kameras und die Lichtempfindlichkeit der Fotoplatten waren begrenzt. Als Herbert Ponting 1911 mit Robert Scotts Expedition in die Antarktis reiste (siehe Seite 156), ermöglichten ihm die großen Glasplatten, die Eislandschaft in detailreichen Bildern festzuhalten. Diesen Ansatz der Straight Photography setzte Ansel Adams (siehe Seite 90) in seinem Werk fort. Adams brachte darin auch seine Sorge um die Umwelt zum Ausdruck. Seine Bilder zeigen ebenso eindringlich wie das Werk Edward Burtynskys (siehe Seite 152) die Folgen menschlichen Handels für den Planeten.

WICHTIGE NEUERUNGEN

Im Jahr 1906 veröffentlichte *National Geographic* seine ersten Naturfotos: 74 Bilder des amerikanischen Kongressabgeordneten und Umweltschützers George Shiras (1859–1942). Shiras fotografierte vor allem nachts und arbeitete mit einer Kerosinlampe, deren Flamme sein Motiv zugleich beleuchtete und erstarren ließ, sowie mit einer Kamerafalle, die mit verschiedenen Blitzlichtern und aus der Ferne gesteuerten Kameras verbunden war.

STRAIGHT PHOTOGRAPHY **S. 14** LANDSCHAFT **S. 16** DOKUMENTARFOTOGRAFIE **S. 28**
TOPOGRAFIE **S. 35** STROMLEITUNGEN IN DER MOJAVE-WÜSTE **S. 90** OSTSEE, RÜGEN **S. 140**

Tiere

HAUPTVERTRETER: FRANK HAES • GEORGE SHIRAS • HAROLD EUGENE EDGERTON • WILLIAM WEGMAN • ELLIOTT ERWITT • KEITH CARTER • DANIEL NAUDÉ • ANTHONY LEPORE

Seit der Frühzeit der Fotografie sind Tiere als Fotomotiv ebenso beliebt wie Menschen oder Landschaften.

Unseren Platz in der Welt definieren wir häufig durch unsere Beziehung zu Tieren. Diese können dabei symbolisch für die – bewunderte und zu bändigende – Wildnis stehen oder ein Inbegriff des häuslichen Lebens sein. Die frühe Tierfotografie war dadurch eingeschränkt, dass die Tiere stillhalten mussten. Folglich wurden lediglich gefangene, tote oder Haustiere gezeigt, wie in der Daguerreotypie *Mädchen mit Reh* (1854) und *Toter Hirsch in einer Falle* von Captain Horatio Ross (1801–1886). Die kürzer werdenden Belichtungszeiten ermöglichten Aufnahmen von Tieren in ihrer natürlichen Umgebung. In jüngerer Zeit haben Keith Carter (geb. 1948) und Daniel Naudé (geb. 1984) die Folgen menschlichen Handelns für die Umwelt untersucht und unser Verhältnis zur Natur kritisiert, indem sie Haustiere in der Wildnis fotografierten. In *Nightbirds* (2009) versetzt Anthony Lepore (geb. 1977) mit Hilfe digitaler Manipulation die natürliche Welt in eine menschengemachte Umgebung.

WICHTIGE NEUERUNGEN

Jenseits der klassischen Natur- und Tierfotografie ist Elliott Erwitt mit seinen Fotos von Hunden, die er in mehreren Büchern veröffentlicht hat, berühmt geworden. Diese exzentrischen, humorvollen Bilder, in denen die Hunde bisweilen menschenähnliche Züge tragen, sind eine Hymne an eine Spezies, zu der der Fotograf eine so starke Affinität hat, dass ein Kollege ihn als „halb Fotograf, halb Hund" beschrieb.

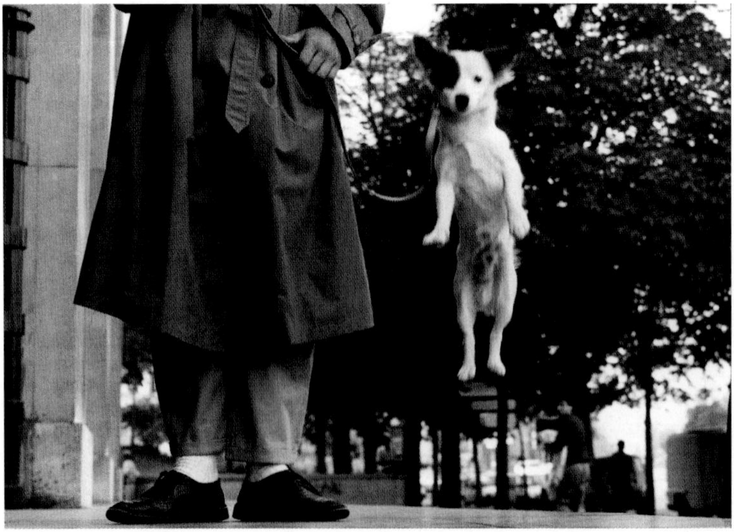

Ohne Titel, Paris, Frankreich, 1989, Elliott Erwitt, 1989

STRAIGHT PHOTOGRAPHY **S. 14** STILLLEBEN **S. 20** DOKUMENTARFOTOGRAFIE **S. 28** ALGIERS, LOUISIANA **S. 114**

Tod

HAUPTVERTRETER: MATHEW BRADY • TIMOTHY H. O'SULLIVAN • ROBERT CAPA • GERDA TARO • DON MCCULLIN

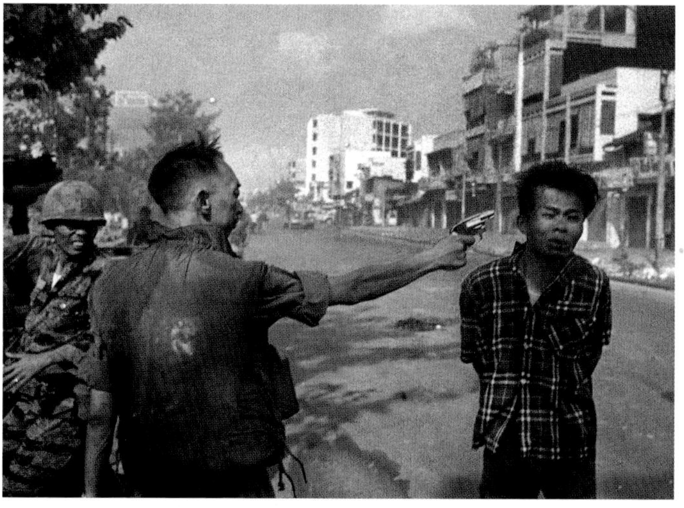

Der Polizeichef von Saigon, General Nguyen Ngoc Loan, erschießt am 1. Februar 1968 auf einer Straße in Saigon Nguyễn Văn Lém, der im Verdacht stand, Offizier des Vietcong zu sein, Eddie Adams, 1968, Silberabzug, Associated Press, New York, USA

Von der viktorianischen Post-Mortem-Fotografie bis zu Kriegsbildern haben Fotos von toten Menschen der Nachwelt stets als Erinnerung an Ereignisse und mitunter sogar als makabre Belustigung gedient.

Der Tod hat in der Fotografie eine ebenso wichtige Rolle gespielt wie in jeder anderen Kunstform. Im viktorianischen Zeitalter waren Fotos eine beliebte Alternative zu Porträts oder Totenmasken; oft waren auf ihnen sogar lebende Familienmitglieder neben dem Verstorbenen zu sehen. Roger Fentons Fotos vom Krimkrieg (1853–1856) lassen die große Zahl der Verwundeten erahnen. Das Werk jener Fotografen, die im nachfolgenden Jahrzehnt den Amerikanischen Bürgerkrieg festhielten, zeigt das Grauen nach der Schlacht (siehe Seite 52). Im Laufe des folgenden Jahrhunderts brachte die Kriegsfotografie den Tod zu den Menschen nach Hause, angefangen bei Robert Capas *Loyalistischer Soldat im Moment des Todes* (1936) bis zu Eddie Adams' (1933–2004) Bild einer Hinrichtung auf einer Straße in Saigon im Jahr 1968. Manche behaupten, dass wir durch die Verbreitung solcher Bilder unempfindlich gegenüber Tod und Massakern geworden sind. Aber die entsetzlichen Bilder, die US-Soldaten im Iraker Gefängnis Abu Ghraib von toten Gefangenen gemacht haben (2006), sowie das Foto eines syrischen Jungen, der auf der Flucht ertrank und an den Strand gespült wurde (2015), zeugen davon, welch schockierende Wirkung Bilder des Todes bis heute auf uns haben.

WICHTIGE NEUERUNGEN

Die Verbreitung der Daguerreotypie in den späten 1830er Jahren bot Familien eine kostengünstigere Möglichkeit, einen geliebten Menschen in einem Erinnerungsbild festzuhalten. Das Bemerkenswerte an diesen Fotos ist die detailgenaue Darstellung des toten Familienmitglieds im Vergleich zu den Lebenden um ihn herum, die nicht in der Lage waren, über die gesamte Dauer der Belichtungszeit stillzuhalten.

STRAIGHT PHOTOGRAPHY **S. 14** PORTRÄT **S. 15** STILLLEBEN **S. 20** KRIEG **S. 24** FOTOJOURNALISMUS **S. 27** DOKUMENTARFOTOGRAFIE **S. 28** THE FALLING MAN **S. 144**

Ikonen

HAUPTVERTRETER: DOROTHEA LANGE • ALBERTO KORDA • ROBERT CAPA • GERDA TARO • IAN BERRY • NICK ÚT

Der vom griechischen *eikón* (dt.: Abbild) abgeleitete Begriff Ikone beschreibt Bilder von Menschen oder entscheidenden Momenten, die unseren Blick auf öffentliche Personen oder unsere Interpretation eines Geschehens prägen.

Es gibt keine Übereinstimmung darüber, was ein „ikonografisches" Foto ausmacht. Einige Kritiker sehen darin einen direkten Verweis auf die Kult- und Heiligengemälde, für die der Begriff verwendet wird. Ein oft zitiertes Beispiel, das eine symbolische Parallele aufweist, ist Nick Úts Aufnahme von Phan Thị Kim Phúc (siehe Seite 116). Aber wie ist dann Andres Serranos *Piss Christ* (siehe Seite 130) einzuordnen, das die Verzückung des Glaubens beschwört und gleichzeitig die Kommerzialisierung religiöser Artefakte kommentiert? Andere meinen, ein ikonografisches Foto werde durch seine Interpretation definiert. Gerda Taros und Robert Capas Bilder vom Spanischen Bürgerkrieg hatten erheblichen Einfluss auf die Wahrnehmung des Konflikts. Ebenso erlangte Alberto Kordas Aufnahme von Che Guevara (siehe Seite 104) nach dem Tod des Guerillaführers größere Bedeutung und grub sich ins Bewusstsein der folgenden Generationen ein. Das Bild sollte die öffentliche Wahrnehmung von Che Guevara für immer definieren.

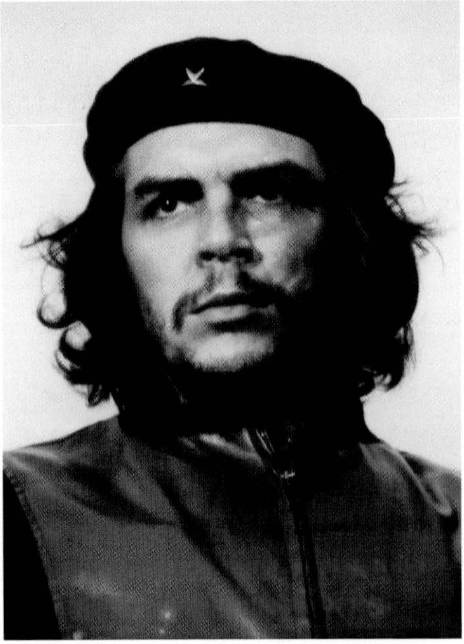

Che Guevara,
Alberto Korda, 1960,
Silberabzug

WICHTIGE NEUERUNGEN

Der Fotojournalismus kann das Alltägliche zu etwas Ikonischem und gewöhnliche Menschen zu zentralen historischen Persönlichkeiten erheben. Zu den berühmtesten Beispielen zählen *Tank Man* (1989) von Jeff Widener (geb. 1956), das zeigt, wie sich ein Demonstrant den Soldaten auf dem Tian'anmen-Platz in Peking in den Weg stellt; *Soweto Uprising* (1976) von Sam Nzima (1934–2018), das ergreifende Bild eines Studenten, der einen toten Jungen im Arm hält; und *The Burning Monk* (1963) von Malcolm Browne (1931–2012), das abbildet, wie ein vietnamesischer Buddhist sich selbst opfert. Die Serie „Country Doctor" (1948) von W. Eugene Smith (1918–1978) gilt als erste Fotogeschichte.

STRAIGHT PHOTOGRAPHY **S. 14** PORTRÄT **S. 15** KRIEG **S. 24** PROPAGANDA **S. 25** FOTOJOURNALISMUS **S. 27** POP-ART **S. 33** PAPARAZZI **S. 38** HEIMATLOSE MUTTER, NIPOMO, KALIFORNIEN **S. 80** CHE GUEVARA **S. 104** MALCOLM X **S. 106**

Ruhm

HAUPTVERTRETER: NADAR • CLARENCE SINCLAIR BULL • SLIM AARONS • EVE ARNOLD • CORNELL CAPA • ALBERTO KORDA • ANDY WARHOL • ANNIE LEIBOVITZ

Mit der Verbreitung der Massenmedien erhielten prominente Persönlichkeiten einen immer wichtigeren Stellenwert. Die Fotografie spielte eine Schlüsselrolle dabei, wie eine Person von der Öffentlichkeit wahrgenommen wurde.

Der Fotografie kommt bei der Entwicklung der Prominentenkultur eine immense Bedeutung zu. Im Paris des späten 19. Jahrhunderts gab Nadar mit seinen Porträtfotos bekannten Namen ein Gesicht, angefangen bei Künstlern und Schauspielern bis hin zu Politikern und Salonlöwen. Der Film beflügelte die Fotografie zusätzlich, die nun auch das Leben der Stars jenseits der Leinwand einfing. Dennis Stocks (1928–2010) Foto von James Dean auf dem New Yorker Times Square definierte die Persönlichkeit des Schauspielers ebenso sehr wie seine Filmrollen. Es bewegt sich irgendwo zwischen den intimen offiziellen Fotos von Slim Aarons (siehe Seite 102) und dem sensationsgierigen Stil der Paparazzi, die ihre Aufgabe darin sehen, hinter das „Bild" einer öffentlichen Person vorzudringen und ihr Privatleben einzufangen. Letzteren Stil übernahm Andy Warhol als Kunstform; in der heutigen Selfie-Zeit wurde er von Kim Kardashian, die zur Steigerung ihrer Prominenz gleichzeitig in die Rolle der öffentlichen Person, der Privatperson, der Porträtfotografin und des Paparazzo schlüpft, über die Parodie hinausgeführt.

WICHTIGE NEUERUNGEN

Schon Abraham Lincoln hatte die Bedeutung des öffentlichen Ansehens für Politiker erkannt; seine Porträts waren extrem populär. Aber erst John F. Kennedys US-Präsidenten-Kampagne im Jahr 1960 setzte den modernen Standard für die Politikerdarstellung. Eine Gruppe Fotografen der Zeitschrift *Life* sowie Cornell Capa (1918–2008) von der Agentur Magnum bildeten den Politiker wie einen Filmstar ab.

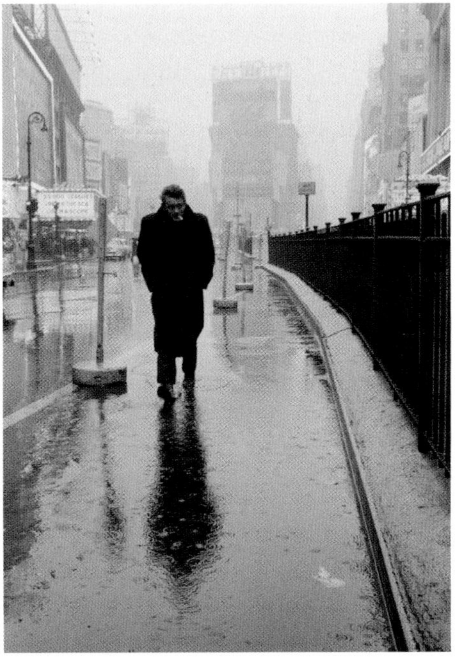

James Dean auf dem Times Square,
Dennis Stock, 1955

PORTRÄT **S. 15** FARBE **S. 18** SELBSTPORTRÄT **S. 21** GLAMOUR **S. 32**
MODE **S. 36** PAPARAZZI **S. 38** SELFIE **S. 43** KÖNIGE VON HOLLYWOOD **S. 102**

Stadtansichten

HAUPTVERTRETER: FRÉDÉRIC MARTENS • VICTOR PRÉVOST • PAUL STRAND • ALEXANDER RODTSCHENKO • BERENICE ABBOTT • THOMAS STRUTH • ANDREAS GURSKY

Mit der Verbreitung der Daguerreotypie wurden Mitte des 19. Jahrhunderts Bilder von Stadtansichten populär. Je ausgereifter die fotografischen Verfahren, desto komplexer wurden die Aufnahmen urbaner Zentren.

Nicéphore Niépces über das Dach seines Wohnhauses aufgenommenes Foto (siehe Seite 46) lässt erahnen, welche Bedeutung die Fotografie bei der Dokumentation des Städtewandels erlangen sollte, als im Zuge der Industrialisierung unzählige Menschen vom Land in den städtischen Raum zogen. Fotografen wie Frédéric Martens (1806–1885) und Victor Prévost (1820–1881) bildeten die Silhouetten von Städten ab und führten damit nicht nur das Potenzial der Panoramafotografie vor Augen, sondern veranschaulichten auch, wie viel menschliche Anstrengung der Ausdehnung von Paris und New York zugrunde liegt. Mit dem Einfluss des Modernismus auf die Fotografie im frühen 20. Jahrhundert erhielt die Darstellung der Städte eine ästhetische, soziale und politische Dimension, wie man im Werk von Alfred Stieglitz, Paul Strand, den sowjetischen Konstruktivisten und Berenice Abbott (siehe Seite 78) erkennen kann. Später verwendeten die Düsseldorfer Fotoschule (siehe Seite 150) und ihre Schüler für ihre Stadtansichten großformatige Panoramabilder und nutzten die Fortschritte in der Digitaltechnologie, um die Stadtentwicklung kritisch zu beleuchten.

WICHTIGE NEUERUNGEN
Archivfotos spielen für das Verständnis der Stadtentwicklung eine wichtige Rolle. Archivare haben Fotos vieler großer Städte aus der Mitte des 19. Jahrhunderts zutage befördert. Einige wurden von Fotopionieren wie Robert Hunt (1830–1892) in Sydney, Australien, oder begeisterten Hobbyfotografen wie dem französischen Zollbeamten Jules Alphonse Eugène Itier (1802–1877) in Singapur aufgenommen; andere stammen von unbekannten Fotografen, die Athen, Toronto, Shanghai und Jerusalem im Bild festhielten.

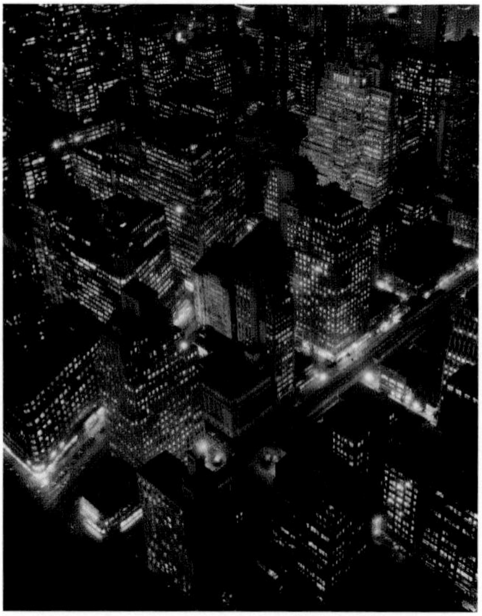

New York, Night View,
Berenice Abbott, 1932,
Gelatinesilberabzug,
34,1 x 27 cm

STRAIGHT PHOTOGRAPHY **S. 14** STRASSENFOTOGRAFIE **S. 17**
ABSTRAKTE FOTOGRAFIE **S. 22** NEW YORK, NIGHT VIEW **S. 78**

Konsumismus

HAUPTVERTRETER: GEORGE HOYNINGEN-HUENE • JEFF WALL • MARTIN PARR • RICHARD PRINCE • ANDREAS GURSKY • KEITH YAHRLING • RICHARD JOHN SEYMOUR

Schon seit dem 15. Jahrhundert ist das Konsumverhalten in vielen Gesellschaften ein Thema. Unser Verhältnis dazu ist im Verlauf des vergangenen Jahrhunderts lediglich komplexer geworden.

Von Reklametafeln bis zu Katalogen: Die Fotografie hat sich beim Verkauf von Lifestyle als profitables Medium erwiesen. Zeitschriften, die in den ersten Jahrzehnten des 20. Jahrhunderts immer mehr Verbreitung fanden, nutzten die Fotografie zum Bewerben von Mode und zum Aufbau von Marken. *Vogue* und *Vanity Fair* bemühten sich, die Grenzen zwischen Kunst und Kommerz zu verwischen, indem sie renommierte Fotografen damit beauftragten, glamouröse Modeaufnahmen anzufertigen. In den folgenden Jahrzehnten konnte man in der Jugendkultur ähnliche Trends beobachten; Fotos wurden gleichzeitig in stylischen Modezeitschriften abgebildet und in Galerien ausgestellt. Zur selben Zeit begannen Fotografen, die Konsumgesellschaft bewusst mit Abstand zu dokumentieren. Jeff Wall etwa hat sie durch die Anonymität des modernen Reisens betrachtet, während sich Andreas Gursky in seinem monumentalen *Amazon* (siehe Seite 150) kritisch mit einem den Konsum fördernden Unternehmen auseinandersetzt.

WICHTIGE NEUERUNGEN

In der Konsumkultur des späten 20. und frühen 21. Jahrhunderts spielt die Globalisierung eine entscheidende Rolle. Sie hat die Grundlage für eine neue Herangehensweise an die Dokumentation des Konsums gelegt, bei der die Seelenlosigkeit im Mittelpunkt steht. Die Werke von Andreas Gursky, Keith Yahrling (geb. 1985) und Richard John Seymour (geb. 1989) zeigen öde Lagerhallen, gleichförmige Einkaufszentren und nichtssagende Geschäftsfassaden, die den Romanen von J.G. Ballard entsprungen zu sein scheinen.

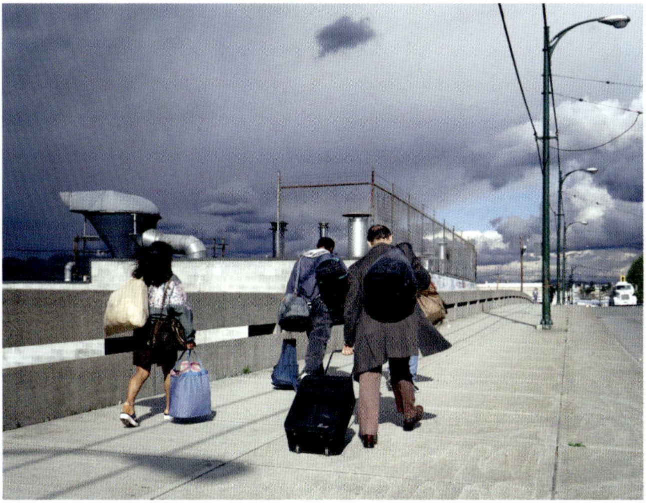

Overpass, Jeff Wall, 2001, Großdia im Leuchtkasten, 214 x 237,5 cm

FARBE **S. 18** GLAMOUR **S. 32** MODE **S. 36** ZEITGENÖSSISCHE KUNST **S. 42**
SELFIE **S. 43** DIVERS **S. 72** OVERPASS **S. 146** AMAZON **S. 150**

Klasse

HAUPTVERTRETER: LEWIS HINE • DOROTHEA LANGE • WALKER EVANS • BILL BRANDT • ROBERT FRANK • IAN BERRY • MARTIN PARR

Die Darstellung von Gesellschaftsklassen in der Fotografie wurde zunächst durch die Art der Abbildung einer sozialen Gruppe definiert. Das Aufkommen dokumentarischer Abbildungsformen führte zu einer kritischeren Herangehensweise.

Während sich die Wohlhabenden im Fotostudio porträtieren ließen, wurden die weniger Bemittelten in ihrer alltäglichen Umgebung, auf der Straße oder zu Hause abgelichtet. Diese Tradition setzt sich bis heute fort. Piktorialistische Fotografen wie Frank Meadow Sutcliffe machten die Arbeiterklasse zum Hauptthema ihres Werkes und adelten mit ihren Aufnahmen das Leben jener Menschen. Subtilere Porträts der Arbeiterklasse entstanden mit der Straight Photography von Eugène Atget, August Sander, Alfred Stieglitz und Paul Strand. Lewis Hine zeigte die Auswirkungen der Mechanisierung auf jene, die mit diesen Maschinen arbeiteten. Die folgende Fotografengeneration, darunter Dorothea Lange (siehe Seite 80) und Walker Evans (siehe Seite 82), richtete ihren Fokus auf das Leben der verarmten und um ihr Auskommen kämpfenden Landbevölkerung. Diese Klassentrennung besteht in der fotografischen Darstellung bis heute fort. Lifestyle-Magazine und Werbung bilden weiterhin soziale Aufsteiger ab, während der Fotojournalismus und die Dokumentarfotografie sich der weniger Begünstigten annehmen.

WICHTIGE NEUERUNGEN
Ian Berrys Studie *The English* über den englischen Alltag in den 1970er Jahren war stark beeinflusst von Robert Franks *The Americans* (siehe Seite 98), das die Vorstellung seiner Wahlheimat als klassenlose Gesellschaft infrage stellte.

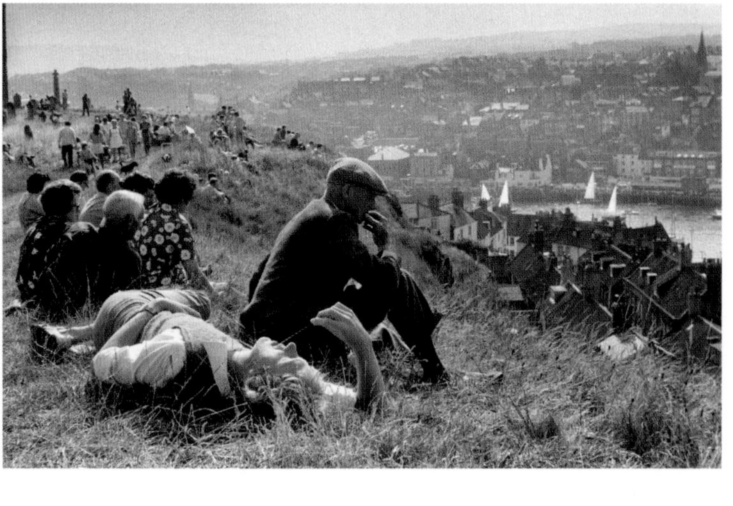

Ein sonniger Sonntagnachmittag, Whitby, England, Ian Berry, 1974

PORTRÄT **S. 15** ETHNOGRAFISCHE FOTOGRAFIE **S. 26** FOTOJOURNALISMUS **S. 27** DOKUMENTARFOTOGRAFIE **S. 28**
THE MUDLARKS **S. 58** EIN SONNIGER SONNTAGNACHMITTAG, WHITBY, ENGLAND **S. 118** NEW BRIGHTON, ENGLAND **S. 126**

Armut

HAUPTVERTRETER: OSCAR GUSTAVE REJLANDER • EUGÈNE ATGET • ALICE AUSTEN • JACOB RIIS • BILL BRANDT • WALKER EVANS • DOROTHEA LANGE • GORDON PARKS

Soziale Bewegungen im späten 19. und frühen 20. Jahrhundert führten einen Wandel in der Darstellung der Armut herbei; gleichzeitig wurden die Regierungspolitik und die politische Ideologie durch Bilder von armen Menschen radikalisiert.

Die Aufmerksamkeit richtete sich nun auf die städtische Armut im späten 19. Jahrhundert, als es Tausende Menschen in die schnell wachsenden urbanen Zentren zog. Pioniere wie Oscar Gustave Rejlander (1813–1875), Heinrich Zille (1858–1929) und Eugène Atget dokumentierten die Armut in London, Berlin und Paris; in New York folgten Jacob Riis und Alice Austen ihrem Beispiel. Bemerkenswert an Austens Bildern ist die Würde, die sie ihren Modellen verleiht. Lewis Hine legte den Fokus auf die Ausbeutung der Armen durch die Industrie, und Bill Brandt hielt das Leben in den Londoner Slums fest, während Walker Evans, Dorothea Lange, Gordon Parks und ihre Kollegen im Auftrag der US-Regierung die Armut der Landbevölkerung zur Zeit der Weltwirtschaftskrise dokumentierten. Nach dem Zweiten Weltkrieg brach diese Bewegung der sozialen Dokumentation aufgrund politischen Drucks auseinander, der vor allem von den amerikanischen Antikommunisten ausging.

WICHTIGE NEUERUNGEN

Henry Mayhews Artikel für den Londoner *Morning Star* wurden in Form eines Bildbands mit dem Titel *London Labour and the London Poor* (1851) veröffentlicht. Jacob Riis folgte dem Beispiel 1890 mit *How the Other Half Lives: Studies among the Tenements of New York*. Ein halbes Jahrhundert später erschien *Let Us Now Praise Famous Men* (1941) von James Agee und Walker Evans.

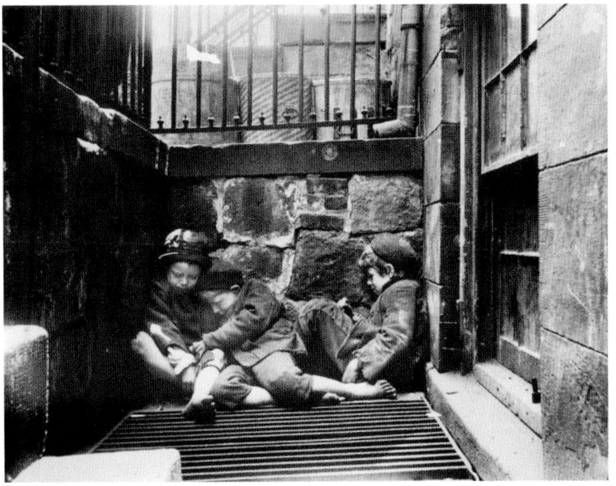

Schlafende Kinder, Mulberry Street, New York, Jacob Riis, um 1895

STRAIGHT PHOTOGRAPHY **S. 14** STRASSENFOTOGRAFIE **S. 17** ETHNOGRAFISCHE FOTOGRAFIE **S. 26** FOTOJOURNALISMUS **S. 27** DOKUMENTARFOTOGRAFIE **S. 28** THE MUDLARKS **S. 58** HEIMATLOSE MUTTER, NIPOMO, KALIFORNIEN **S. 80**

Politik

HAUPTVERTRETER: MARGARET BOURKE-WHITE • ALBERTO KORDA • IAN BERRY • JOSEF KOUDELKA • NICK ÚT

Ein Polizist schleudert einen Tränengaskanister in die Massen, um die Studentenunruhen in Paris zu zerstreuen, 17. Juni 1968, Reg Lancaster, 1968

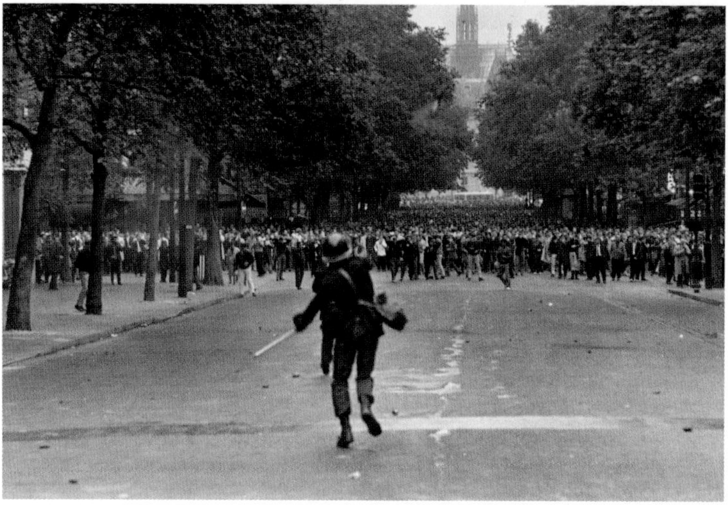

Ein einzelnes Bild kann erheblichen Einfluss auf das Denken, Handeln und Wahlverhalten der Menschen haben.

Der Fotojournalismus hat den Mächtigen vielleicht nicht die Macht aus den Händen genommen, aber er erwies sich als wirkungsvolles Instrument für die Opposition. Der Erste Weltkrieg und die Russische Revolution brachten massive soziale Veränderungen mit sich. Die Oktoberrevolution machte deutlich, welche Wirkung Bilder entfalten konnten, wenn sie sowohl zu Propagandazwecken eingesetzt wurden als auch, wenn mit ihrer Hilfe um Unterstützung geworben wurde. Jenseits der normalen politischen Berichterstattung spielte der Fotojournalismus beim sozialen Wandel eine bedeutende Rolle, insbesondere weil er das Elend der verarmten Gesellschaftsschichten abbildete. Durch seine Darstellung der Gräuel des Spanischen Bürgerkriegs setzte er Maßstäbe für die spätere Kriegsberichterstattung. Bilder riefen mitunter öffentliche Empörung hervor: Nick Úts ikonisches Foto von 1972 (siehe Seite 116) beschleunigte den Rückzug der Amerikaner aus Vietnam. Fotografen zeigten Ereignisse oft auf eine Weise, die sich von offiziellen Darstellungen stark unterschied, etwa bei den Studenten- und Arbeiteraufständen im Mai 1968 in Frankreich und anderswo.

WICHTIGE NEUERUNGEN

Die Fortschritte der Kameratechnologie in Mobiltelefonen haben die politische Berichterstattung rund um die Welt revolutioniert. Während des Arabischen Frühlings, der 2011 begann, wurde jeder Handybesitzer zu einem Journalisten und dokumentierte die Ereignisse. Kritiker haben zu Bedenken gegeben, dass Bürgerjournalisten womöglich nicht die Objektivität offizieller Fotografen besitzen – ein Thema, das auch die Fake-News-Debatte beherrscht.

KRIEG **S. 24** PROPAGANDA **S. 25** FOTOJOURNALISMUS **S. 27**
DOKUMENTARFOTOGRAFIE **S. 28** CHE GUEVARA **S. 104** MALCOLM X **S. 106** KLASSE **S. 170**

Menschen

HAUPTVERTRETER: BILL BRANDT • BRASSAÏ • HENRI CARTIER-BRESSON • ROBERT FRANK • IAN BERRY • MARTIN PARR

Jenseits der Porträtfotografie werden Menschen ebenso häufig durch ihre Kleidung oder die Umgebung, in der sie abgebildet werden, definiert, wie durch den Ausdruck, mit dem sie in die Kamera blicken.

Das erste Foto, auf dem Menschen zu sehen sind, war der Blick auf den Boulevard du Temple von Louis Daguerre im Jahr 1838. Da die Belichtungszeit mehr als zehn Minuten betrug, sind die einzigen erkennbaren Figuren auf dem Bild ein Schuhputzer und sein Kunde, da diese sich nicht von der Stelle bewegten. Wenngleich bei den Personen keine spezifischen Züge erkennbar sind, zeigt die Aufnahme doch die Beziehung zwischen Subjekt und Ort, die zu einem Schlüsselelement in der fotografischen Darstellung von Menschen werden sollte. Die Details in solchen Bildern, wie jenem der Kinder, die den Tag an der Küste genießen (siehe Seite 126), der Leute, die an einem Sonntagnachmittag entspannen (siehe Seite 118), oder des Paares, das ans Meer gefahren ist (siehe Seite 100), erzählen viel über die Menschen. Bill Brandts Bilder von London in den 1930er und 1940er Jahren oder Brassaïs Paris-Fotos dokumentieren nicht nur das Leben der Arbeiterklasse, sondern geben auch Einblick in die Funktionsweisen sozialer Gruppen, ihre Aktivitäten und Rituale. Auf diese Weise helfen sie uns, das Wesen bestimmter gesellschaftlicher Gruppe zu verstehen.

WICHTIGE NEUERUNGEN

Bill Brandts Fotosammlungen aus den 1930er Jahren, *The English at Home* (1936) und *A Night in London* (1938), enthalten einige der berühmtesten Alltagsbilder, die häufig das Leben der Privilegierten dem der Arbeiterklasse gegenüberstellen.

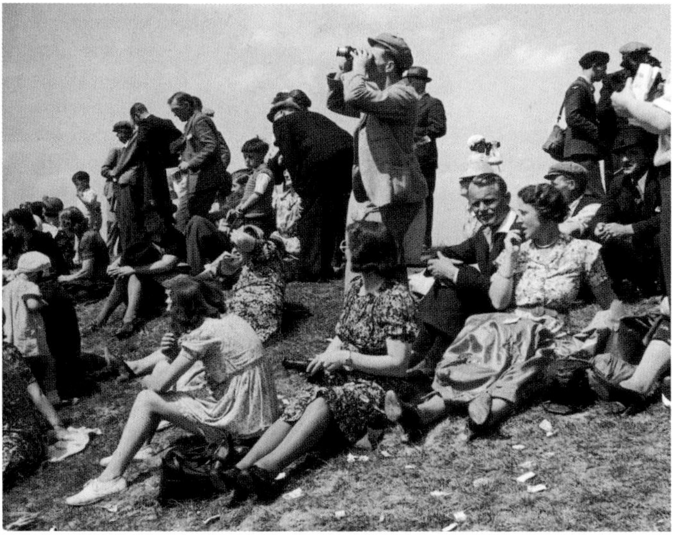

Zuschauer bei einem Derby in Newmarket, England, 18. Juni 1941, Bill Brandt, 1941

DOKUMENTARFOTOGRAFIE **S. 28** GESELLSCHAFT **S. 34** THE MUDLARKS **S. 58** PARADE, HOBOKEN, NEW JERSEY **S. 98** EIN SONNIGER SONNTAGNACHMITTAG, WHITBY, ENGLAND **S. 118** NEW BRIGHTON, ENGLAND **S. 126**

Der entscheidende Augenblick

HAUPTVERTRETER: HENRI CARTIER-BRESSON • MARTIN MUNKÁCSI • BRASSAÏ • ROBERT DOISNEAU • ELLIOTT ERWITT

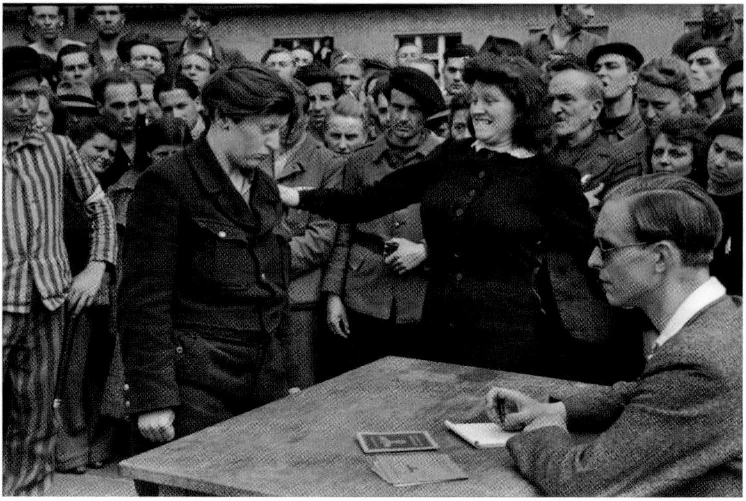

Gestapo-Spitzel, Dessau, Henri Cartier-Bresson, 1945, Gelatinesilberabzug

Die Veröffentlichung des Fotobandes *Images à la sauvette* begründete 1952 Henri Cartier-Bressons Ruf als einer der wichtigsten Fotografen des 20. Jahrhunderts.

Cartier-Bresson war einer der Wortführer der humanistischen Fotografie, die nach dem Zweiten Weltkrieg entstanden war, doch sein Wunsch, das Ungewöhnliche im Alltäglichen festzuhalten, erwuchs aus seiner Verbindung zu den Surrealisten in den 1920ern und seinen Weltreisen in den 1930er Jahren. Der Titel der amerikanischen Ausgabe seines Buches, *The Decisive Moment*, geht auf ein Zitat aus einem Werk des französischen Kardinals de Retz aus dem 17. Jahrhundert zurück: „In dieser Welt würde nichts ohne den entscheidenden Augenblick existieren." In diesem Begriff drückt sich für Cartier-Bresson das perfekte Zusammentreffen von Ereignis und Form aus, also das, was das Gewöhnliche außergewöhnlich macht. Die Vorstellung vom entscheidenden Augenblick gab einer bestimmten Art der Fotografie eine theoretische Grundlage und hatte großen Einfluss auf die Nachrichten und die Sportberichterstattung. Sein übermäßiger Gebrauch durch mittelmäßige Fotografen, die sich nur auf die oberflächlichen Dinge konzentrierten, verwässerte schließlich seine Wirkung. Berühmte Fotografen wie Robert Frank und William Eggleston haben bestimmte Elemente von Cartier-Bressons Ansatz übernommen, aber auch einige der nicht-entscheidenden Momente des Lebens abgebildet.

WICHTIGE NEUERUNGEN

Cartier-Bresson selbst ist nach eigenen Worten nur von einem einzigen Foto beeinflusst worden. 1930 machte Martin Munkácsi (1896–1963) eine Aufnahme von drei Jungen, die in die Brandung des Tanganjikasees liefen: *Liberia* hinterließ großen Eindruck bei Cartier-Bresson. Später erklärte er dazu: „Plötzlich verstand ich, dass die Fotografie einen Moment für die Ewigkeit festhalten kann."

STRAIGHT PHOTOGRAPHY **S. 14** STRASSENFOTOGRAFIE **S. 17** FOTOJOURNALISMUS **S.27** DOKUMENTARFOTOGRAFIE **S. 28** DER KUSS VOR DEM RATHAUS IN PARIS **S.96** LEE HARVEY OSWALD **S. 108** LIEBE **S. 159** MENSCHEN **S. 173**

Technologie

HAUPTVERTRETER: ROGER FENTON • LEWIS HINE • ALFRED STIEGLITZ • CHARLES SHEELER • LÁSZLÓ MOHOLY-NAGY • ALEXANDER RODTSCHENKO • ANDREAS GURSKY

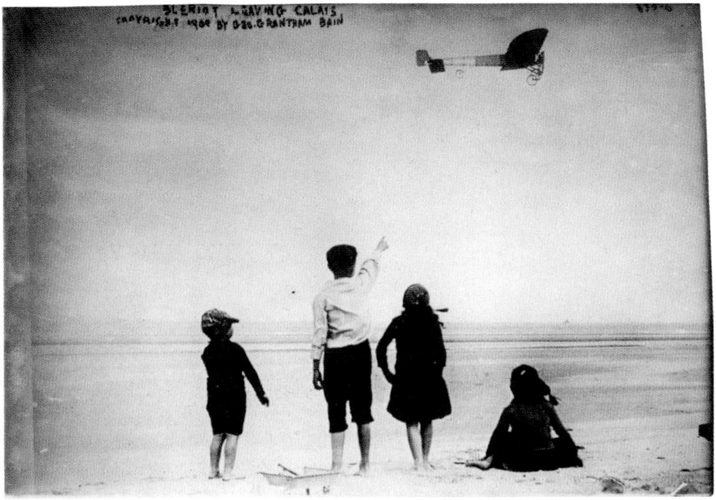

Louis Blériot, George Gratham Blain, 1909, Library of Congress, Washington D.C., USA

Die Fotografie entstand zu einer Zeit großer industrieller und technologischer Veränderungen. Während sie sich stetig weiterentwickelte, kommentierte sie zugleich, wie derartige Innovationen die Gesellschaft voranbringen und behindern.

Jenseits der wissenschaftlichen Forschung hat die Moderne den Fotografen die Möglichkeit gegeben, Industrielandschaften zu erkunden, die in starkem Kontrast zu früheren ländlichen und städtischen Szenarien standen. Kriege indes boten die Gelegenheit, die rasante Entwicklung der Industrie fotografisch festzuhalten. Roger Fentons Fotoberichterstattung über den Krimkrieg veranschaulichte die Bandbreite mechanisierter Waffen, die in den folgenden Kriegen eine wichtige Rolle spielen sollten. Die rapiden Entwicklungen nach dem Ersten Weltkrieg kündeten vom Beginn des Maschinenzeitalters. Die für die Maschinen errichteten Hallen sowie die Maschinerie selbst eigneten sich als Motiv besser für die Fotografie als für jedes andere Medium. Einige Fotografen hielten die riesigen Gebäude fest, andere richteten ihren Fokus auf die Funktionsweise der arbeitenden Maschinen. Sie alle betonten die krassen geometrischen Formen dieser Welten, sei es durch abstrakte Darstellungen oder durch besonders scharfe, detailgenaue Bilder.

WICHTIGE NEUERUNGEN

Die Fotografen begriffen die Dramatik des bemannten Fliegens. Nadars Leidenschaft für Heißluftballons brachte einige der ersten Luftaufnahmen hervor, gleichzeitig waren die Innovationen der Gebrüder Wright ein beherrschendes Thema in den Zeitungen. Doch nur wenige Bilder fangen die Faszination für das Fliegen so gut ein wie das dieser Kinder, die dem französischen Piloten Louis Blériot beim Fliegen zusehen.

KRIEG **S. 24** WISSENSCHAFTLICHE FOTOGRAFIE **S. 30** TOPOGRAFIE **S. 35**
MECHANIKER UND DAMPFPUMPE **S. 64** NEW YORK, NIGHT VIEW **S. 78** AMAZON **S. 150**

Moderne

HAUPTVERTRETER: LEWIS HINE • PAUL STRAND • ALEXANDER RODTSCHENKO • BERENICE ABBOTT • BERND UND HILLA BECHER • EDWARD BURTYNSKY • ANDREAS GURSKY

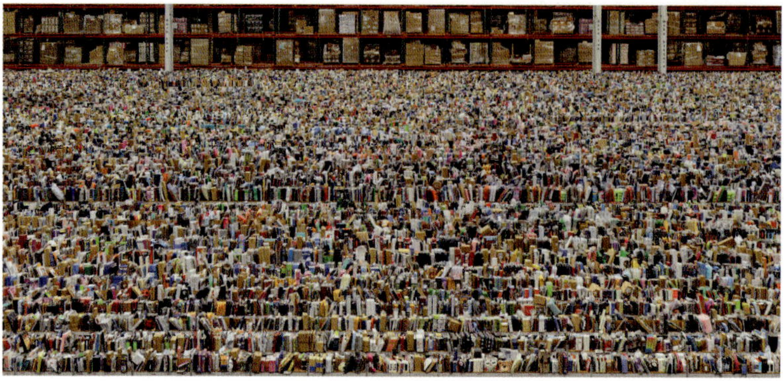

Amazon, Andreas Gursky, 2016, Chromogenabzug, 207 x 407 x 6,2 cm

Die Fotografie hat das moderne Leben nicht nur festgehalten, sie selbst ist zu einem maßgeblichen Bestandteil der Moderne geworden. In einer zunehmend mechanisierten und dichter bevölkerten Welt dokumentierten Fotos die Komplexität der Gesellschaft und beleuchteten gleichzeitig einige ihrer Schwächen.

Die Fotografie wurde das perfekte Medium zur Dokumentation der Geschwindigkeit, mit der sich die Welt weiterentwickelte, angefangen bei der zunehmenden Urbanisierung bis hin zum sich wandelnden Gesicht des Krieges. Paul Strands Aufnahme von Fußgängern, die neben einem monolithischen Gebäude in der New Yorker Wall Street wie Zwerge wirken (1915), zeigt, wie eine Stadt ihren Einwohnern die Seele rauben kann; Berenice Abbott griff das Thema später auf (siehe Seite 78). Lewis Hine hingegen richtete seinen Fokus auf die Arbeitsbedingungen der Fabrikarbeiter. Die sowjetische Propaganda dagegen instrumentalisierte die konstruktivistische Fotokunst, um den Fortschritt und das Ausmaß der menschlichen Errungenschaften infolge der Industrialisierung einer zuvor ländlichen Gesellschaft zu feiern. Jahrzehnte später machten Bernd und Hilla Becher großformatige Aufnahmen von oft durch Gitterstrukturen gekennzeichneten Industriebauten. In einem ebenso groß angelegten Projekt dokumentiert Edward Burtynsky (siehe Seite 152) die Folgen dieser Monolithen für die Umwelt.

WICHTIGE NEUERUNGEN

Bernd und Hilla Becher begannen 1959 die verfallende Industrielandschaft im Ruhrgebiet zu dokumentieren. Sie benutzten dafür eine Großformatkamera (8 x 10 Zoll) und fotografierten ihr Motiv aus verschiedenen Perspektiven – bei bedecktem Himmel, um Schatten zu vermeiden –, aber stets mit objektivem Blick. Ihr Ansatz, die Bilder reihen- oder rasterförmig anzuordnen, beeinflusste eine Studentengeneration, die bei ihnen in die Lehre ging, darunter Thomas Struth, Andreas Gursky, Candida Höfer und Thomas Ruff.

ABSTRAKTE FOTOGRAFIE **S. 22** AVANTGARDE **S. 23** DOKUMENTARFOTOGRAFIE **S. 28**
MECHANIKER UND DAMPFPUMPE **S. 64** NEW YORK, NIGHT VIEW **S. 78**

Struktur

HAUPTVERTRETER: ROGER FENTON • JULIA MARGARET CAMERON • ANDRÉ KERTÉSZ • EDWARD WESTON • LÁSZLÓ MOHOLY-NAGY • ANDY WARHOL • NAN GOLDIN • ANDREAS GURSKY

Die Struktur ist ein wichtiger Bestandteil des fotografierten Objekts und deshalb auch beim Entwickeln eines Fotoabzugs ein entscheidendes Element.

In seinem Versuch, die Fotografie als Kunstform zu etablieren, strebte der Piktorialismus danach, dem Foto die Struktur eines Gemäldes zu geben; ein Beispiel dafür ist Edward Steichens *Der Teich – Mondaufgang* (1904). Die Fotografen der Straight Photography mieden das Malerische, brachten aber mit alternativen Methoden ebenfalls Struktur in ihre Werke, etwa Edward Weston in seiner Paprika-Serie (siehe Seite 74) oder Alfred Stieglitz in seinem jahrzehntelangen Wolkenfotoprojekt *Equivalent* (1922–1935). Diese Annäherung an die Abstraktion führten Gerhard Richter in *Atlas Sheet 327 Clouds* (1976) und Hiroshi Sugimoto in seinen Meeresansichten (siehe Seite 140) fort. László Moholy-Nagy, Man Ray und Lotte Jacobi (1896–1990) ließen die Kamera beiseite, um stattdessen Fotogramme zu erschaffen und mit der Solarisation zu experimentieren (siehe Seite 205), wodurch Bilder mit starken Kontrasten entstanden. Saul Leiter und William Eggleston spielten eine Vorreiterrolle beim Erkunden der strukturellen Eigenschaften der Farbfotografie, während die Entwicklung von Polaroid- und Digitalkameras die strukturelle Komposition erheblich veränderte.

WICHTIGE NEUERUNGEN

Ohne Kamera erzeugte Bilder gibt es beinahe so lange wie mit Kamera gemachte Aufnahmen, und sie zeichnen sich durch vielfältige Strukturen aus. Experimente von Man Ray, László Moholy-Nagy und Lotte Jacobi mit der Rayografie, dem Luminogramm beziehungsweise den Lichtzeichnungen trugen zur Komplexität bei und spielten mit der Tiefenschärfe. Pierre Cordiers (geb. 1933) Experimente mit Chemigrammen dagegen greifen eine frühere künstlerische Tradition auf.

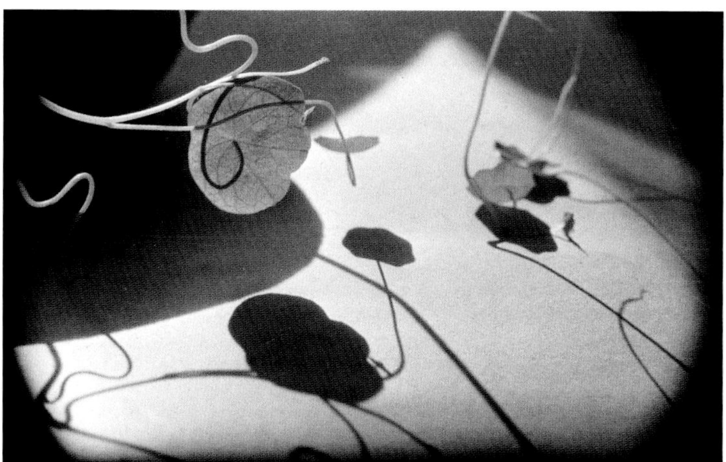

Kapuzinerkresse mit Schatten, Ernst Hass, um 1955

PIKTORIALISMUS **S. 13** FARBE **S. 18** MODE **S. 36** THE MUDLARKS **S. 58**
PAPRIKASCHOTE (NR. 30) **S. 74** FOTOGRAMM (MOHOLY-NAGY) **S. 84**

Gender

HAUPTVERTRETER: BRASSAÏ • CLAUDE CAHUN • ANDY WARHOL • DIANE ARBUS • NAN GOLDIN • CINDY SHERMAN • BRUCE WEBER • GILLIAN WEARING

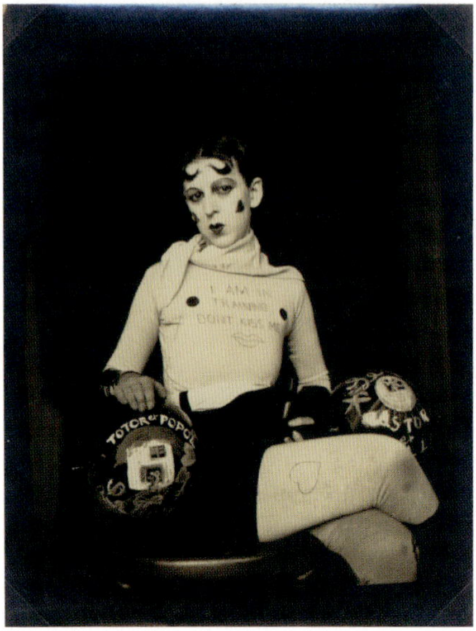

WICHTIGE NEUERUNGEN
Claude Cahun war zu Beginn des 20. Jahrhunderts die wohl wichtigste Künstlerin, die Gendernormen mit fotografischen Mitteln hinterfragte. Zusammen mit ihrer Partnerin Suzanne Malherbe alias Marcel Moore schuf sie ein eindrucksvolles Oeuvre, das vorwiegend Selbstporträts in unterschiedlichen Verkleidungen umfasst.

Selbstporträt
(I Am in Training, Don't Kiss Me),
Claude Cahun, 1927,
Gelatinesilberabzug,
11,5 cm x 9 cm, mit freundlichem Dank an die Jersey Heritage Collections, Jersey Museum and Art Gallery, Saint Helier, Großbritannien

Beginnend mit der vorsichtigen Verspieltheit, die im viktorianischen Zeitalter vor der Kamera zur Schau gestellt wurde, haben Genderkonventionen und Fragen der Identität stets eine wichtige Rolle in der Gesellschaft gespielt.

Noch bevor das Phänomen der Transidentität der breiten Öffentlichkeit bekannt wurde, hegten Fotografen stets eine Faszination für genderspezifische Themen. Anhand von Fotos wird erkennbar, wie sich die Darstellung von Weiblichkeit und Männlichkeit über die Generationen hinweg verändert hat. Die Fotografie des 19. Jahrhunderts bestärkte zwar vorwiegend die Stereotypen von männlicher Stärke und weiblicher Schönheit und Zartheit, doch gab es auch Ausnahmen, insbesondere Bilder von Männern in Frauenkleidern. Im Paris der 1920er Jahre fotografierte Man Ray das weibliche Alter Ego des Künstlers Marcel Duchamp, Rose Sélavy, sowie den amerikanischen Akrobaten und Frauenimitator Barbette. Brassaï dokumentierte, wie sich das Publikum der Pariser Nachtclubs über Gendernormen hinwegsetzte. Mit der wechselnden Geschlechteridentität haben sich auch Diane Arbus, Andy Warhol, Nan Goldin und Gillian Wearing beschäftigt, die sich allesamt einer vereinfachten Zuordnung verweigerten. Heute werden Transmodels auch in Mainstream-Magazinen abgebildet: 2015 fotografierte Annie Leibovitz Caitlyn Jenner für das Cover von *Vanity Fair*.

PORTRÄT **S. 15** FARBE **S. 18** AKT **S. 19** SELBSTPORTRÄT **S. 21** KUNST **S. 31** MODE **S. 36**
INSZENIERTE FOTOGRAFIE **S. 40** LE VIOLIN D'INGRES **S. 66** LUTZ & ALEX SITZEN IN DEN BÄUMEN **S. 134**

Alter

HAUPTVERTRETER: BILL BRANDT • WALKER EVANS • ROBERT FRANK • IAN BERRY • MARTIN PARR • RICHARD AVEDON

In der fotografischen Darstellung des Alters spiegeln sich nicht nur gesellschaftliche Haltungen gegenüber dem Älterwerden, sondern auch erhebliche geschlechtsspezifische Unterschiede.

Im 19. Jahrhundert folgte die Darstellung der älteren Generation wie die der Jugend bestimmten Stereotypen. Die Bilder lösten entweder Mitgefühl aus oder demonstrierten Macht und Weisheit. In ethnografischen Studien – insbesondere jenen über die Stammesführer der amerikanischen Ureinwohner, die von Edward S. Curtis, Benedicte Wrensted (1859–1949) und dem Fotografenehepaar Hannah und Richard Maynard (1832–1907 und 1834–1918) erstellt wurden – wie in Nadars Bildern der Pariser Gesellschaft und sogar im Werk von Julia Margaret Cameron werden ältere Männer würdevoll dargestellt und ihr Status durch das Alter noch gestärkt. Ältere Frauen dagegen wurden häufig als Matronen gezeigt. Die Straßenfotografie und der Sittenwandel im frühen 20. Jahrhundert brachten Bewegung in die Art der Darstellung, aber noch immer schnitten die Männer sehr viel besser ab. In jüngerer Zeit haben Fotografen den Alterungsprozess selbst in den Fokus genommen. Das Projekt *The Brown Sisters* von Nicholas Nixon (geb. 1947) etwa begann 1975 mit einem zunächst einmaligen Bild; in den folgenden 40 Jahren hat Nixon die vier Schwestern jedes Jahr fotografiert und dabei den Alterungsprozess detailliert festgehalten.

WICHTIGE NEUERUNGEN

Die Modefotografie hat stets die Jugend gefeiert. Doch heute leben die Menschen länger als je zuvor, und viele bleiben bis ins hohe Alter sehr vital; demzufolge haben ganze Geschäftszweige ihr Marketing neu ausgerichtet, was zu einer leichten Verschiebung der in der Werbung abgebildeten Altersgruppen geführt hat. Zeitschriften zeigen jetzt auch Modelle über 50, um diese wachsende Zielgruppe anzusprechen.

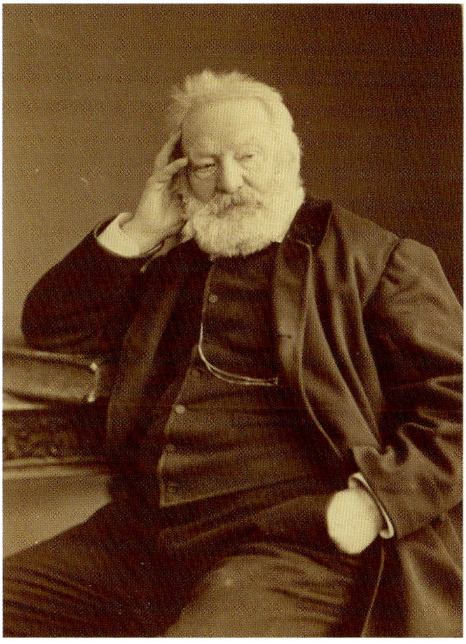

Victor Hugo, Nadar, 1883, Albuminsilberabzug, 10,5 x 14,5 cm, The J. Paul Getty Museum, Los Angeles, USA

PIKTORIALISMUS **S. 13** PORTRÄT **S. 15** STRASSENFOTOGRAFIE **S. 17** DOKUMENTARFOTOGRAFIE **S. 28** MODE **S. 36** PARADE, HOBOKEN, NEW JERSEY **S. 98** TOD **S. 165**

Macht

HAUPTVERTRETER: TIMOTHY H. O'SULLIVAN • NADAR • ALBERTO KORDA • EVE ARNOLD • RICHARD AVEDON • THOMAS STRUTH • PLATON

Jenseits der Porträtfotografie wurde das Medium zu einem wichtigen Instrument der Mächtigen, die durch die fotografische Demonstration ihres Handelns ihre Stellung in der öffentlichen Wahrnehmung zu festigen suchten.

Lange Zeit hat die Kamera die Porträtierten gewissermaßen legitimiert. Jene, die sich des Potenzials der Fotografie bewusst waren, machten häufig Gebrauch davon, etwa Königin Victoria, die sich während ihrer Regentschaft regelmäßig ablichten ließ und auch in schwierigen Zeiten stets Stärke demonstrierte. Auch die US-Präsidenten vor Abraham Lincoln hatten Porträt gesessen, doch während des Bürgerkriegs wurde Lincoln bewusst, wie wichtig es war, dem Volk das Bild eines Stärke, Würde und Weisheit verströmenden Landesführers zu zeigen. Auch Militärführer beider Lager erkannten die Bedeutung des Bildes und posierten vor der Kamera. Desgleichen mussten die Mächtigen als handelnde Personen dargestellt werden. Die Nachricht von der Niederlage der Konföderierten 1865 reichte der Union nicht, weshalb Timothy H. O'Sullivan die Kapitulation Robert E. Lees in Appomattox Court House auch im Bild festhielt. Mehr als 150 Jahre später dokumentierte der Fotograf des Weißen Hauses, Pete Souza (geb. 1954), wie der damalige Präsident Barack Obama und sein nationales Sicherheitsteam der Ermordung von Osama bin Laden live beiwohnten.

WICHTIGE NEUERUNGEN
Während des Amerikanischen Bürgerkriegs fanden Bilder von Afroamerikanern weite Verbreitung, insbesondere zahlreiche Fotos des schwarzen Sozialreformers Frederick Douglass. Von den frühen Daguerreotypien in den 1840er Jahren bis zu Mathew Bradys staatsmännischen Porträts in späteren Jahren stellten die Abbildungen von Douglass die Grundlagen der Überlegenheitsideologie der Konföderierten infrage.

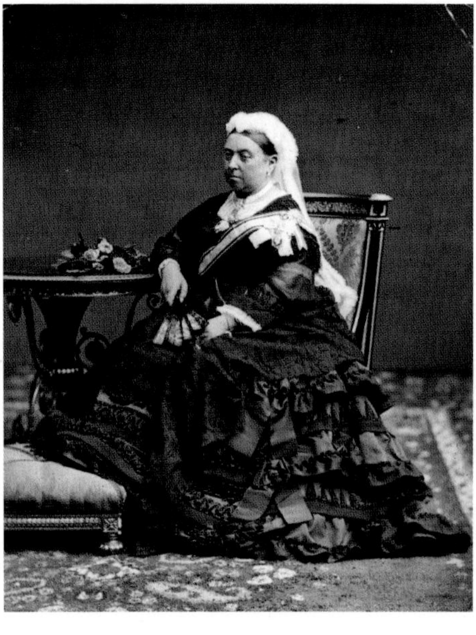

Königin Victoria in einem schwarzen Kleid,
W. & D. Downey, 1873

PORTRÄT **S. 15** KRIEG **S. 24** PROPAGANDA **S. 25**
INSZENIERTE FOTOGRAFIE **S. 40** CHE GUEVARA **S. 104** MALCOLM X **S. 106**

Verbrechen

HAUPTVERTRETER: ALPHONSE BERTILLON • ARCHIBALD REISS • WEEGEE

Die Öffentlichkeit giert geradezu nach Geschichten von Verbrechen, und Bilder von Tatorten kurbeln den Zeitungsverkauf an.

Verbrechensfotografie bildet im Allgemeinen eher den Ort des Geschehens als das Verbrechen selbst ab. Doch es gibt auch Fälle, in denen Fotografen zur richtigen Zeit am richtigen Ort waren. Die berühmtesten Beispiele sind Robert H. Jacksons Bild von Lee Harvey Oswald (siehe Seite 108) und Yasushi Nagaos (1930–2009) Foto von der Ermordung des japanischen Präsidenten Asanuma Inejirō. Beide Fotografen wurden für ihre außergewöhnlichen Bilder mit dem Pulitzer-Preis ausgezeichnet. „Murder Inc." nannten amerikanische Zeitungen die kriminelle Vereinigung aus italo-amerikanischer oder jüdischer Mafia und anderen kriminellen Organisationen, die in den 1930er und 1940er Jahren für Hunderte Morde in den amerikanischen Städten verantwortlich zeichneten. In Manhattan wurden die Schlagzeilen bald von Weegees Bildern beherrscht (siehe Seite 86). Der berühmt-berüchtigte Verbrechensfotograf machte das Verbrechen zu einem Zuschauersport. Seine Bilder schockierten und trieben die Auswüchse der Boulevardpresse auf die Spitze. In seinen Bildern liegt aber auch etwas Kunstvolles, und sein reiches Oeuvre übte großen Einfluss auf die spätere Verbrechensdarstellung aus.

WICHTIGE NEUERUNGEN
1903 entwickelte der französische Polizeibeamte Alphonse Bertillon (1853–1914) ein System zur Dokumentation von Tatorten. Er benutzte eine Großformatkamera mit Weitwinkelobjektiv, die direkt über dem Opfer platziert wurde und jedes Detail, das vor Gericht verwendet werden konnte, festhielt. Sein Foto *Der Mord an Madame Langlois* (1905) veranschaulicht seine Präzision bei der Dokumentation des Grauens.

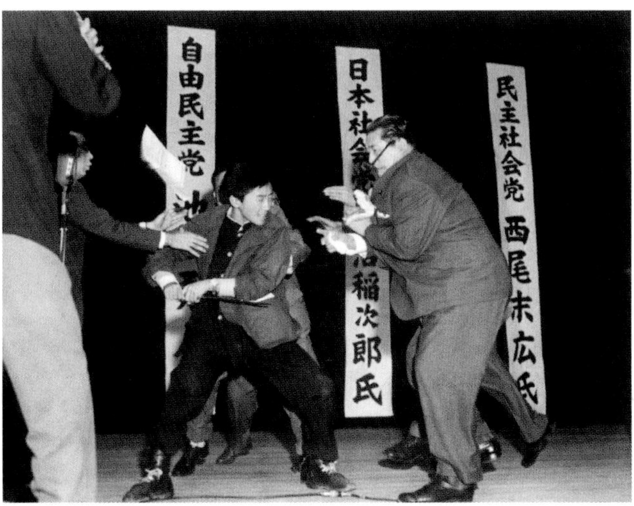

Die Ermordung Asanuma Inejirōs, Yasushi Nagao, 1960

SCHWARZ-WEISS-FOTOGRAFIE **S. 12** STRAIGHT PHOTOGRAPHY **S. 14** STRASSENFOTOGRAFIE **S. 17**
FOTOJOURNALISMUS **S. 27** GESELLSCHAFT **S. 34** PAPARAZZI **S. 38** COP KILLER **S. 86**

Familie

HAUPTVERTRETER: FRIEDRICH ADOLPH PANETH • WALKER EVANS • DOROTHEA LANGE • MARTIN PARR • RICHARD BILLINGHAM • ZED NELSON

Fotografische Darstellungen der Familie dokumentieren den Wandel des häuslichen Lebens seit Mitte des 19. Jahrhunderts.

Seit den 1840er Jahren fanden Familien, die sich ein gemaltes Porträt nicht leisten konnten, in der Fotografie eine günstigere Alternative. Kleine Fotostudios profitierten davon, und Jahre später bot sich Historikern eine Fundgrube an Familienbildern, die durch fast alle Gesellschaftsschichten reichen. Als Kameras erschwinglicher wurden, begannen Familien, eigene Fotoapparate anzuschaffen und ihr Leben detaillierter zu dokumentieren, angefangen bei besonderen Ereignissen bis zu Tagesausflügen und Urlauben. Sozial engagierte Fotografen, die in den 1930er Jahren durch Amerika reisten, dokumentierten die zerstörerischen Folgen der Armut für das Familienleben (siehe Seite 82), während jüngere Fotografen wie Martin Parr mit satirischem Blick eine Verbindung zwischen Familie, Gesellschaftsschicht und Konsum herstellen (siehe Seite 126). In seinem Fotobuch *Ray's a Laugh* (1996) verfolgt Richard Billingham einen persönlicheren Ansatz und zeigt ungeschminkte Bilder von Alkoholismus und Missbrauch in seiner eigenen Familie. Die Ehrlichkeit dieser Bilder schockierte das Publikum bei der Ausstellung in der Royal Academy of Arts in London im Jahr 1997.

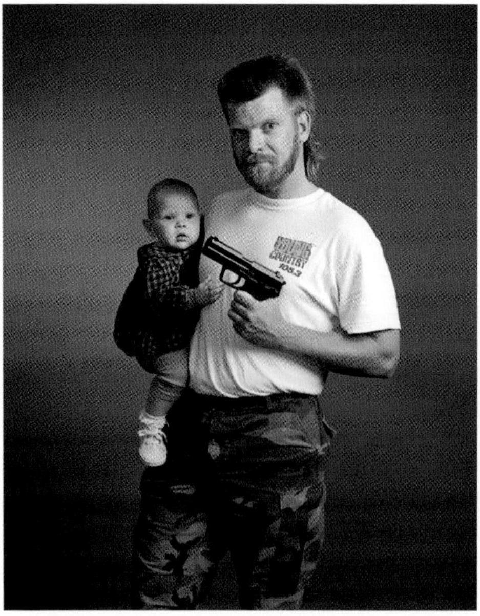

WICHTIGE NEUERUNGEN

In seiner umstrittenen Serie „Gun Nation" (2000) untersucht Zed Nelson (geb. 1965) die Rolle der Waffen im amerikanischen Alltag. Dieses Foto eines Mannes, seiner Tochter und einer Handfeuerwaffe betont das Missverhältnis zwischen der Absicht des Porträtierten (Stärke zu demonstrieren, indem er seine Familie schützt) und der Lesart des Bildes, die sich aus der Haltung der Waffe ergibt.

Mike, Vater und Waffenbesitzer, mit Baby, Dallas, Texas, „Es ist mein verfassungsmäßiges Recht, eine Waffe zu besitzen und meine Familie zu schützen", Zed Nelson, 1998, Gelatinesilberabzug, 91 x 74 cm

STRASSENFOTOGRAFIE **S. 17** PROPAGANDA **S. 25** DOKUMENTARFOTOGRAFIE **S. 28**
HUMANISTISCHE FOTOGRAFIE **S. 29** KLASSE **S. 170** MENSCHEN **S. 173** ALTER **S. 179**

Alltag

HAUPTVERTRETER: E.J. BELLOCQ • JOHN HINDE • ROBERT CRUMB • STEPHEN SHORE • MARTIN PARR • THOMAS WALTHER • WOLFGANG TILLMANS

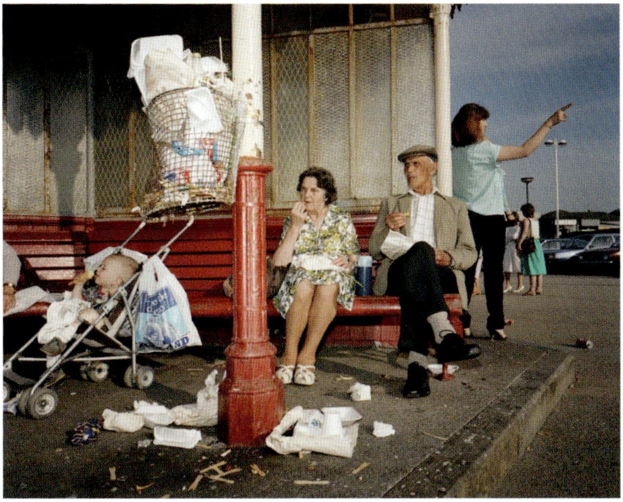

New Brighton, England, aus der Serie „The Last Resort“, Martin Parr, 1985, chromogener Farbabzug

Mit der zunehmenden Verbreitung der Kamera ist die Zahl der täglich entstehenden Fotos stark gestiegen. Die Herausforderung für moderne Kuratoren liegt darin, zu entscheiden, welche Bilder neben ihrem ursprünglichen Zweck einen künstlerischen Wert besitzen.

Alltagsfotografie ist nicht neu, aber unsere Wahrnehmung der Alltagsfotografie hat sich im vergangenen Jahrhundert gewandelt. Von Friedrich Adolf Paneths umfangreichem Fotoarchiv (siehe Seite 62) und Eugène Atgets Bildern des Pariser Lebens bis zu Walker Evans' Aufnahmen von Farmern (siehe Seite 82) und Martin Parrs Fotos von britischen Touristen (siehe Seite 126) sind alle diese Fotos von der Kritik gelobt worden, anders als die der meisten Fotografen. Der vom Direktor des New Yorker Museum of Modern Art, John Szarkowski, herausgegebene Katalog *The Photographer's Eye*, der 1966 begleitend zur gleichnamigen Ausstellung erschien, war eine der ersten ernsthaften Bestandsaufnahmen des gesamten fotografischen Oeuvres, der Kunst, Fotojournalismus, Tourismus, Werbung, Kommerz und das häusliche Leben unter die Lupe nahm. Sein Ziel war es, die Alltagsfotografie aufzuwerten und Fotos aus dem Album in die Galerien zu holen.

WICHTIGE NEUERUNGEN

Postkarten als Beispiel für Alltagsfotografie sind zu einem begehrten Sammelobjekt geworden. Martin Parr hat sich lange für John Hinde (1916–1997) und seine Kollegen eingesetzt, die in den 1960er und 1970er Jahren farbenfrohe Bilder von britischen Ferienlagern veröffentlichten, deren Werk aber nie ausgestellt wurde, da sie ursprünglich zu kommerziellen und nicht zu künstlerischen Zwecken angefertigt wurden.

STRAIGHT PHOTOGRAPHY **S. 14** STRASSENFOTOGRAFIE **S. 17** FARBE **S. 18** GESELLSCHAFT **S. 34**
SELFIE **S. 43** ALGIERS, LOUISIANA **S. 114** NEW BRIGHTON, ENGLAND **S. 126**

Sport

HAUPTVERTRETER: ARTHUR GRIMM • MARTIN MUNKÁSCI • BOB MARTIN • NEIL LEIFER • WALTER IOOSS • HY PESKIN

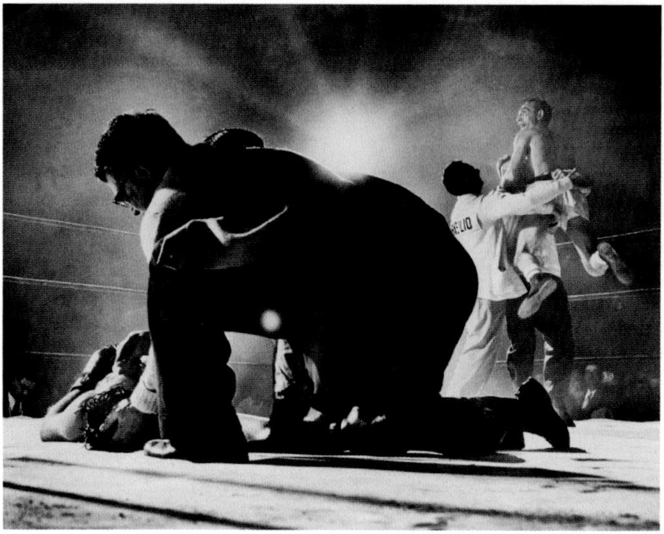

Weltmeisterschaft im Weltergewicht, Carmen Basilio besiegt Tony DeMarco durch einen Knockout im Boston Garden, Boston, MA, USA,
Hy Peskin, 1955

Die Geschwindigkeit beim Sport hat der Fototechnologie oft das Äußerste abverlangt.

Von einem galoppierenden Rennpferd bis zu einem Athleten beim Stabhochsprung hat sich die wissenschaftliche Forschung schon früh mit der Abbildung sportlicher Aktivitäten beschäftigt. In den 1880er Jahren wurden in Deutschland und den USA Bewegungsstudien mit Sportlern durchgeführt, aber die unzureichende Technologie stand jeder detaillierten Analyse im Weg. Die Ablösung des nassen Kollodiumverfahrens durch Trockenplatten ermöglichte kürzere Belichtungszeiten, und im frühen 20. Jahrhundert tauchten die ersten Sportfotografen auf. Ihre Berichterstattung beschränkte sich zunächst auf eher elitäre Sportarten; Aufnahmen schneller oder plötzlicher Bewegungen blieben weiterhin unmöglich. Nach dem Ersten Weltkrieg wandten sich nordamerikanische Fotografen dem Baseball zu und machten ikonische, statische Aufnahmen von Sportstars. Die Technologie, die Leni Riefenstahl (1902–2003) und Arthur Grimm (1908–1990) 1936 bei den Olympischen Spielen in Berlin verwendeten, war im Vergleich zu der ihrer Vorgänger sowohl innovativ als auch revolutionär und setzte den Standard für die spätere Sportfotografie.

WICHTIGE NEUERUNGEN

Der Boxsport hat einige der dramatischsten Sportfotos hervorgebracht. Zwar sind die Fotografen dem Schauplatz des Kampfes oft sehr nah. Dennoch müssen sie es geschickt anstellen, um sich von ihren Kollegen abzuheben. Bewährt haben sich dabei ungewöhnliche Blickwinkel sowie Luftaufnahmen, doch die dramatischsten Ergebnisse lassen sich durch das Spiel von Licht und Schatten erzielen, wie Hy Peskin (1915–2005) hier vor Augen führt.

SCHWARZ-WEISS-FOTOGRAFIE **S. 12** PORTRÄT **S. 15** ABSTRAKTE FOTOGRAFIE **S. 22**
FOTOJOURNALISMUS **S. 27** DOKUMENTARFOTOGRAFIE **S. 28**

Musik

HAUPTVERTRETER: NADAR • ALFRED WERTHEIMER • FRANCIS WOLFF • ANTON CORBIJN • JONATHAN MANNION

Ihre Darstellung im Bild ist für Musiker fast ebenso wichtig wie die Stücke, die sie schreiben und interpretieren.

Zu den Komponisten, die sich von Nadar porträtieren ließen, zählen Massenet, Chopin, Debussy, Bizet, Saint-Saëns, Rossini, Offenbach und Liszt – die lange Namensliste zeugt von der Erkenntnis, dass es ebenso wichtig war, gesehen wie gehört zu werden. Als im 20. Jahrhundert Schallplatten Verbreitung fanden, wurden Musiker bei der Arbeit gezeigt, oder diese Fotos dienten dazu, die Künstler zu bewerben. Am üblichsten war dies in der Jazzmusik. Frühe Fotos von Konzerten im Cotton Club und von Josephine Baker in den Folies Bergère prägten das Bild der 1920er Jahre. Der Modern Jazz, der den Geist des Bebop einfängt, wurde von Fotografen wie Francis Wolff (1907–1971) geprägt, dessen Bilder die Plattencover von Blue Note zierten. In der Rock- und Popmusik lag der Fokus stärker auf dem Erscheinungsbild des Künstlers. Berühmte Beispiele sind die Bilder des jungen Elvis Presley von Alfred Wertheimer (1929–2014); David Bowie und Twiggy von Justin de Villeneuve (geb. 1939) auf dem Cover des Albums *Pin Ups* (unten); die stimmungsvollen Fotos von Anton Corbijn (geb. 1955) für den *New Musical Express*; und in jüngerer Zeit die Werke von Jonathan Mannion (geb. 1970), der die Club-, Pop- und Hip-Hop-Szene dokumentiert.

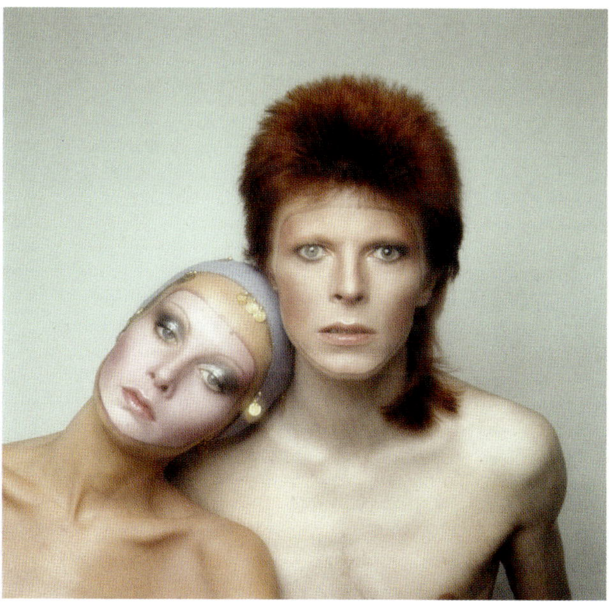

WICHTIGE NEUERUNGEN

Fotografie und Musik fanden im Plattencover zu einer perfekten Vereinigung. George Michaels Album *Listen Without Prejudice Vol 1.* zeigt Weegees *Crowd at Coney Island* (1940). Tom Waits nutzte für *Rain Dogs* ein Bild von Anders Petersen (geb. 1944), und William Eggleston fotografierte allerlei Bands, von Big Star bis Primal Scream. Man Ray gestaltete einen Coverentwurf für das wegweisende Rolling-Stones-Album *Exile on Main Street* (1972), doch am Ende entschied sich die Band für eine Collage aus Bildern von Robert Frank.

Pin Ups,
Justin de Villeneuve,
1973

PORTRÄT **S. 15** GLAMOUR **S. 32** POP-ART **S. 33** WERBUNG **S. 37** PERFORMANCE **S. 41**

Jugendkultur

HAUPTVERTRETER: ED VAN DER ELSKEN • ROGER MAYNE • BRUCE DAVIDSON • CHRIS STEELE-PERKINS • LARRY CLARK • KAREN KNORR • NAN GOLDIN • WOLFGANG TILLMANS

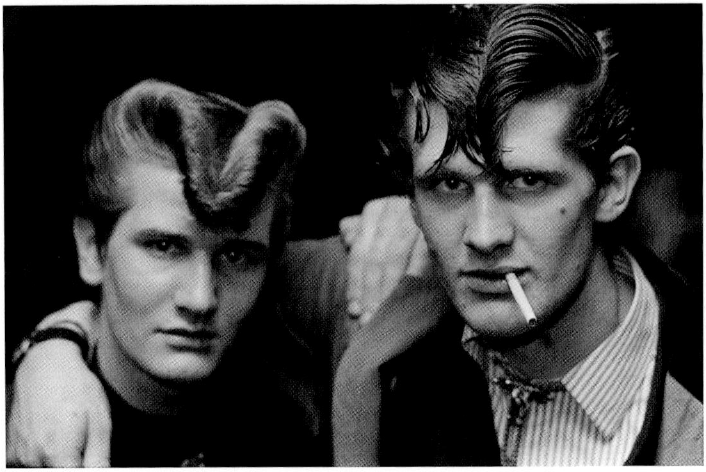

Brüder, Red Deer, Croydon, London, Chris Steele-Perkins, 1976, Gelatine-silberabzug, 40,6 x 50,8 cm

Das relativ junge Phänomen der Jugendkultur war zunächst Thema ethnografischer und soziologischer Studien, entwickelte sich aber rasch zu einem der wichtigsten kreativen und ökonomischen Zugpferde der Popkultur, insbesondere in den Städten.

Vor dem Zweiten Weltkrieg war die Gesellschaft durch zwei Altersgruppen definiert: Kinder und Erwachsene. In den späten 40er und frühen 50er Jahren entstand die Jugendkultur, die großen Einfluss auf sämtliche Bereiche des zeitgenössischen Lebens haben sollte. Sie wurde von Mode- und Musiktrends ermutigt, im Film gespiegelt und von Fotografen dokumentiert. In *Love on the Left Bank* (dt.: *Liebe in Saint-Germain-des-Prés*) nahm Ed van der Elsken (1925–1990) die Pariser Bohème in den Fokus. *W10* von Roger Mayne (1929–2014) zeigte Jungen und Mädchen der Arbeiterklasse im Londoner Stadtteil North Kensington. In New York dokumentierte Bruce Davidson das Leben der Gangs in Brooklyn. Als die Jugendkultur immer mehr auseinanderbrach, konzentrierten sich die Fotografen auf spezielle Subkulturen: Nan Goldin bildete das Leben in Boston und New York in den 1970ern ab, Chris Steele-Perkins (geb. 1947) dokumentierte im selben Jahrzehnt das Revival der Ted-Kultur der 1950er.

WICHTIGE NEUERUNGEN

Der Begriff „Teen-ager" tauchte erstmals 1941 in der Zeitschrift *Popular Science Monthly* auf, aber begründet wurde dieses Jugendphänomen 1944 durch einen Fotoessay von Nina Leen (1909–1995) im Magazin *Life*. Leens Bilder kündeten von der Ankunft der Nachkriegsgeneration.

STRAIGHT PHOTOGRAPHY **S. 14** FARBE **S. 18** DOKUMENTARFOTOGRAFIE **S. 28** POP-ART **S. 33**
MODE **S. 36** SELFIE **S. 43** NEW BRIGHTON, ENGLAND **S. 126** LUTZ & ALEX SITZEN IN DEN BÄUMEN **S. 134**

Aneignung

HAUPTVERTRETER: MARCEL DUCHAMP • ROBERT RAUSCHENBERG • RICHARD PRINCE • SHERRIE LEVINE • MARTHA ROSLER

Untitled (Cowboy), Richard Prince, 1989, Ektacolorabzug, 127 x 178 cm

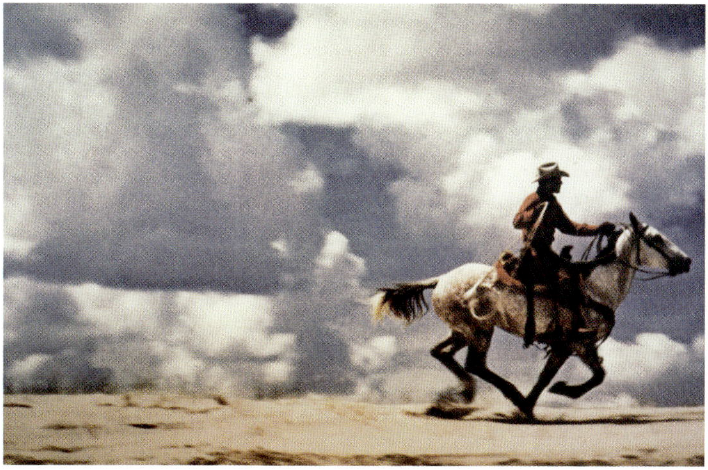

Die in der Kunst des frühen 20. Jahrhunderts wurzelnde Strategie der Aneignung wurde von der Fotografie ganz selbstverständlich übernommen.

Die Aneignung ist die Kunst, bereits existierende, kaum veränderte Bilder (oder Objekte) zu verwenden, oftmals mit dem Ziel, die ursprüngliche Bedeutung des Werks zu hinterfragen, in einen neuen Kontext zu stellen oder sogar die Urheberschaft in Zweifel zu ziehen. Die so arbeitenden Künstler haben den Zorn bestimmter Kritiker auf sich gezogen und mussten sich wegen Plagiatsvorwürfen vor Gericht verantworten. In frühen Beispielen war die Fotografie oft nur Teil eines Kunstwerks. Die Siebdrucke von Robert Rauschenberg zeigten Porträts oder Zeitungsausschnitte mit Fotos. Andy Warhol ging noch weiter: Seine Siebdrucke waren eingefärbte Variationen existierender Bilder öffentlicher Personen. Am umstrittensten aber ist das Werk von Richard Prince, der fremde Bilder abfotografiert und sie durch seine Gegeninterpretation zu seinen eigenen macht. Sein wohl berühmtestes Bild ist die abfotografierte Cowboy-Werbung für Marlboro-Zigaretten von 1993; das Bild stammt ursprünglich von Sam Abell (geb. 1945). Prince gab ihm den Namen *Untitled (Cowboy)* (oben). Es kam bei Christie's New York für eine Million Dollar unter den Hammer.

WICHTIGE NEUERUNGEN

Richard Prince hat durch die Aneignung von Bildern, die auf seinem Instagram-Feed erschienen, sein künstlerisches Markenzeichen ins Zeitalter der sozialen Medien transportiert. Einige Menschen klagten gegen ihn, während andere, etwa Mitglieder der Pin-up-Webseite SuicideGirls, begonnen haben, nach seinem Vorbild ihre eigenen, von Originalen abgeleiteten Werke zu verkaufen.

PORTRÄT **S. 15** FARBE **S. 18** KUNST **S. 31** WERBUNG **S. 37** KONZEPTUELLE FOTOGRAFIE **S.39**

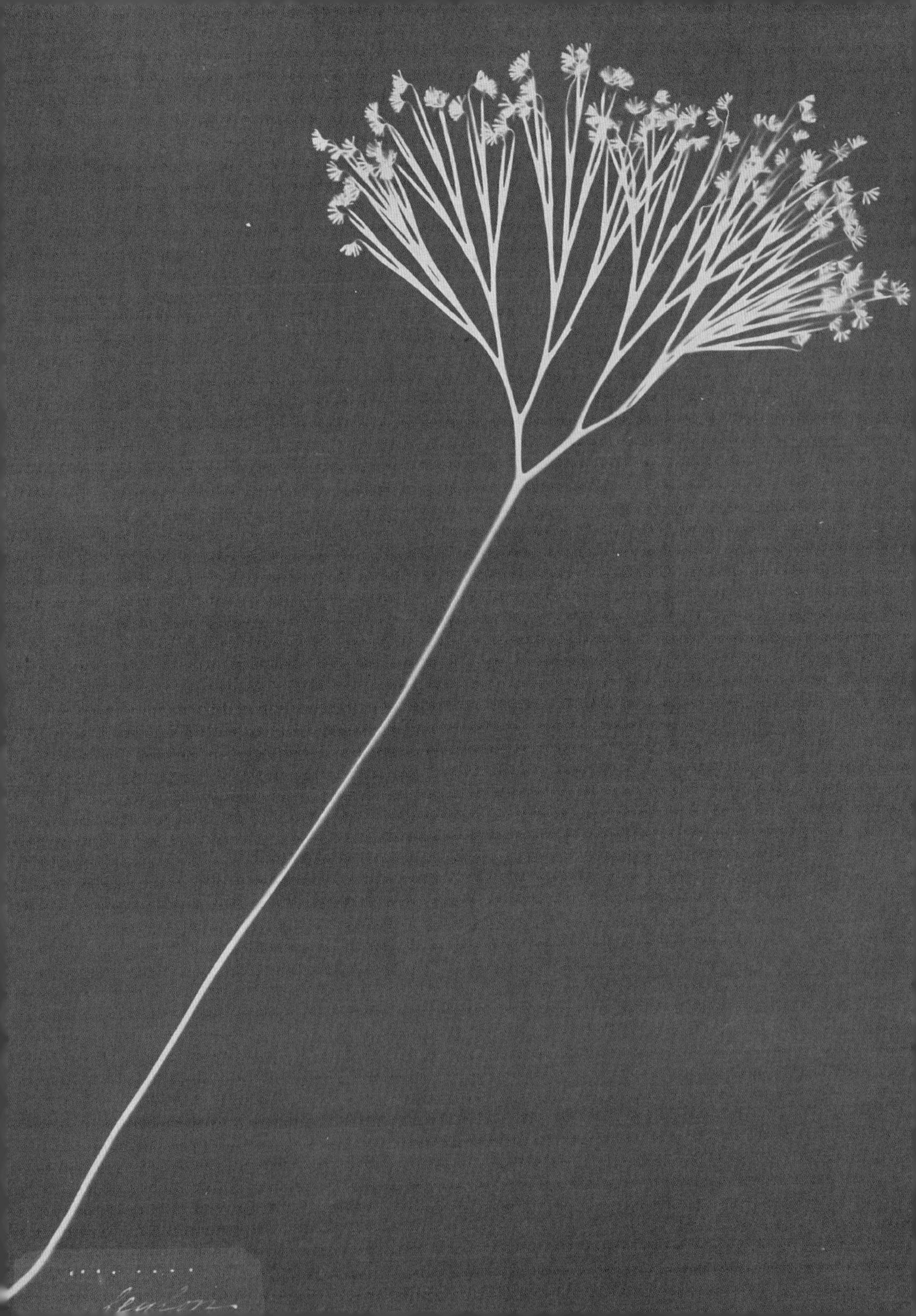

TECHNIKEN

Camera Obscura

HAUPTVERTRETER: NICÉPHORE NIÉPCE • LOUIS DAGUERRE • WILLIAM HENRY FOX TALBOT • ABELARDO MORELL

Die Camera obscura, deren Name sich von den lateinischen Worten für „Raum“ und „dunkel“ ableitet, wurde zunächst von Naturwissenschaftlern bei Experimenten und von Künstlern zum besseren Verständnis der Perspektive verwendet.

Das optische Phänomen der Camera obscura besteht im Wesentlichen darin, dass ein Lichtstrahl, der durch eine kleine Öffnung in einen komplett abgedunkelten Kasten fällt, ein – seitenverkehrtes und auf dem Kopf stehendes – exaktes Abbild der Außenwelt auf eine Innenwand des Kastens projiziert. Natürlich vorkommende Varianten sollen angeblich paläolithische Höhlenmalereien inspiriert haben. Die ernsthafte Beschäftigung mit den Camerae obscurae nahm ihren Ausgang in China während der Han-Dynastie (206 v. Chr.–220 n. Chr.) und wurde von dem arabischen Gelehrten Alhazen in seinem Buch *Schatz der Optik* (1021) sowie von Leonardo da Vinci (1452–1519) fortgeführt. Im 16. Jahrhundert begannen Wissenschaftler, die Größe der Öffnung mit Linsen auszugleichen; 1604 verwendete der Astronom Johannes Kepler (1571–1630) den Begriff „camera obscura“ in einer wissenschaftlichen Schrift. In 17. Jahrhundert hergestellte tragbare Varianten wiesen deutliche Ähnlichkeit mit frühen Kameras auf. Im 19. Jahrhundert experimentierten Wissenschaftler mit lichtempfindlichen Materialien, um eine Möglichkeit zu finden, ein einzelnes Bild mit der Camera obscura dauerhaft festzuhalten.

WICHTIGE NEUERUNGEN

Der italienische Universalgelehrte Giambattista della Porta (um 1535–1615) hatte als Erster die Idee, mit einem konvexen Spiegel ein Bild auf ein Papier zu projizieren, das als Hilfe zum Zeichnen diente. Bei späteren Varianten der Camera obscura ist der Spiegel vor der Linse angeordnet und ermöglicht so eine erhöhte Perspektive, ähnlich wie bei einem Periskop.

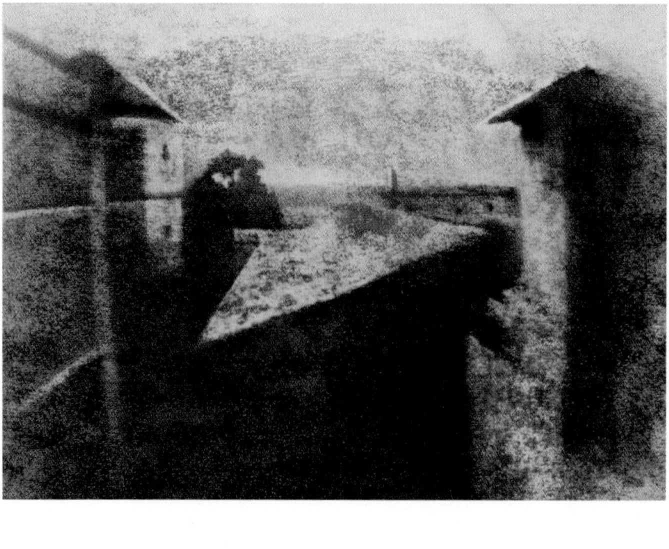

Blick aus dem Arbeitszimmer von Le Gras, Nicéphore Niépce, 1826–1827, Heliografie, 16,5 x 20 cm

LANDSCHAFT **S. 16** FARBE **S. 18** WISSENSCHAFTLICHE FOTOGRAFIE **S. 30**
TOPOGRAFIE **S. 35** BLICK AUS DEM ARBEITSZIMMER VON LE GRAS **S. 46**

Daguerreotypie

HAUPTVERTRETER: LOUIS DAGUERRE • MATHEW BRADY • JAMES PRESLEY BALL • THOMAS MARTIN EASTERLY • CHUCK CLOSE • ADAM FUSS

Es war nicht das erste fotografische Verfahren, aber 20 Jahre lang das am weitesten verbreitete, bis weitere Fortschritte weniger kostspielige Möglichkeiten der Bildproduktion hervorbrachten.

Louis Jacques Mandé Daguerre hatte bereits das Diorama erfunden, als er die Bekanntschaft von Nicéphore Niépce (siehe Seite 46) machte. Die beiden Männer arbeiteten zusammen an fotografischen Methoden bis zu Niépces frühem Tod im Jahr 1833. Daguerres fortwährende Experimente brachten 1839 die Daguerreotypie hervor. Für dieses Verfahren benötigte man eine versilberte, auf Hochglanz polierte Kupferplatte, die durch Einwirkung von Ioddämpfen lichtempfindlich gemacht und dann in eine Camera obscura platziert wurde. Die Belichtungszeit hing von der Lichtstärke rund um das Motiv ab und ließ ein nicht sichtbares (latentes) Bild entstehen. Die Platte wurde sodann aus der Kamera genommen und in einem speziell für diesen Zweck angefertigten Kasten Quecksilberdämpfen ausgesetzt. Anschließend wusch man sie mit einer chemischen Lösung sorgfältig aus, um die verbliebenen lichtempfindlichen Partikel zu entfernen. Da die Platte sehr berührungsempfindlich war, wurde sie zum Schutz unter einer Glasscheibe gerahmt; je nachdem, aus welchem Blickwinkel man sie betrachtet, kann sie als Positiv oder Negativ erscheinen.

WICHTIGE NEUERUNGEN
Im 13. Jahrhundert entdeckte der Dominikanermönch und später heiliggesprochene Albertus Magnus (um 1200–1280) die Lichtempfindlichkeit von Silbernitrat. Der deutsche Universalgelehrte Johann Heinrich Schulze (1687–1744) erzielte mit einer Mischung aus Kreide und Silber ähnliche Ergebnisse, aber erst mit der Entdeckung der Halogene Iod, Brom und Chlor wurde das Verfahren durchführbar.

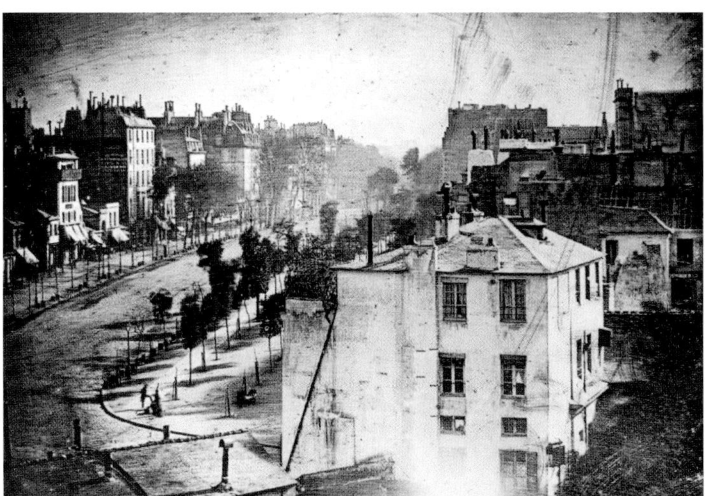

Boulevard du Temple, Paris, Louis Jacques Mandé Daguerre, um 1838, Daguerreotypie, 15 x 18,5 cm

SCHWARZ-WEISS-FOTOGRAFIE **S. 12** LANDSCHAFT **S. 16** WISSENSCHAFTLICHE FOTOGRAFIE **S. 30** GESELLSCHAFT **S. 34** MENSCHEN **S. 173**

Kalotypie

HAUPTVERTRETER: WILLIAM HENRY FOX TALBOT • ROGER FENTON • ROBERT ADAMSON • DAVID OCTAVIUS HILL • BENJAMIN COWDEROY • BENJAMIN BRECKNELL TURNER

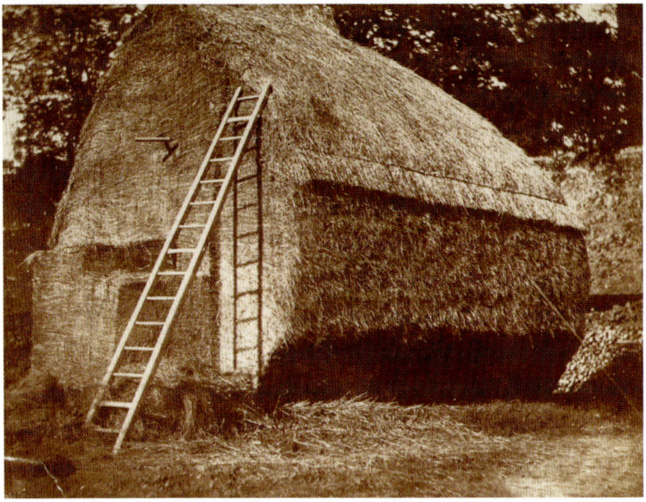

Der Heuhaufen,
William Henry Fox Talbot,
1844, Kalotypie,
16 x 21 cm

Die Kalotypie – der Name ist vom griechischen „kalós“ (schön) und „týpos“ (Druck) abgeleitet – entstand zu einer Zeit intensiven Erfindertums und griff der Industrialisierung der Fotografie vor.

Die 1841 entwickelte Kalotypie war nach ihrem Erfinder William Henry Fox Talbot auch unter dem Namen Talbotypie bekannt. Sie war eine Weiterentwicklung seines Salzdruckverfahrens, das eine sehr viel längere Belichtungszeit erforderte. Für eine Kalotypie wurde robustes Papier mit einer Silbernitratlösung bestrichen, getrocknet und schließlich in eine Kaliumiodidlösung getaucht. Wirklich lichtempfindlich wurde es erst nach nochmaligem Bestreichen mit einer Mischung aus Silbernitrat, Essigsäure und Gallussäure. Das entstandene Papiernegativ fixierte man mit einer Lösung aus Kaliumbromid und Natriumthiosulfat. Da für das Verfahren Papier statt Kupferplatten verwendet wurde, war es kostengünstiger als die Daguerreotypie; die so produzierten Bilder waren jedoch weniger klar und die Hell-Dunkel-Kontraste weniger ausgeprägt. Geringere Kosten sowie die Möglichkeit, eine Aufnahme zu vervielfältigen, machten die Kalotypie schon bald auch kommerziell interessant.

WICHTIGE NEUERUNGEN

Anders als Daguerre, der sein Verfahren allgemein verfügbar gemacht und im Gegenzug eine lebenslange Rente von der französischen Regierung bekommen hatte, ließ sich Talbot seine Erfindung patentieren, was ihrer allgemeinen Verbreitung womöglich im Weg stand. Immerhin konnte Talbots Freund David Brewster ihn überzeugen, den Patentschutz auf England zu beschränken. Dadurch konnte Brewster 1843 in Edinburgh den Calotype Club gründen, den weltweit ersten Fotografieclub.

SCHWARZ-WEISS-FOTOGRAFIE **S. 12** LANDSCHAFT **S. 16** ARCHITEKTUR **S. 157**
STADTANSICHTEN **S. 168** MENSCHEN **S. 173**

Cyanotypie

HAUPTVERTRETER: JOHN HERSCHEL • ANNA ATKINS • JAMES WELLING • JOHN DUGDALE • JAI TYLER • BEVERLY EVANS

Als Alternative zum üblichen fotografischen Verfahren mit Silbernitrat konnte man auch mit Eisensalzen Bilder von guter Qualität erzeugen, die sich kostengünstig in großer Anzahl vervielfältigen ließen.

Wie der Name schon sagt (das griechische „cyan" beschreibt ein dunkles Blau), ließen sich mit der Cyanotypie, einer Erfindung des britischen Naturwissenschaftlers und Astronomen John Herschel (1792–1871) aus dem Jahr 1842, Bilder mit einer starken Blaufärbung herstellen. Ingenieure und Designer nutzten das Verfahren, das als „Blaudruck" bekannt wurde, zur Reproduktion ihrer Werke und sorgten so für seine Verbreitung. Wenngleich die ausgeprägte Blaufärbung die kommerzielle Nutzung einschränkte, wussten Naturwissenschaftler wie Anna Atkins die Eigenschaften des Verfahrens doch sehr zu schätzen. Atkins war eine Freundin von Herschel und eines der ersten weiblichen Mitglieder der Botanical Society of London. Zur Illustration der wissenschaftlichen Studien ihres Vaters hatte sie zunächst Wasserfarben verwendet. 1843 begann sie, das Cyanotypieverfahren für eine Serie von Fotogrammstudien zu nutzen, die in drei Bänden unter dem Titel *Photographs of British Algae: Cyanotypie Impressions* (1843–1853) veröffentlicht wurden. Dieses allererste, mit Fotos illustrierte Buch enthält äußert detailreiche Bilder kleiner Pflanzen.

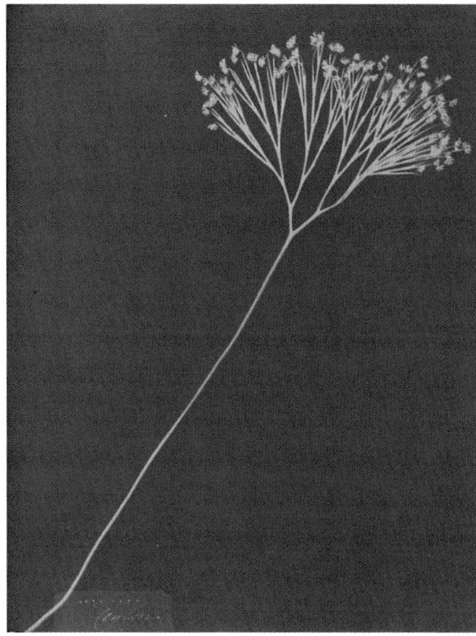

Ceylon,
Anna Atkins und Anne Dixon,
1853, Cyanotypie, 25,4 x 19,4 cm,
The J. Paul Getty Museum,
Los Angeles, USA

WICHTIGE NEUERUNGEN

Aufgrund der geringen Kosten und der einfachen Anwendbarkeit war die Cyanotypie bei den zeitgenössischen Fotografen eines der beliebtesten frühen fotografischen Verfahren. Viele von ihnen folgten dem Vorbild von Anna Atkins und ihren Fotogrammen. Als der Künstler John Dugdale (geb. 1960) in den frühen 1990er Jahren aufgrund einer HIV-Erkrankung fast vollständig erblindete, griff er auf fotografische Verfahren des 19. Jahrhunderts zurück – darunter mit einer Großformatkamera hergestellte Cyanotypien – und schuf damit hinreißende, poetische Bilder.

STILLLEBEN **S. 20** AVANTGARDE **S. 23** WISSENSCHAFTLICHE FOTOGRAFIE **S. 30** KUNST **S. 31** NATUR **S. 163**

Nasses Kollodiumverfahren

HAUPTVERTRETER: GUSTAVE LE GRAY • FREDERICK SCOTT ARCHER • ALEXANDER GARDNER • JULIA MARGARET CAMERON • TIMOTHY H. O'SULLIVAN • NADAR

Kollodium war zwar potenziell tödlich, entflammbar und extrem gesundheitsschädlich. Dennoch war das Kollodiumverfahren ein Fortschritt gegenüber der Daguerreotypie und den Papiernegativen der Kalotypie.

Ursprünglich zum Verarzten kleiner Wunden entwickelt, war Kollodium das gallertartige Ergebnis des Eintauchens von Kollodiumwolle (auch bekannt als „Schießbaumwolle" und „Cellulosenitrat") in eine Mischung aus Ether und Ethanol. Seinen Nutzwert für die Fotografie entdeckten Gustave Le Gray und Frederick Scott Archer (1813–1857) zur gleichen Zeit. Le Gray legte die theoretische Grundlage für die Idee, während es Archer gelang, mit nassem Kollodium ein Negativ auf einer Glasplatte zu erzeugen. Das Verfahren war schneller als das der Daguerreotypie, und die Bilder ließen sich einfacher vervielfältigen als bei der Kalotypie. Die gesamte Prozedur jedoch – vom Überziehen der Platten und der Belichtung bis zur Entwicklung – musste in 10 bis 15 Minuten abgeschlossen sein. Dafür war eine mobile Dunkelkammer außerhalb des Studios erforderlich. Ende der 1850er Jahre hatte das nasse Kollodiumverfahren trotz seiner Beschränkungen die Daguerreotypie fast vollständig abgelöst. In den 1880er Jahren wurde es dann durch den ungefährlicheren Gelatinesilberdruck ersetzt.

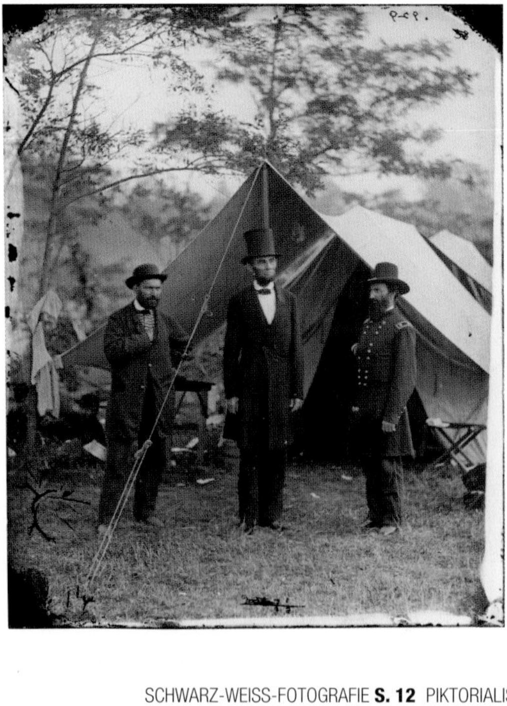

WICHTIGE NEUERUNGEN
Die Kollodium-Nassplatte war besonders empfindlich für Blautöne, was dazu führte, dass der Himmel im Bild als graue, eintönige Fläche erschien. Gustave Le Grays Lösung für dieses Problem ist am besten in dem Foto *Die große Welle* (1857) erkennbar. Er belichtete zwei Platten: eine mit der für Meeresaufnahmen nötigen Belichtungszeit und eine zweite mit der für Aufnahmen des Himmels nötigen Belichtungszeit. Aus der Kombination beider Negative entwickelte er dann das endgültige, detailreiche Positivbild.

Präsident Abraham Lincoln, Major General John A. McClernand (rechts) und E. J. Allen (Allan Pinkerton, links), Chef des Secret Service der Vereinigten Staaten, im Secret Service Department, Hauptquartier der Potomac-Armee, bei Antietam, Maryland, Alexander Gardner, 1862, Negativ, Glas, nasses Kollodiumverfahren, Library of Congress, Washington D.C., USA

SCHWARZ-WEISS-FOTOGRAFIE **S. 12** PIKTORIALISMUS **S. 13** PORTRÄT **S. 15** LANDSCHAFT **S. 16**
STILLLEBEN **S. 20** ERNTE DES TODES **S. 52** BEATRICE **S. 56**

Albuminpapier

HAUPTVERTRETER: ROGER FENTON • ANDRÉ-ADOLPHE-EUGÈNE DISDÉRI • FRANCIS FRITH • JULIA MARGARET CAMERON • ÉMILE BÉCHARD

Die Belichtungszeit verkürzte sich im Laufe des 19. Jahrhunderts, doch das Entwickeln eines Abzugs blieb mühsam. Das Albuminpapier beschleunigte dieses Verfahren und brachte die Industrialisierung der fotografischen Praxis in Gang.

Louis Désiré Blanquart-Evrard (1802–1872) erfand 1847 die erste kommerziell verfügbare Methode zur Herstellung eines Papierabzugs von einem Negativ. Er trennte das Eiweiß vom Eigelb, salzte es, schlug es zu Eischnee und ließ es dann wieder flüssig werden. Spezielles, in der Regel aus Baumwolle hergestelltes, Papier wurde mit der Flüssigkeit getränkt und anschließend getrocknet. Es konnte dann so lange gelagert werden, bis es benötigt wurde. Vor dem Gebrauch wurde es mit Silbernitratlösung bestrichen und getrocknet; sodann legte man das Negativ darauf und setzte das Papier dem Licht aus. Mit einer Natriumthiosulfatlösung wurde das belichtete Bild fixiert, und ein zusätzliches Tonbad verhinderte ein Ausbleichen des Fotos. Albuminabzüge beschleunigten nicht nur das Verfahren, sie verfügten auch über eine Hochglanzoberfläche, die mehr Details erkennen ließ als die matten Oberflächen anderer Abzüge.

WICHTIGE NEUERUNGEN

1855 beherrschte das Albuminpapier den aufstrebenden Fotomarkt. In Frankreich und Deutschland entstanden Fabriken zur Herstellung von Albuminpapier; die Stadt Dresden entwickelte sich zum Zentrum dieser Industrie. Die meisten Fotos dieser Zeit wurden auf Albuminpapier abgezogen, vor allem die beliebten Visitenkarten. Albuminabzüge blieben sehr verbreitet, bis Mitte der 1890er Jahre der Gelatinesilberdruck aufkam.

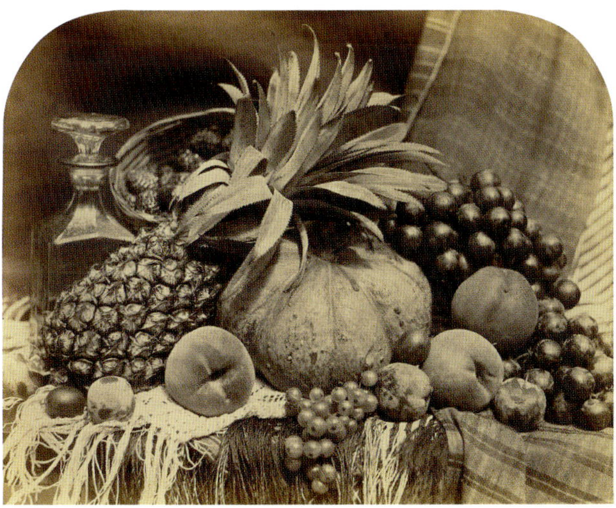

Stillleben mit Obst und Dekanter, Roger Fenton, 1860, Albuminsilberabzug, 35,4 x 43,2 cm, The J. Paul Getty Museum, Los Angeles, USA

SCHWARZ-WEISS-FOTOGRAFIE **S. 12** PORTRÄT **S. 15** LANDSCHAFT **S. 16** STILLLEBEN **S. 20**
WISSENSCHAFTLICHE FOTOGRAFIE **S. 30** STILLLEBEN MIT OBST UND DEKANTER **S. 50** ERNTE DES TODES **S. 52**

Gelatinesilberdruck

HAUPTVERTRETER: EDWARD WESTON • CECIL BEATON • WALKER EVANS • ANSEL ADAMS • SEBASTIÃO SALGADO

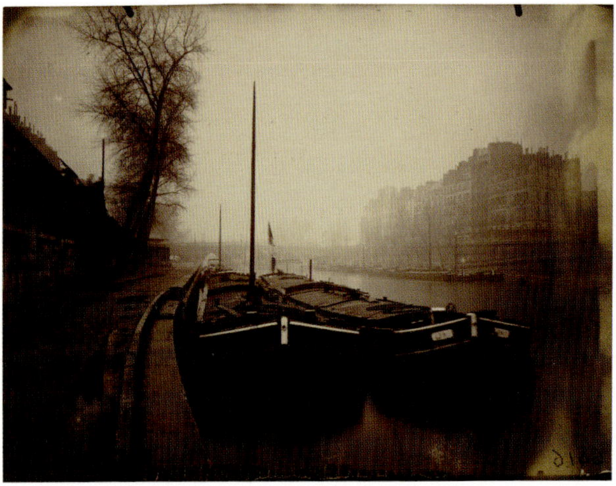

Pont Neuf,
Eugène Atget, 1923,
Gelatine-Silberchlorid-Abzug,
17,9 x 22,9 cm,
The J. Paul Getty Museum,
Los Angeles, USA

Der Gelatinesilberdruck, der den größten Tonwertumfang bot und alle bisher dagewesenen Materialien in den Schatten stellte, wurde schnell zum gefragtesten Fotoherstellungsverfahren und brachte den Beruf des Druckers hervor.

Entwickler des Verfahrens war Richard Leach Maddox (1816–1902). Er hatte nach einer Alternative zum nassen Kollodiumverfahren gesucht, bei dem der Fotograf gesundheitsschädlichen Dämpfen ausgesetzt war. Dabei kam er auf die Idee, aus Cadmiumbromid und Silbernitrat eine lichtempfindliche Gelatine-Wasser-Emulsion herzustellen und die Glasplatten damit zu überziehen. Charles Harper Bennett (1840–1927) verfeinerte das Verfahren, indem er die Lichtempfindlichkeit der Trockenplatten erhöhte und sie kommerziell erschwinglich machte. Mitte der 1890er Jahre wurde Papier massenhaft industriell hergestellt. Eine zusätzliche Barytschicht, ein Bariumoxid-Überzug, wurde kommerziell erstmals 1894 getestet; das Verfahren wurde 1900 von der Firma Kodak übernommen. Die gewachsene Bedeutung der Dunkelkammer in diesem Verfahren führte zur Entstehung der Fotodruckindustrie, die mit dem Aufkommen der Digitalfotografie wieder zusammenschrumpfte. Der Gelatinesilberdruck blieb beliebt, bis die Schwarz-Weiß- von der Farbfotografie verdrängt wurde.

WICHTIGE NEUERUNGEN
Hochglanzabzüge setzten sich nur langsam durch. Das Albuminpapier wirkte dem Trend der matten Oberflächen entgegen, und die Einführung der Barytschicht verlieh den Abzügen noch mehr Glanz. In den 1920er Jahren waren Hochglanzabzüge sehr gefragt. Darin spiegelte sich auch ein Wandel bei den fotografischen Trends, der sich im Aufkommen der Straight Photography und einer Zunahme des Fotojournalismus niederschlug.

SCHWARZ-WEISS-FOTOGRAFIE **S. 12** PORTRÄT **S. 15** LANDSCHAFT **S. 16**
STRASSENFOTOGRAFIE **S. 17** FOTOJOURNALISMUS **S. 27**

Platindruck

HAUPTVERTRETER: PETER HENRY EMERSON • FREDERICK H. EVANS • GERTRUDE KÄSEBIER • ROBERT MAPPLETHORPE

Für jene Fotografen des 19. Jahrhunderts, die die Fotografie mehr als Kunst denn als Hobby oder kommerzielle Unternehmung verstanden, war dieses teure Verfahren eine selbstverständliche Wahl. Es stellte die Ästhetik über die Massenproduktion.

Während viele Fotografen und Naturwissenschaftler in den ersten Jahrzehnten des 19. Jahrhunderts mit Silber experimentierten, hatte der deutsche Chemiker Adolph Ferdinand Gehlen (1775–1815) 1804 die Wirkung des Lichts auf Platin beobachtet. Seine Landsmänner Heinrich Gustav Magnus (1802–1870) und Johann Wolfgang Döbereiner (1780–1849) gaben noch verschiedene Verbindungen hinzu, und Döbereiner fand heraus, dass Eisenchloridoxalat ein wirkungsvoller Verstärker ist. Diese Substanz wird heute noch verwendet. John Herschel und Robert Hunt (1807–1887) führten weitere Experimente durch, aber schon bald sollte der günstige Albuminpapierdruck dominieren. Bei den Piktorialisten war der Platindruck sehr beliebt. Zum einen ließen sich mit ihm die abstrakten Qualitäten in der Landschaftsfotografie besser herausstellen, zum anderen erzielte man durch ihn einen Tonwert, der dem Bild einen romantischen Touch verlieh, nach dem viele piktorialistische Fotografen strebten. Das Aufkommen einer sachlicheren Ästhetik als Reaktion auf die Piktorialistenbewegung hat möglicherweise der Beliebtheit von Platindrucken entgegengewirkt. Manche Künstler aber haben das Verfahren später wieder aufgegriffen, insbesondere Robert Mapplethorpe (1946–1989) in seiner Akt-Serie.

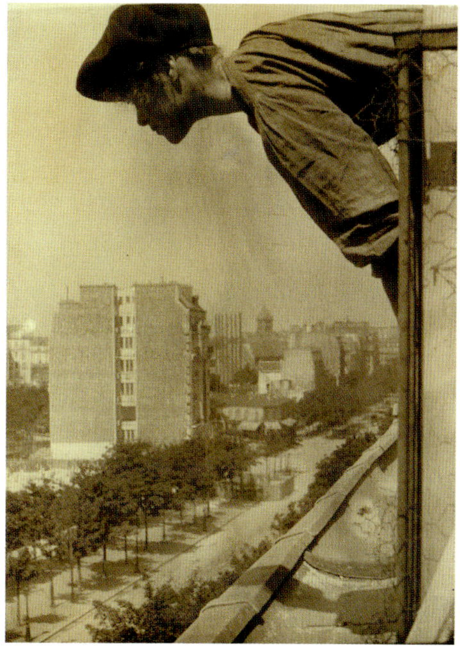

Wasserspeier,
Gertrude Käsebier, 1901, Platinabzug,
19,2 x 13,5 cm,
The J. Paul Getty Museum,
Los Angeles, USA

WICHTIGE NEUERUNGEN

Um die malerischen Qualitäten ihrer Platinabzüge hervorzuheben, wendeten die Piktorialisten zudem ein Gummibichromatverfahren an, durch das die Abzüge mit Dichromat, einem mäßig starken Oxidationsmittel, eingefärbt wurden. Doch das bedeutete auch sehr viel mehr Arbeit, zusätzlich zu einem ohnehin kostspieligen Verfahren, dessen Popularität mit Beginn des Ersten Weltkriegs und dem Platinbedarf der Waffenindustrie wieder abnahm.

PIKTORIALISMUS **S. 13** PORTRÄT **S. 15** KUNST **S. 31** NATUR **S. 163**

Kolorieren von Hand

HAUPTVERTRETER: JOHANN BAPTIST ISENRING • JEAN GARNIER • FELICE BEATO • RAIMUND VON STILLFRIED • YOKOYAMA MATSUSABURŌ • UCHIDA KUICHI • PIERRE ET GILLES

Diese akribische künstlerische Praxis, die den frühen Fotografien eine Aura der Wärme verlieh, kam kurz nach der Daguerreotypie auf.

Mehr als ein Jahrhundert bevor die Farbfotografie über die Schwarz-Weiß-Fotografie triumphierte, war die Kunst der Handkolorierung von Fotos gängige Praxis. Die ersten bekannten Beispiele stammen von dem Schweizer Maler und Drucker Johann Baptist Isenring (1796–1860). Er verwendete eine Mischung aus Gummiarabikum und Pigmenten, die er mit Hilfe von Wärme fixierte. Innerhalb weniger Jahre wurde diese Technik auf die meisten fotografischen Verfahren angewendet. Koloriert wurden zunächst Porträts, da die Haut so einen wärmeren Ton erhielt; danach folgten Landschaftsaufnahmen. Bisweilen wurden die Bilder auf Leinwände übertragen, wodurch eine Mischform aus Foto und Gemälde entstand. Handkolorierte Fotos hatten auch einen praktischen Vorteil: Die meisten Fotos blichen trotz Fixierung im Laufe der Zeit aus, während das Kolorieren dem Bild zu einer längeren Lebensdauer verhalf. Der Trend entwickelte sich fast zeitgleich auf der ganzen Welt und wird heute durch die kitschigen Popkulturwelten von Pierre und Gilles repräsentiert.

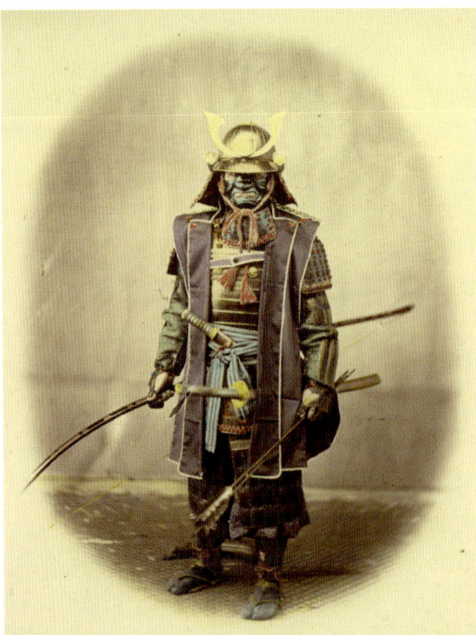

WICHTIGE NEUERUNGEN

Kolorierte Fotos entstanden zwar in Europa, entwickelten sich aber in Japan zu einer etablierten Kunstform. Der Fotograf Charles Parker ließ sich 1863 in Yokohama nieder, der Illustrator und Cartoonist Charles Wirgman (1832–1891) folgte seinem Beispiel. Yokoyama Matsusaburō (1838–1884) war der erste japanische Künstler, der das Kolorieren von Hand ernsthaft betrieb, gefolgt von Uchida Kuichi (1844–1875) und Ogawa Kazumasa (1860–1929). Das von Baron Raimund von Stillfried (1839–1911) mitbegründete Atelier Stillfried & Andersen in Yokohama war für seine detailliert kolorierten Landschaftsbilder bekannt; hier entstand auch die handkolorierte Fotografie von Felice Beato (1832–1909; links).

Koboto Santaro,
Felice Beato, 1866–1867,
handkolorierter Albuminsilberabzug,
27,5 x 21,9 cm,
The J. Paul Getty Museum,
Los Angeles, USA

PORTRÄT **S. 15** LANDSCHAFT **S. 16** FARBE **S. 18** ETHNOGRAFISCHE FOTOGRAFIE **S. 26**
NATUR **S. 163** STRUKTUR **S. 177** DAGUERREOTYPIE **S. 191**

Farbe

HAUPTVERTRETER: AUGUSTE UND LOUIS LUMIÈRE • FERENC BERKO • SAUL LEITER • MARIE COSINDAS • WILLIAM EGGLESTON • STEPHEN SHORE

Die Farbfotografie wurde für wissenschaftliche Zwecke entwickelt und vom Establishment gemieden, bis eine neue Generation ihre Vorzüge erkannte.

Nach einer schwierigen und langwierigen Entwicklungsphase mit vielen Fehlschlägen wurde schließlich der Farbfilm eingeführt. Das erste dauerhafte Farbfoto – das Bild eines Tartan-Bandes – hatte 1861 der schottische Physiker James Clerk Maxwell präsentiert. Maxwell hatte eine Drei-Farben-Methode entwickelt, welche mit drei identischen Fotos arbeitete, die jeweils durch einen Primärfarbfilter aufgenommen waren. Durch die Kombination der Fotos erhielt er am Ende ein Bild mit mehreren Farben. Diese Methode war eine frühe Version des additiven Verfahrens, bei dem die Farben Rot, Grün und Blau als Grundlage verwendet werden. 1868 ließ sich Louis Arthur Ducos du Hauron die subtraktive Farbmischung patentieren, bei der übereinandergelegte, identische Bilder orangem, grünem und violettem Licht ausgesetzt wurden. Diese Technik liegt auch dem Dye-Transfer-Verfahren zugrunde. Auf dieser Basis wurde weitergeforscht, bis 1935 der Kodachrome-Film aufkam. Die Verwendung von Farbe in der „ernsthaften" Fotografie folgte sehr viel später mit den Bildern von Marie Cosindas, William Eggleston und Stephen Shore.

WICHTIGE NEUERUNGEN

Die Filmpioniere Auguste und Louis Lumière machten 1907 das sogenannte Autochromverfahren bekannt, das erste kommerziell erfolgreiche Farbverfahren. Dafür wurde eine Glasplatte mit mikroskopisch kleinen, rotorange, grün und blauviolett eingefärbten Kartoffelstärkekörnchen sowie pulverisierter Holzkohle überzogen.

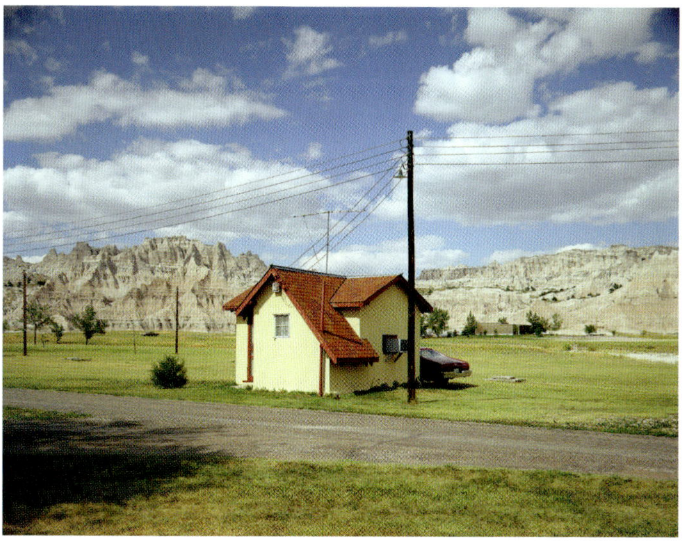

Badlands National Monument, South Dakota, 14. Juli 1973, Stephen Shore, 1973, Chromogenabzug

FARBE **S. 18** GLAMOUR **S. 32** MODE **S. 36** WERBUNG **S. 37** DER EINGANG ZUR PYRAMIDE VON MENKAURE **S. 62** ALGIERS, LOUISIANA **S. 114** OHNE TITEL #96 **S. 122** NEW BRIGHTON, ENGLAND **S. 126**

Doppelbelichtung

HAUPTVERTRETER: CHARLES F. BRACY • OSCAR GUSTAVE REJLANDER • FRANCIS GALTON • MAN RAY • CONSTANTIN BRÂNCUŞI • HARRY CALLAHAN

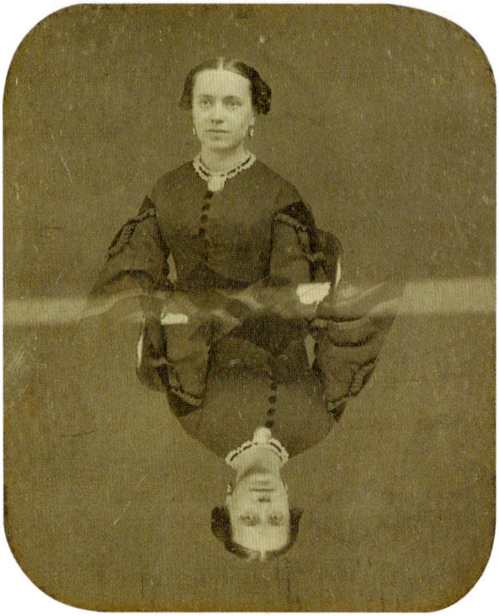

WICHTIGE NEUERUNGEN

Die Cousinen Elsie Wright (1901–1988) und Frances Griffiths (1907–1986) behaupteten 1917, Fotos von sich und geflügelten Feen auf einem Feld in der Nähe ihres Hauses in Cottingley, Yorkshire, aufgenommen zu haben. Viele Menschen, darunter Sir Arthur Conan Doyle, der Schöpfer von Sherlock Holmes, waren überzeugt, dass diese Feen wirklich existierten. Die Geschichte zog damals viel Aufmerksamkeit auf sich. Auch als die Mädchen größer wurden, hielten sie an ihrer Geschichte fest. Erst Jahrzehnte später widerriefen sie ihre Aussagen, nachdem eine wissenschaftliche Untersuchung erwiesen hatte, dass sie einen der einfachsten fotografischen Tricks angewendet hatten.

Doppeltbelichtetes Porträt einer Frau,
unbekannter Fotograf, um 1860,
Daguerreotypie, 6,4 x 5,1 cm,
The J. Paul Getty Museum,
Los Angeles, USA

Dieses einzigartige Verfahren hat keinerlei Entsprechungen in anderen Kunstformen. Durch einen Irrtum entdeckt, findet es heute in ganz verschiedenen Bereichen Anwendung, von der Kunst über die Wissenschaft bis hin zu humoristischen Darstellungen.

Das Verfahren der Doppel- und Mehrfachbelichtung ist im Grunde ganz einfach. Lichtempfindliches Material wird zweimal belichtet, was zu einer Überlagerung zweier Bilder führt. Wenn ein Teil des Bildes bei der ersten Belichtung verdeckt wird, kann das Ergebnis zwei getrennte Bilder hervorbringen. Durch die wiederholte Anwendung des Verfahrens entsteht ein komplexeres Bild, es erhöht aber auch das Risiko der Überbelichtung. In der Frühzeit der Fotografie, als die Belichtungszeiten noch sehr lang waren, ließ jede Bewegung ein „Geisterbild“ entstehen. Im späten 18. Jahrhundert nutzten einige Fotografen dieses Phänomen gezielt, um mit Doppelbelichtung geisterhafte Erscheinungen um ihre Modelle herum zu erzeugen. Der Naturforscher Francis Galton (1822–1911) war überzeugt, dass übereinandergelegte, mehrfach belichtete Köpfe von Verbrechern den Beweis liefern würden, dass Kriminelle über gemeinsame physische Kennzeichen verfügen. Mit der Weiterentwicklung der Dunkelkammerverfahren wurde die Mehrfachbelichtung innerhalb der Kamera durch nachträglich angewandte Verfahren abgelöst. Heute lässt sich mit der Digitaltechnologie fast jeder Effekt erzeugen.

PORTRÄT **S. 15** AVANTGARDE **S. 23** WISSENSCHAFTLICHE FOTOGRAFIE **S. 30**
SURREALES **S. 162** STRUKTUR **S. 177**

Fotogramm

HAUPTVERTRETER: ANNA ATKINS • MAN RAY • LÁSZLÓ MOHOLY-NAGY • ANDREAS WALSER • JAMES WELLING • SUSAN DERGES • ADAM FUSS

Für die Herstellung eines Fotogramms ist keine Kamera erforderlich; die bei Naturwissenschaftlern, Künstlern und Amateurfotografen beliebte Technik erzeugt Bilder mit trügerischer Tiefenschärfe, die mit Raum und Licht spielen und oft sehr schön anzusehen sind.

Eine Variante des Fotogramms schuf William Henry Fox Talbot mit seiner Lichtzeichnung *Bryonia dioica – the English Wild Vine* (um 1839). Anna Atkins bediente sich für ihre detailreichen Fotogramme der englischen Pflanzenwelt der Cyanotypie, während Künstler im 20. Jahrhundert mit dieser Technik die Abstraktion erforschten. Das Verfahren ist recht einfach. In einer Dunkelkammer werden Gegenstände auf Fotopapier arrangiert und belichtet. Das Papier wird behandelt, ausgewaschen und getrocknet. Das entstehende Bild ist eine Kombination aus den Details der Gegenstände und dem sie umgebenden Licht, nicht unähnlich dem Röntgenverfahren. Je fantasievoller die Gegenstände und ihr Arrangement, desto komplexer ist die endgültige Komposition. Ein gutes Anschauungsbeispiel für dieses Verfahren geben die Werke von László Moholy-Nagy (siehe Seite 84) und Man Ray, der den Begriff Rayografie verwendete. Jüngere Künstler wie Lotte Jacobi, Susan Derges (geb. 1955) und James Welling (geb. 1951) verwischten die Grenze zwischen Fotogramm und konventioneller Fotografie.

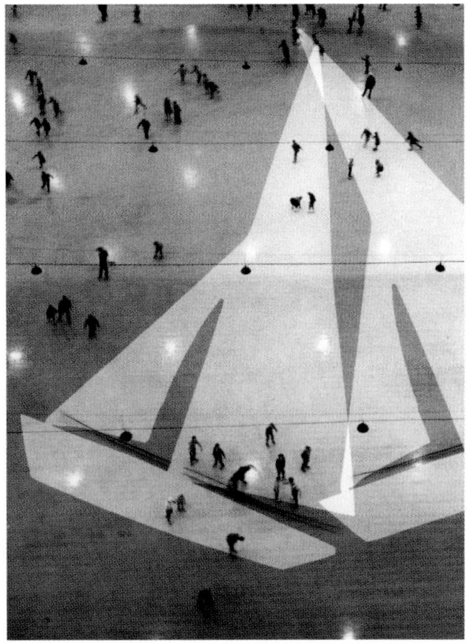

Eisläufer im „Eislaufverein", Wien,
Christian Skrein, 1962, Fotogramm

WICHTIGE NEUERUNGEN
Das Fotogramm bot den dadaistischen Künstlern eine perfekte Gelegenheit, sich mit der Fotografie auseinanderzusetzen. Die Bewegung gründete sich auf die Rebellion gegen gesellschaftliche Konventionen und Normen – und wie könnte man besser gegen die fotografische Praxis aufbegehren, als durch einen kompletten Verzicht auf die Kamera? Fotogramme waren eine ebenso radikale Ausdrucksform und künstlerische Praxis wie Collage, Montage und Assemblage. Christian Schad (1894–1982) spielte als einer der ersten Künstler mit der Form und ebnete den Weg für die komplexeren Werke von Man Ray und Moholy-Nagy.

ABSTRAKTE FOTOGRAFIE **S. 22** AVANTGARDE **S. 23** WISSENSCHAFTLICHE FOTOGRAFIE **S. 30**
FOTOGRAMM **S. 84** STRUKTUR **S. 177** CYANOTYPIE **S. 193**

Künstliches Licht

HAUPTVERTRETER: NADAR • JULIA MARGARET CAMERON • ROGER FENTON • DOROTHEA LANGE • RICHARD AVEDON • ROBERT MAPPLETHORPE • ANNIE LEIBOVITZ

Der Begriff „Fotografie" wurde 1839 von John Herschel geprägt. Seine Bestandteile kommen aus dem Griechischen und bedeuten zusammengefügt „Zeichnen mit Licht". Ohne Licht gäbe es kein Foto.

In der frühen Fotografie wurde nur natürliches Licht genutzt. Andere Lichtquellen als die Sonne erweiterten später die kreativen Möglichkeiten und erlaubten das Fotografieren in Innenräumen. Levett Landon Boscawen Ibbetson (1799–1869) verwendete 1839 Kalklicht, um mikroskopisch kleine Objekte, die er fotografieren wollte, zu beleuchten. Nadar machte weitere Fortschritte, als er in den frühen 1860er Jahren für seine Dokumentation über die Pariser Abwasserkanäle batteriebetriebene Lampen nutzte. Er griff auch die von Henry Van der Weyde (1838–1924) eingeführten Neuerungen bei der Studiobeleuchtung auf und schuf so einige der technisch eindrucksvollsten Porträts des 19. Jahrhunderts. Zur gleichen Zeit strebte Julia Margaret Cameron mit ihrer Verwendung des Lichts nach dem Sublimen (siehe Seite 56), während Roger Fenton für seine Stillleben-Serie das Licht nutzte, um die Fülle seiner Objekte hervorzuheben (siehe Seite 50). Jede fotografische Richtung hat die Beleuchtungsregeln umgeschrieben; aktuell ist die Drei-Punkt-Ausleuchtung Standard.

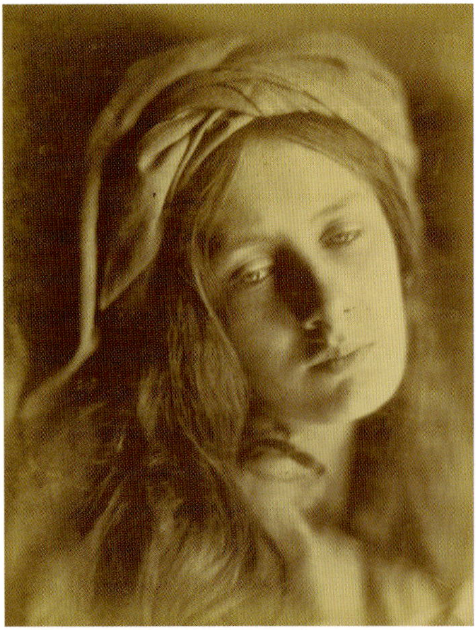

WICHTIGE NEUERUNGEN
Die Drei-Punkt-Ausleuchtung, bei der mit drei Lichtquellen gearbeitet wird, macht das Wesen der Studio-, Theater- und Filmfotografie aus. Das Haupt- oder Führungslicht ist, wie sein Name schon sagt, die wichtigste Quelle zur Ausleuchtung des Motivs. Dabei kann es sich um eine Lampe, eine Fackel oder sogar die Sonne handeln. Das seitlich oder in einer Ecke platzierte Fülllicht hellt verschattete Bereiche auf und dämpft zu starke Hell-Dunkel-Kontraste. Das Hintergrundlicht trennt das Motiv vom Hintergrund oder betont die Konturen.

Beatrice,
Julia Margaret Cameron, 1866,
Albuminsilberabzug,
33,8 x 26,4 cm,
The J. Paul Getty Museum,
Los Angeles, USA

PORTRÄT **S. 15** AKT **S. 19** STILLLEBEN **S. 20** GLAMOUR **S. 32** MODE **S. 36**
STILLLEBEN MIT OBST UND DEKANTER **S. 50** BEATRICE **S. 56** PAPRIKASCHOTE (NR. 30) **S. 74** BENEATH THE ROSES **S. 148**

Luftfotografie

HAUPTVERTRETER: NADAR • JAMES WALLACE BLACK • EDUARD SPELTERINI • BERENICE ABBOTT • MARGARET BOURKE-WHITE • EDWARD BURTYNSKY

Die Luftfotografie gab dem Publikum die Möglichkeit, die Welt aus der Vogelperspektive zu betrachten.

Die erste Luftaufnahme wurde 1858 von Nadar gemacht. Das früheste bis heute existierende Luftfoto nahm James Wallace Black (1825–1896) auf, als er am 13. Oktober 1860 in 600 Metern Höhe über Boston, Massachusetts, flog. Die meisten frühen Luftaufnahmen wurden von Flugdrachen aus aufgenommen, wie jenem, den der britische Meteorologe E.D. Archibald entwickelt hatte. Der Erste Weltkrieg brachte viele technische Neuerungen zum Auskundschaften von Flugobjekten hinter den feindlichen Linien hervor. Spätere Kriege und zu militärischen Zwecken entwickelte Innovationen haben den Einsatz leistungsstarker Kameras in der Umlaufbahn der Erde ermöglicht. Mit Hilfe kommerzieller und wissenschaftlicher Projekte ist es inzwischen gelungen, die besiedelten wie auch die unzugänglichen Gebiete der Welt fotografisch zu erfassen. In jüngerer Zeit haben Edward Burtynsky (siehe Seite 152) und Yann Arthus-Bertrand (geb. 1946) die Luftfotografie genutzt, um uns die Bedrohung des weltweiten Ökosystems durch den Menschen vor Augen zu führen.

WICHTIGE NEUERUNGEN

1912 nahm Frederick Charles Victor Laws (1887–1975) eine Serie von Fotos auf, die sich jeweils zu etwa 60 Prozent überlappten, und entdeckte so die Möglichkeit, einen räumlichen Eindruck zu erzielen, der eine genauere Landschaftsanalyse erlaubte.

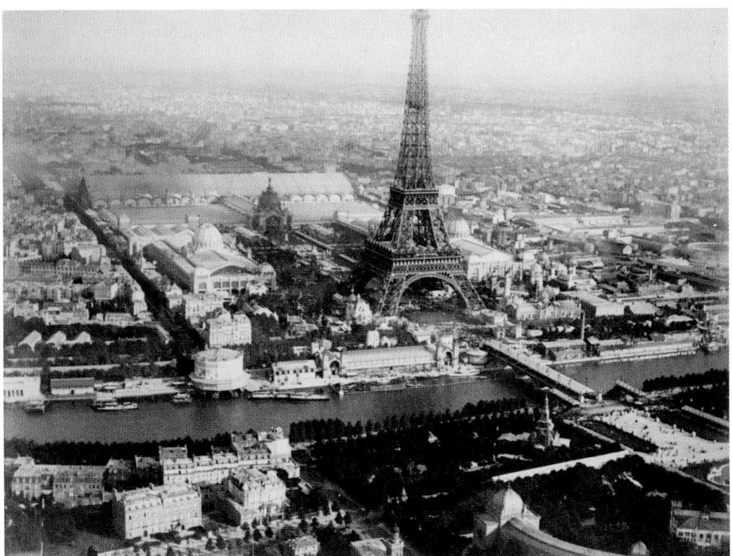

Luftaufnahme von Paris, Frankreich, aus einem Ballon, die Seine und den Eiffelturm in der Mitte sowie Gebäude der Weltausstellung zeigend, Alphonse A. Liébert, 1889, Albuminsilberabzug, Library of Congress, Washington D.C., USA

STRAIGHT PHOTOGRAPHY **S. 14** LANDSCHAFT **S. 16** ABSTRAKTE FOTOGRAFIE **S. 22** DOKUMENTARFOTOGRAFIE **S. 28**
TOPOGRAFIE **S. 35** ERDAUFGANG **S. 110** SALINEN #13 **S. 152** NATUR **S. 163** STADTANSICHTEN **S. 168**

Bildbeschneidung

HAUPTVERTRETER: HENRI CARTIER-BRESSON • W. EUGENE SMITH • ARNOLD NEWMAN • ALBERTO KORDA • NICK ÚT

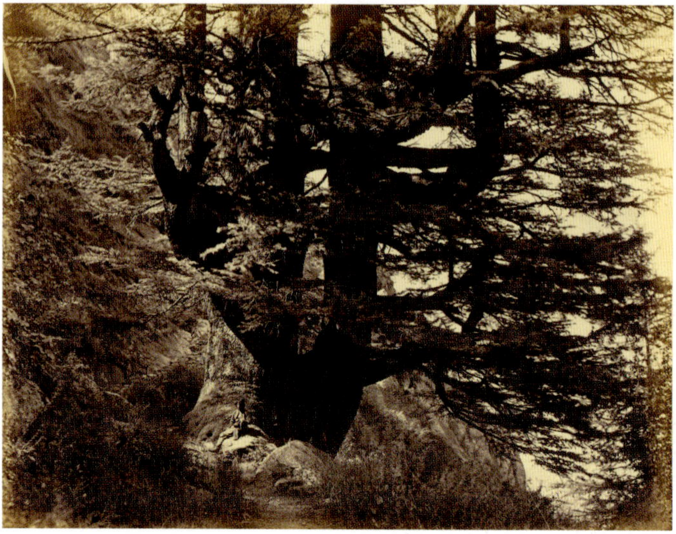

Himalaya-Zeder, 12,8 Meter im Umfang, Samuel Bourne, 1863, Albuminsilberabzug, 23 x 29 cm, The J. Paul Getty Museum, Los Angeles, USA

Mit dem Verfahren des Beschneidens kann man einen Aspekt eines Bildes hervorheben oder den Betrachter sogar durch den veränderten Kontext in die Irre führen.

Je ausgeklügelter die fotografischen Verfahren, umso einfacher wurde es, Bilder zu manipulieren. Das Beschneiden ist die einfachste Form der Fotobearbeitung. Sie bietet dem Fotografen die Möglichkeit, belanglose Dinge zu entfernen oder einen bestimmten Aspekt einer Aufnahme zu betonen. Henri Cartier-Bresson war gegen das Verändern des Bildausschnitts, weil dadurch das Bild verfälscht würde. Doch die eigentliche Gefahr des Beschneidens lauert im Fotojournalismus, wo durch derartige Eingriffe nicht nur das Aussehen eines Bildes verändert, sondern auch der Kontext komplett verfälscht wird. Auf Alberto Kordas ursprünglichem Foto von Che Guevara (siehe Seite 104) sind links von Che ein Mann und rechts ein Baum zu sehen. Durch die Veränderung des Bildausschnitts entfernte Korda das ganze Beiwerk, um unseren Fokus einzig auf den Guerillaführer zu richten. Nick Úts Vietnamfoto (siehe Seite 116) wurde von Associated Press zunächst abgelehnt, weil der Fotograf sich weigerte, das nackte Kind aus dem Bild zu schneiden. Er war der Meinung, dass eine Veränderung des Bildausschnitts der Aufnahme ihre Wirkung nehmen würde.

WICHTIGE NEUERUNGEN

Eine Möglichkeit, im digitalen Zeitalter die Echtheit eines Bildes abzusichern, ist ein Vergleich mit der ursprünglichen Aufnahme. Die Software einiger Digitalkameras speichert alle jemals aufgenommenen Bilder. Das ist besonders für Presseorganisationen wichtig, die sich ihre Informationen anhand der Fotos aus der Kamera holen können, wenn an einem ihnen überlassenen Bild Zweifel bestehen.

PORTRÄT **S. 15** FOTOJOURNALISMUS **S. 27** CHE GUEVARA **S. 104**
PHAN THI KIM PHÚC **S. 116** DER ENTSCHEIDENDE AUGENBLICK **S. 174**

Solarisation

HAUPTVERTRETER: ARMAND SABATIER • MAN RAY • LEE MILLER • FRANCIS BRUGUIÈRE • MINOR WHITE

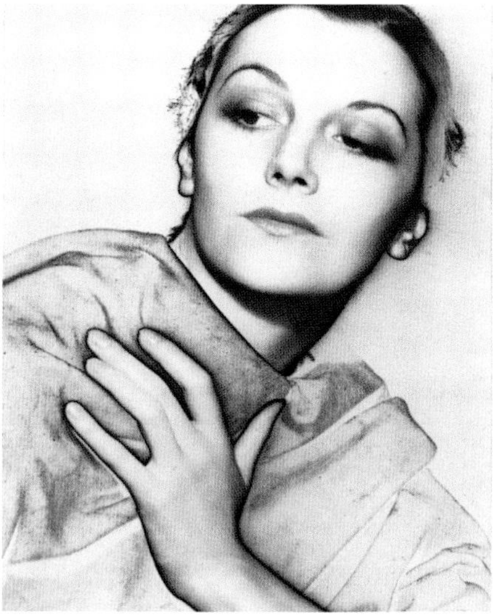

Solarisiertes Porträt (vermutlich Meret Oppenheim), Paris, Frankreich, 1932,
Lee Miller, 1932

WICHTIGE NEUERUNGEN
Ein zusätzlicher Effekt der Solarisation ist das Auftreten der sogenannten Mackie-Linie, die sich als sichtbarer Rand um sehr dichte Bildbereiche bildet. Wird das Negativ behandelt, erscheint dieser Rand hell und wird beim Abzug dunkel. Wenn der Abzug behandelt wird, bleibt die Linie rund um die Bereiche mit starkem Kontrast weiß oder hell. Eine besondere Wirkung entfaltet dies bei Porträts, wo sich rund um das Sujet eine feine Linie abzeichnet.

Ein Missgeschick in einer Dunkelkammer führte zur Entdeckung eines Effekts, der aufgrund seiner traumgleichen Eigenschaften von den Surrealisten dankbar übernommen wurde und weitere Experimente mit dieser Form ermöglichte.

Mit dem Verfahren der Solarisation wird der Tonwert eines Negativs oder eines Abzugs teilweise oder komplett umgekehrt; dadurch erscheinen dunkle Bereiche hell und helle Bereiche dunkel. Daguerre war sich bei seinen frühen Experimenten der Folgen einer Überbelichtung durch die Sonne bewusst. Der Begriff „Solarisation" wurde in den 1840er Jahren von John William Draper geprägt, fand aber erst Verbreitung, als die Surrealisten sich des Verfahrens annahmen. Lee Miller, der damaligen Assistentin Man Rays, war in der Dunkelkammer ein Missgeschick unterlaufen, wodurch ein Bild dem Licht ausgesetzt wurde. Ray war von der ätherischen Anmutung des Ergebnisses beeindruckt und machte sich daran, aus dem Versehen ein Verfahren zu entwickeln, mit dem er so radikale Bilder schuf wie *The Primacy of Matter over Thought* (1929), aber auch Porträts, darunter eines von Miller im Profil. Auch Miller nutzte die Solarisation für ihr Werk. Der 1972 eingeführte Agfacontour Professional Film vermittelte den Eindruck der Solarisation, ohne dass die Fotografen dafür das übliche Verfahren anwenden mussten. In jüngerer Zeit ist die Solarisation durch digitale Effekte verdrängt worden.

SCHWARZ-WEISS-FOTOGRAFIE **S. 12** PORTRÄT **S. 15** AVANTGARDE **S. 23**
WISSENSCHAFTLICHE FOTOGRAFIE **S. 30** GLAMOUR **S. 32** SURREALES **S. 162**

Hochgeschwindigkeitsfotografie

HAUPTVERTRETER: EADWEARD MUYBRIDGE • ÉTIENNE-JULES MAREY • THOMAS EAKINS • PETER SALCHER • BERLYN BRIXNER • GJON MILI • HAROLD EUGENE EDGERTON

Aus anfänglichen Bewegungsstudien mit Menschen und Tieren entwickelte sich die Fähigkeit, Bewegung mit perfekter Schärfe einzufangen; heute lassen sich solche Bilder im Bruchteil einer Sekunde festhalten.

Vorreiter der Hochgeschwindigkeitsfotografie waren Eadweard Muybridge, Étienne-Jules Marey und Thomas Eakins (1844–1916). Die Chronofotografie, wie die Methode damals genannt wurde, unterschied sich erheblich von klassischen Kunstwerken, die menschliche Bewegung abbilden. Dieser technologische Fortschritt weckte das Interesse der Naturwissenschaftler. 1886 fotografierte der österreichische Physiker Peter Salcher (1848–1928) ein Projektil, das mit Überschallgeschwindigkeit durch die Luft flog. Harold Eugene Edgerton, Professor für Elektrotechnik am Massachusetts Institute of Technology, arbeitete in den 1930er Jahren zusammen mit dem Ingenieur und *Life*-Fotografen Gjon Mili (1904–1984) an einer Möglichkeit, Bewegungsabläufe mit Hilfe des Stroboskops sichtbar zu machen. Für Milis besonderen Porträtstil erwies sich das schnelle Blitzlicht als äußerst wirkungsvoll, wie seine Aufnahme von der springenden Betty Friedman zeigt. Edgerton nutzte die Technologie, um unendlich kurze Momente einzufrieren, wie in seinem *Milk Drop Coronet* (1957).

WICHTIGE NEUERUNGEN

In den 1940er Jahren entwickelte Edgerton die Rapatronic-Kamera, deren Belichtungszeit nur zehn Nanosekunden betrug. Der komplizierte Auslösemechanismus umfasste zwei Polarisationsfilter, die in einem Winkel von 90 Grad angeordnet waren, um eintretendes Licht abzublocken, sowie eine Kerr-Zelle, die als Auslöser diente. Diese Hochgeschwindigkeitskamera ermöglichte 1952 die Aufnahme einer Nuklearexplosion, und zwar weniger als eine Millisekunde nach der Detonation.

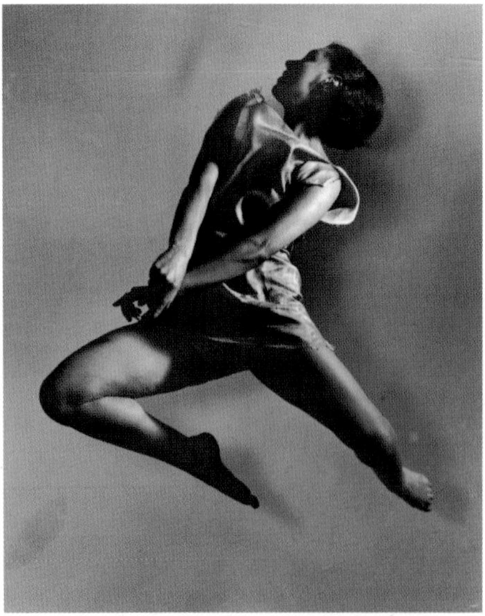

Betty Friedman bei einem Sprung im Studio des Fotografen,
Gjon Mili, 1937

KRIEG **S. 24** DOKUMENTARFOTOGRAFIE **S. 28** WISSENSCHAFTLICHE FOTOGRAFIE **S. 30**
BEWEGUNG **S. 161** SPORT **S. 184**

Kodachrome

HAUPTVERTRETER: STEVE MCCURRY • PETER GUTTMAN • ALEX WEBB

Mit dem Kodachrome-Diafilm konnten dezente und lebendige Farben dauerhaft festgehalten werden. Aus den Millionen, über sechs Jahrzehnte entstandenen, Dias des häuslichen Lebens erwuchs ein riesiges Familiengeschichtenarchiv.

Eastman Kodak brachte seinen Farbdiafilm 1935 auf den Markt. Im Gegensatz zum früheren Autochromverfahren der Brüder Lumière verwendete Kodachrome eine eher subtraktive als additive Farbmischung (siehe Seite 199). Das war eine Weiterentwicklung der früheren, von John Capstaff (1879–1960) durchgeführten Zweifarbfilmexperimente, die von Leopold Godowsky Jr. (1900–1983) und Leopold Mannes (1899–1964) perfektioniert wurden. Kodachrome kam zunächst als 16-mm-Schmalfilm für bewegte Bilder auf den Markt, aber schon 1936 war er auch als 35-mm-Film verfügbar. Nach dem Zweiten Weltkrieg erfreute er sich einer rasant wachsenden Beliebtheit. Die lebendigen Farben übertrafen alles bisher Dagewesene. Da er jedoch nur als Diafilm angeboten wurde, beschränkte sich der häusliche Gebrauch auf Dias. Das Format eignete sich perfekt für Fotojournalisten, die Farbaufnahmen machten. Dieses Bild des afghanischen Flüchtlingsmädchens Sharbat Gula, das Steve McCurry (geb. 1950) für den *National Geographic* aufnahm, zeigt, welch scharfe, außergewöhnliche Bilder dieser Film ermöglicht.

WICHTIGE NEUERUNGEN
Da das Entwickeln des Kodachrome-Diafilms kompliziert war und die Digitalfotografie immer populärer wurde, hat Kodak die Produktion 2009 komplett eingestellt. Die letzte Filmrolle erhielt McCurry, der die 36 Aufnahmen nutzte, um Menschen und Orte in New York und Indien zu fotografieren. Die letzten drei Bilder schoss er in Parsons, Kansas, dem Sitz von Dwayne's Photo, dem letzten verbliebenen, zertifizierten Kodak-Entwicklungslabor.

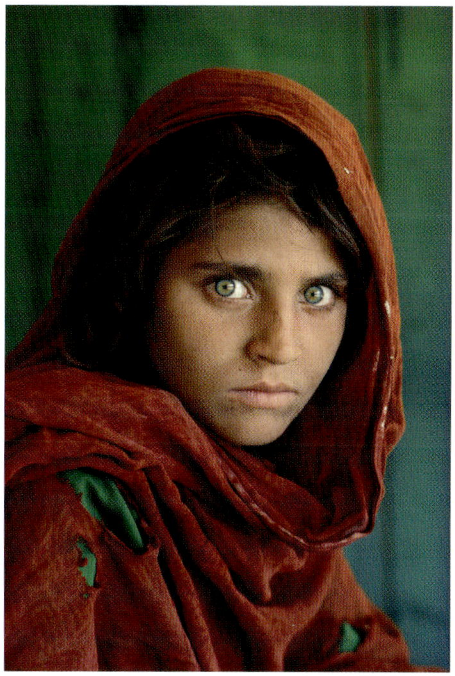

Afghanisches Mädchen,
Steve McCurry, 1984,
Kodachrome-Abzug

STRAIGHT PHOTOGRAPHY **S. 14** PORTRÄT **S. 15** FARBE **S. 18**
DOKUMENTARFOTOGRAFIE **S. 28** MENSCHEN **S. 173**

Spiegelreflexkamera

HAUPTVERTRETER: ROBERT CAPA • HENRI CARTIER-BRESSON • ALBERTO KORDA • NICK ÚT • RICHARD DREW

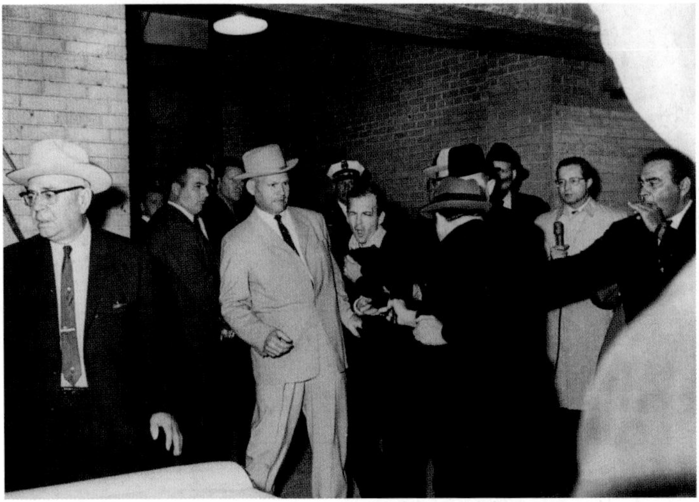

Die Ermordung Lee Harvey Oswalds durch Jack Ruby,
Robert H. Jackson, 1963, Gelatinesilberabzug

Die Spiegelreflexkamera verwendet einen Spiegel und ein Prisma, mit deren Hilfe der Fotograf genau erkennen kann, was er im Bild festhält.

Thomas Sutton (1819–1875) entwickelte 1861 die erste Spiegelreflexkamera; im selben Jahr half er James Clerk Maxwell bei der Aufnahme des ersten Farbfotos (siehe Seite 199). Varianten davon wurden in Europa und Japan entwickelt sowie in den USA, wo 1898 die Graflex auf den Markt kam. Alle diese Modelle waren größer und wurden auf Hüfthöhe gehalten, wobei der Fotograf auf die Mattscheibe hinunterblickte und oft eine Haube trug, die das Licht abhielt. Die 1925 eingeführte Leica I war eine handlichere Variante der Spiegelreflexkamera. Die folgenden Modelle, die immer mehr Bewegungsfreiheit ermöglichten, spiegelten den Wandel in der fotografischen Praxis. Besonders hilfreich war dies für Fotojournalisten. In den folgenden 60 Jahren wurde das Format verbessert und ergänzt, angefangen bei Wechselobjektiven über eingebaute Lichtmesser bis zu Autofokus und integriertem Blitz. Das Aufkommen der Digitalkamera in den frühen 2000er Jahren machte den Film schließlich überflüssig.

WICHTIGE NEUERUNGEN

In den 1960er Jahren hatte die Spiegelreflexkamera ihre optimale Gestalt erhalten; nachfolgende Ausführungen brachten nur noch wenig Veränderung. Die Einführung der Olympus OM-1 im Jahr 1971 setzte die Standardisierung fort: Sie verfügte erstmals über ein Objektivbajonett, über das sich Wechselobjektive anschließen ließen, und eröffnete damit einen Markt für spezialisierte Objektivhersteller.

STRAIGHT PHOTOGRAPHY **S. 14** STRASSENFOTOGRAFIE **S. 17** FOTOJOURNALISMUS **S. 27**
PAPARAZZI **S. 38** PARADE, HOBOKEN, NEW JERSEY **S. 98** ALGIERS, LOUISIANA **S. 114** THE FALLING MAN **S. 144**

Langzeitbelichtung

HAUPTVERTRETER: NICÉPHORE NIÉPCE • ROBERT CAPA • MICHAEL WESELY • JONATHON KEATS • ALEXEY TITARENKO

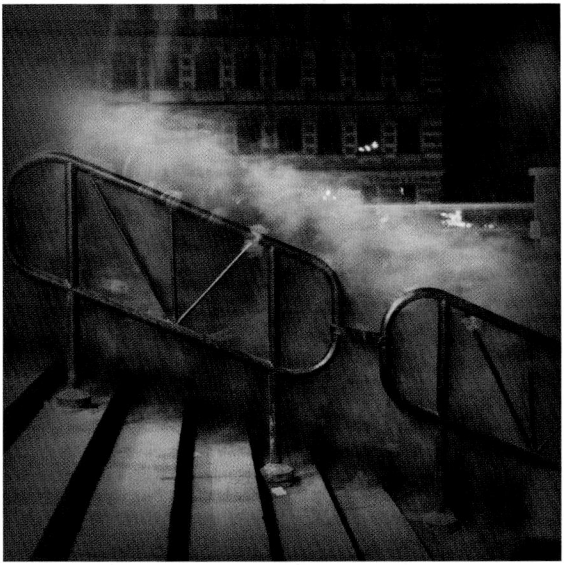

WICHTIGE NEUERUNGEN
Im postsowjetischen Russland nimmt Alexey Titarenko (geb. 1962) Bilder des Großstadtlebens auf, die durch den Effekt der Langzeitbelichtung auf die Vergangenheit und gleichermaßen auf die Gegenwart verweisen. Die vorbeieilenden Menschen gleichen geisterhaften Erscheinungen, während Gebäude und Straßen in ihrer unveränderlichen Form scharf wiedergegeben sind.

Menschen eilen aus der U-Bahn-Station, Sankt Petersburg, Russland, aus der Serie „City of Shadows", Alexey Titarenko, 1992

Die anfangs nötige Langzeitbelichtung entwickelte sich später zu einer Methode, mit der Bewegungsabläufe sichtbar gemacht oder vertraute Umgebungen verfremdet wurden.

Die eingeschränkte Technologie in der Frühzeit der Fotografie machte lange Belichtungszeiten zwingend notwendig. Nicéphore Niépces *Blick aus dem Arbeitszimmer von Le Gras* (siehe Seite 46) entstand in tagelanger Arbeit. Durch Verbesserungen der Filmgeschwindigkeit, der Objektivqualität und der Auslösemechanismen wurde eine genauere Darstellung der Welt erreicht. Doch die Langzeitbelichtung bot auch eine alternative Möglichkeit, Bewegungsabläufe einzufangen. Bewegte Menschen erhielten so verschwimmende Formen. Der nächtliche Autoverkehr hinterließ Lichtstreifen auf der Straße, und heranrollende Wellen erhielten ein seidig glänzendes Erscheinungsbild; ihr Aufschlagen auf die Felsen einen ruhigeren Tonwert. Mit der Langzeitbelichtung konnte auch eine Stimmung oder eine Perspektive betont werden. Robert Capas Bilder von der Landung der Alliierten (siehe Seite 92) zeigen, wie die Soldaten aus dem Wasser an den Strand und in das deutsche Gewehrfeuer laufen. Die verschwommene Darstellung fängt nicht nur die Bewegungsgeschwindigkeit, sondern auch das Durcheinander des Kampfes ein.

KRIEG **S. 24** FOTOJOURNALISMUS **S. 27** WISSENSCHAFTLICHE FOTOGRAFIE **S. 30** BLICK AUS DEM ARBEITSZIMMER VON LE GRAS **S. 46** LANDUNG DER ALLIIERTEN AM OMAHA BEACH, D-DAY, NORMANDIE, FRANKREICH, 6. JUNI 1944 **S. 92**

Blitzlichtfotografie

HAUPTVERTRETER: WEEGEE • LOUIS BOUTAN • CLARENCE SINCLAIR BULL • CECIL BEATON • SLIM AARONS

Das kurze Aufblitzen eines hellen Lichtes ermöglichte es den Fotografen, in den dunkelsten Umgebungen zu fotografieren.

Die Blitzlichtfotografie wurde erstmals Mitte des 19. Jahrhunderts entwickelt. Aus einer Kombination verschiedener Chemikalien wurde ein entzündliches Pulver hergestellt, das in einem kurzen, grellen Leuchten verbrannte, doch die Ergebnisse waren ungleichmäßig und das Verfahren war gefährlich. Edward Sonstadt hatte 1862 begonnen, mit Magnesium zu experimentieren, und in den 1880er Jahren waren Magnesiumlampen bereits leicht erhältlich. Zur gleichen Zeit kamen auch batteriebetriebene Blitzgeräte auf, allerdings mit eingeschränktem Erfolg. Erst mit Einführung der Blitzlichtbirne, die erstmals von Louis Boutan (1859–1934), dem Pionier der Unterwasserfotografie, genutzt wurde, fand ein effektives künstliches Licht Verbreitung. Die größte Wirkung entfaltet das Blitzlicht, wenn es die einzige oder die Hauptlichtquelle in einer dunklen Umgebung ist. In der amerikanischen Verbrechensfotografie von den 1930ern bis in die 1950er Jahre finden sich die kühnsten Beispiele für die Blitzlichtfotografie (siehe Seite 86). Zusammen mit der Paparazzi-Fotografie jener Zeit machte sie ein bei Zeitungslesern beliebtes Thema zur Sensation.

WICHTIGE NEUERUNGEN

Blitzlichtbirnen wurden erstmals 1929 in Deutschland kommerziell hergestellt. Die zunächst für den einmaligen Gebrauch bestimmten Birnen bestanden aus einem Glaskolben, in dem eine kleine chemische Explosion ausgelöst wurde. Nach Gebrauch wurden sie entsorgt. Um die Gefahr des Zersplitterns und des Verbrennens zu bannen, wurden die Birnen später mit einer Kunststoffschicht überzogen.

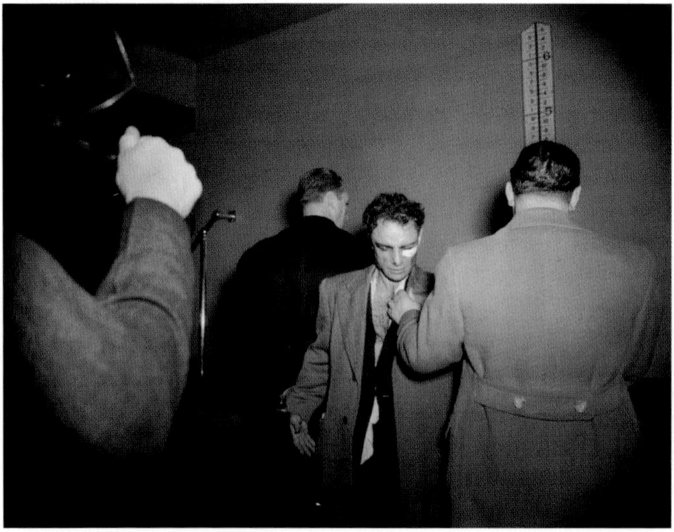

Cop Killer,
Weegee, 1941,
Gelatinesilberabzug,
23,5 x 30,5 cm,
International Center of Photography,
New York, USA

PORTRÄT **S. 15** FOTOJOURNALISMUS **S. 27** GLAMOUR **S. 32** MODE **S. 36** PAPARAZZI **S. 38** COP KILLER **S. 86** RUHM **S. 167** ALLTAG **S. 183**

Polaroid

HAUPTVERTRETER: ANDY WARHOL • DAVID HOCKNEY • LUCAS SAMARAS • ELSA DORFMAN • CHRISTOPHER MARKOS • MARIPOL • STEFANIE SCHNEIDER

Vor dem Aufkommen der Digitalfotografie bot die Sofortbildkamera als einzige die Möglichkeit, die fertige Aufnahme gleich anzusehen.

Der Physiker Edwin Land entwickelte in den 1920er Jahren als Student an der Harvard University erste Ideen zur Polarisierung von Licht, aber erst 1947 konnte er die erste Sofortbildkamera vorstellen. Die erste kommerziell vertriebene Polaroid-Kamera kam 1948 auf den Markt, und 1956 befanden sich mehr als eine Million solcher Kameras in 45 Ländern in Privatbesitz.

Die Polaroid-Kamera wurde zwar mehrfach modifiziert – das 600er Format ist zweifellos das Beste –, doch die Funktionen sind weitgehend gleichgeblieben. Es ist die perfekte Kamera für Schnappschüsse, die sofortige Ergebnisse liefert. Andy Warhol nutzte dies bei seinen verschiedenen „Happenings", um Prominente völlig ungeschönt einzufangen. Andere Fotografen folgten seinem Beispiel, darunter Maripol (geb. 1955) mit ihrer berühmten Serie über die Anfangsjahre von Madonnas Karriere. Zu den überraschenden Nutzern der Polaroid-Fotografie zählen die mehr „klassisch" orientierten Fotografen Ansel Adams und Walker Evans; sie holten aus den eingeschränkten Möglichkeiten des Mediums das Beste heraus, indem sie die Schärfe zugunsten einer abstrakteren Ästhetik vernachlässigten. David Hockney (geb. 1937) bediente sich der Sofortbildfotografie für seine Fotomontagen (siehe Seite 212) – eine Vielfalt von Bildern, die er zu einem großen Bild zusammenfügte.

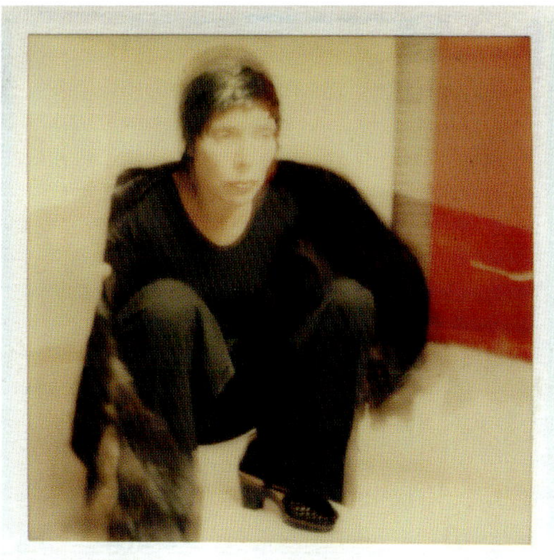

WICHTIGE NEUERUNGEN
Während eines Familienurlaubs im Jahr 1943 wurde Edwin Land von seiner dreijährigen Tochter gefragt, warum sie das Foto, das er gerade von ihr aufgenommen hatte, nicht sofort sehen könne. Nach drei Jahren des Experimentierens und Entwickelns präsentierte Land den Prototyp seiner Sofortbildkamera bei einem Treffen der Optical Society of America.

Joni Mitchell,
Ginny Winn, 1976,
Polaroid

PORTRÄT **S. 15** FARBE **S. 18** SELF-PORTRAIT IN DRAG **S. 120** RUHM **S. 167** ALLTAG **S. 183**

Fotomontage

HAUPTVERTRETER: OSCAR GUSTAVE REJLANDER • HENRY PEACH ROBINSON • JOHN HEARTFIELD • ALEXANDER RODTSCHENKO • LOLA ÁLVAREZ BRAVO • DAVID HOCKNEY

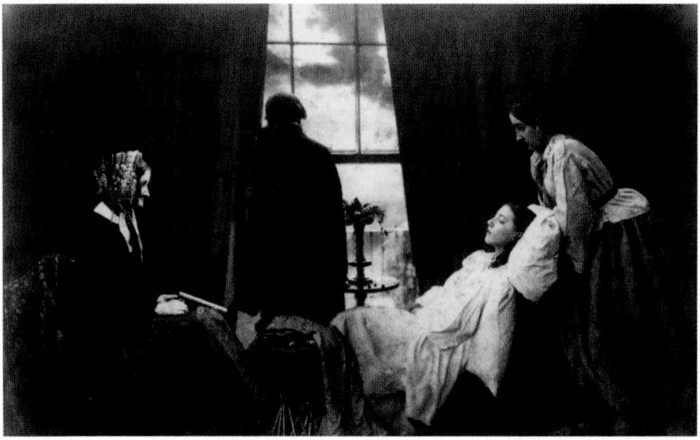

Die Sterbende, Henry Peach Robinson, 1858, Albuminsilbxerabzug

Die massenhafte Bildproduktion im viktorianischen Zeitalter ermöglichte es, Porträts und Landschaftsbilder auszuschneiden und zu fantasievollen Szenarien neu zusammenzufügen.

Das früheste bekannte Beispiel für ein Bild, das aus Teilen von Fotos komplett neu zusammengesetzt wurde, stammt von Oscar Gustave Rejlander: Sein *The Two Ways of Life* (1857) besteht aus 32 Einzelbildern. Dieses Verfahren, das damals unter dem Namen Kombinationsdruck bekannt wurde, wandte auch Henry Peach Robinson für sein düsteres Bild *Die Sterbende* (1858) sehr wirkungsvoll an. Postkarten, die sich dieses Effekts bedienten, erfreuten sich bis zum Ersten Weltkrieg großer Beliebtheit. Kurz danach erhoben die deutschen Dadaisten die Fotomontage zur Kunstform, und die Surrealisten verfolgten diesen Trend weiter. Die russischen Konstruktivisten dagegen benutzten die Fotomontage als politisches Werkzeug, um durch die Nebeneinanderstellung einzelner Bilder einen Propagandaeffekt zu erzielen. In jüngerer Zeit hat der Künstler David Hockney mit den Mitteln der Fotomontage eine Serie von Porträts und Landschaften geschaffen, darunter sein berühmtes *Grand Canyon with Ledge, Arizona* (1982). Durch die Digitalfotografie sind Fotomontagen einfacher geworden, doch wird über die damit einhergehenden ethischen Bedenken ebenso viel diskutiert wie beim Verändern des Bildausschnitts und der Fotomanipulation.

WICHTIGE NEUERUNGEN

Der deutsche Künstler John Heartfield (1891–1968) hat mit seinen politischen Fotomontagen große Wirkung erzielt. Seine Bilder, die er anfangs in Zusammenarbeit mit George Grosz (1893–1959) anfertigte, waren zur Zeit der Machtergreifung der Nazis extrem ausgeklügelt. Heartfield schuf 240 Fotomontagen der Nazizeit, bevor er 1933 in die Tschechoslowakei floh, von wo aus er Hitler und seine Partei weiterhin lächerlich machte. Als er 1939 nach England emigrierte, zählte er zu den fünf von den Nazis am meisten gesuchten Personen.

AVANTGARDE **S. 23** PROPAGANDA **S. 25** KUNST **S. 31** WERBUNG **S. 37** ALLTAG **S. 183** DOPPELBELICHTUNG **S. 200**

Fotomanipulation

HAUPTVERTRETER: MATHEW BRADY • BERNARR MACFADDEN • JOHN HEARTFIELD • NARCISO CONTRERAS

Im digitalen Zeitalter ist das Verändern von Fotos zu einer Selbstverständlichkeit geworden. Darüber wird leicht vergessen, dass es die Fotomanipulation schon fast so lange gibt wie das Medium selbst.

Ein Porträt von Abraham Lincoln aus den frühen 1860er Jahren zeigt ihn hoheitsvoll in einem Büro stehend. Was der Betrachter nicht weiß: Der Kopf des Präsidenten entstammt einem Porträt von Mathew Brady, der Lincoln sitzend abgebildet hat, während der Körper dem ehemaligen Vizepräsidenten John C. Calhoun gehört. In einem anderen Bürgerkriegsbild von Brady, auf dem William Tecumseh Sherman von einer Gruppe junger Union-Generäle umringt wird, wurde General Blair nachträglich hinzugefügt. In der frühen Fotomanipulation war es üblich, verschiedene Fotos zu einem neuen zusammenzusetzen. Mit dem technischen Fortschritt wurden die Veränderungen raffinierter. Wie auch immer die Umstände sein mögen: Die Fotomanipulation bringt ernsthafte Probleme mit sich. Sie kann ein wirkungsvolles Propaganda- und bisweilen Terrorinstrument sein. Sie hat auch die meisten Bereiche der Medien durchdrungen und ethische Fragen hinsichtlich der bei Lifestyle-Magazinen üblichen Veränderungen des äußeren Erscheinungsbilds von Models aufgeworfen.

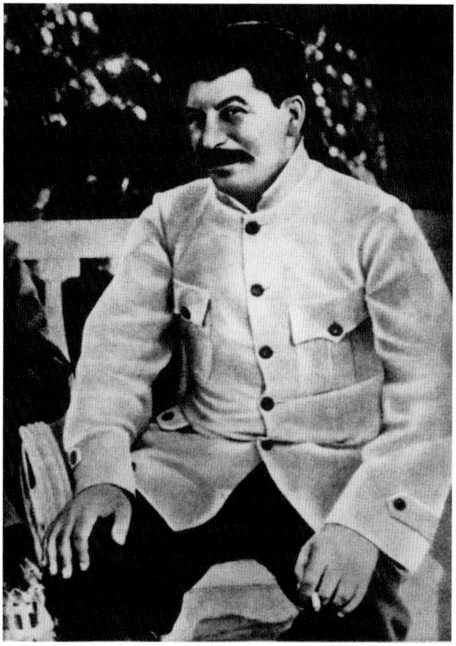

Porträt (retuschiert) von Josef Wissarionowitsch Stalin, unbekannter Fotograf, um 1930

WICHTIGE NEUERUNGEN

Der Sowjetführer Josef Stalin (1878–1953) ließ häufig Bilder manipulieren, um Mitglieder seiner Regierung, die in Ungnade gefallen waren, zu entfernen. Leo Trotzki (1879–1940) wurde aus unzähligen Bildern getilgt. Auch Bilder von Stalin selbst wurden manipuliert, um ihn jünger und staatsmännischer aussehen zu lassen (siehe oben).

PROPAGANDA **S. 25** FOTOJOURNALISMUS **S. 27** GLAMOUR **S. 32** MODE **S. 36** WERBUNG **S. 37** PAPARAZZI **S. 38** INSZENIERTE FOTOGRAFIE **S. 40** DOPPELBELICHTUNG **S. 200** BILDBESCHNEIDUNG **S.204**

Weichzeichnen

HAUPTVERTRETER: JULIA MARGARET CAMERON • GUSTAVE LE GRAY • PETER HENRY EMERSON • NICOLA PERSCHEID • CECIL BEATON • CLARENCE SINCLAIR BULL

Die technisch immer ausgereifteren Objektive gaben den Fotografen größere Kontrolle über ihre Bilder und ermöglichten ihnen, bestimmte Aspekte stärker hervorzuheben oder Hintergründe zwecks einer dramatischen Wirkung verschwimmen zu lassen.

Weichzeichnen meint das gezielte Verändern eines Bildbereichs oder des gesamten Fotos durch ein Abschwächen der Zeichnung oder des Kontrasts. Im 19. Jahrhundert wurde es womöglich durch eine beschädigte Linse hervorgerufen, die kugelförmige Abbildungsfehler erzeugte, wodurch am Rand der Linse mehr Licht eintritt als in der Mitte. Dadurch kann das Bild nicht auf einen scharfen Punkt fokussiert werden. Julia Margaret Cameron, die von vielen ihrer Kollegen für ihr mangelndes technisches Können kritisiert wurde, war eine der ersten Fotografen, die die Möglichkeiten des Weichzeichnens voll ausschöpften. Ihre Porträts, bei denen die Umgebung ihrer Modelle im Dunst verschwimmt, muten geradezu ätherisch an. Der Piktorialist Peter Henry Emerson war der Überzeugung, dass sich im Kontrast zwischen einem scharfen und einem weichgezeichneten Bild die Funktionsweise des menschlichen Auges widerspiegelt, das ebenfalls nur den zentralen Bereich eines Bildes scharf sieht. Im 20. Jahrhundert setzte die Glamour- und Modefotografie das Weichzeichnen als fotografisches Mittel kontrolliert ein. Weichzeichnerfilter ermöglichen auch mit dem feinsten Objektiv eine Verzerrung.

WICHTIGE NEUERUNGEN

Nicola Perscheid (1864–1930) praktizierte und lehrte Fotografie im frühen 20. Jahrhundert in Mittel- und Nordeuropa. Sein Spezialgebiet war die Porträtfotografie, und während er seine Kunst stetig weiterentwickelte, schuf er das, was heute als Perscheid-Objektiv bekannt ist. Das 1920 von der Emile Busch AG nach strengen Anweisungen Perscheids hergestellte Objektiv mit weichzeichnendem Effekt und großer Tiefenschärfe eignete sich insbesondere für großformatige Porträts.

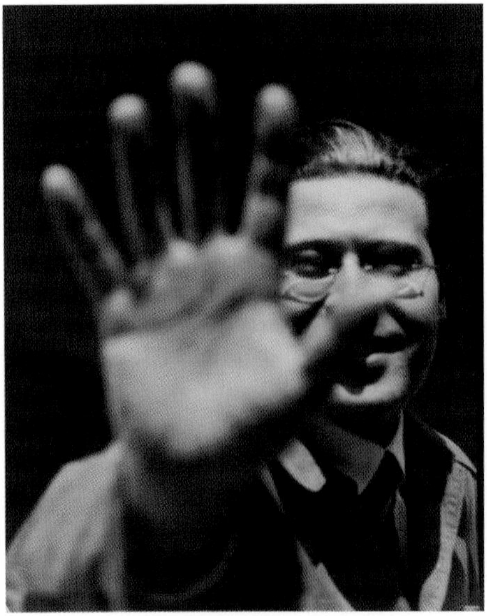

László Moholy-Nagy, Lucia Moholy, um 1925–1926, Gelatinesilberabzug, 25,6 x 20 cm, Metropolitan Museum of Art, New York, USA

PIKTORIALISMUS **S. 13** PORTRÄT **S. 15** GLAMOUR **S. 32** MODE **S. 36** BEATRICE **S. 56** STRUKTUR **S. 177**

Digitalfotografie

HAUPTVERTRETER: ANDREAS GURSKY • EDWARD BURTYNSKY • SEBASTIÃO SALGADO • ANNIE LEIBOVITZ • GREGORY CREWDSON

Die Digitalkamera machte den Film überflüssig. Fotografen konnten nun so viele Bilder aufnehmen, wie ihre Speicherkarte zuließ. Das erschütterte die Fotografie wie ein Erdbeben und brachte ernstliche Folgen hinsichtlich Wahrhaftigkeit und Ethik mit sich.

1957 scannte der Ingenieur Russell Kirsch ein Foto seines kleinen Sohnes und fertigte davon ein Digitalbild mit 176 x 176 Pixel an. Doch erst 1975 erfand der bei Eastman Kodak beschäftigte Ingenieur Steve Sasson die erste Digitalkamera. Kernstück des Apparats war das 1969 von George E. Smith und Willard Boyle in den Bell Laboratories erfundene CCD, ein lichtempfindlicher Chip, mit dem Bilder kurzzeitig gespeichert werden können. Im Jahr 1975 war die technische Entwicklung so weit fortgeschritten, dass auch Farbe festgehalten werden konnte. 1988 brachte Fuji die DS-1P auf den Markt, die erste volldigitale Verbraucherkamera, und im Laufe der folgenden 30 Jahre wurde die Digitalkamera immer ausgeklügelter. Die Probleme bei der Verwendung digitaler Bilder spitzten sich erstmals 1982 zu, als ein Foto der Pyramiden von Gizeh von Gordon Gahan (1945–1984) auf dem Cover des *National Geographic* abgedruckt wurde: Es war digital manipuliert worden, um es dem Format anzupassen. Daran entzündete sich eine Debatte über die Vor- und Nachteile der Digitalfotografie, die bis heute unvermindert anhält.

WICHTIGE NEUERUNGEN

Mit der zunehmenden Verfeinerung der mobilen Technologie ist es Fotografen möglich geworden, mit ihren Smartphones Bilder aufzunehmen, deren Qualität für den Abdruck in einem Printerzeugnis ausreichend hoch ist. Als die Spiegelreflexkamera des Fotojournalisten Michael Christopher Brown während einer Reportage über den Bürgerkrieg in Libyen 2011 beschädigt wurde, griff er auf sein iPhone zurück. Mit dem kleinen Gerät konnte er sich den Menschen und ihrem Handeln stärker nähern (siehe unten).

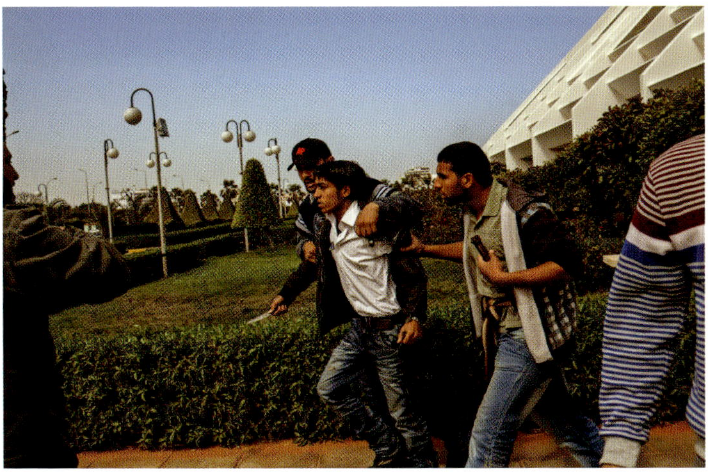

Libyen, 2. März 2011, Michael Christopher Brown, 2011

FARBE **S. 18** FOTOJOURNALISMUS **S. 27** MODE **S. 36** WERBUNG **S. 37** AMAZON **S. 150**
SALINEN #13 **S. 152** FOTOMANIPULATION **S. 213**

Register

Abbildungen sind durch *kursiv* gesetzte Ziffern gekennzeichnet.
Haupteinträge sind durch **fett** gesetzte Ziffern gekennzeichnet.

A

B

F

G

H

P

Q

R

S

T

U

V

W

Y

Z

Museen

Arbeiten aus den folgenden Museen und Institutionen werden in diesem Buch gezeigt:

FRANKREICH
Musée National d'Art Moderne, Centre Pompidou, Paris

DEUTSCHLAND
Hamburger Kunsthalle

GROSSBRITANNIEN
Jersey Museum and Art Gallery, St. Helier, Jersey
Royal Photographic Society, Bath

USA
International Center of Photography, New York
Library of Congress, Washington, D.C.
Metropolitan Museum of Art, New York, USA
Museum of Fine Arts, Houston, Texas
Museum of Modern Art, New York
National Archives, Washington, D.C.
Philadelphia Museum of Art, Philadelphia
The J. Paul Getty Museum, Los Angeles, California

Bildnachweis

10 The J. Paul Getty Museum, Los Angeles. **12** The J. Paul Getty Museum, Los Angeles. **13** The J. Paul Getty Museum, Los Angeles. **14** National Archives, USA. **15** Library of Congress. **16** The J. Paul Getty Museum, Los Angeles. **17** The J. Paul Getty Museum, Los Angeles. **18** Getty Images/Royal Photographic Society. **19** The J. Paul Getty Museum, Los Angeles. **20** Copyright Joel Meyerowitz. Courtesy Howard Greenberg Gallery. **21** The J. Paul Getty Museum, Los Angeles. **22.** The J. Paul Getty Museum, Los Angeles. **23** © 2017. Digital image, The Museum of Modern Art, New York/ Scala, Florence. **24** The J. Paul Getty Museum, Los Angeles. **25** Getty Images. **26** Getty Images. **27** © 2016 The Associated Press. Nick Ut/AP/REX/Shutterstock. **28** The J. Paul Getty Museum, Los Angeles. **29** Bert Hardy/Getty Images. **30** NASA. **31** © 2017. Christie's Images, London/Scala, Florence. **32** Getty Images. **33** © 2017. The Andy Warhol Foundation for the Visual Arts, Inc./Artists Rights Society (ARS), New York and DACS, London 2017. Photo Scala, Florence/bpk, Bildagentur fuer Kunst, Kultur und Geschichte, Berlin. **34** © Bruce Davidson/Magnum Photos. **35** Sonnabend Gallery, New York. © Estate Bernd and Hilla Becher. **36** Condé Nast/Getty Images. **37** Getty Images. **38** Ron Galella, Ltd/Getty Images. **39** © Gillian Wearing, courtesy Maureen Paley, London. **40** Getty Images/Gamma-Rapho. **41** Courtesy of the artist and Metro Pictures, New York. **42** © Maurizio Cattelan and Pierpaolo Ferrari, courtesy Damiani Editore. **43** © Alec Soth/Magnum Photos. **44** Getty Images/Gamma-Rapho. **46–47** Getty Images. **49** The J. Paul Getty Museum, Los Angeles. **51** The J. Paul Getty Museum, Los Angeles. **52–55** The J. Paul Getty Museum, Los Angeles. **57** The J. Paul Getty Museum, Los Angeles. **59** Getty Images. **61** The J. Paul Getty Museum, Los Angeles. **62–63** Getty Images/ Royal Photographic Society. **65** The J. Paul Getty Museum, Los Angeles. **67** © Man Ray Trust/ADAGP, Paris and DACS, London 2017/Scala, Florence. **69** © Rodchenko & Stepanova Archive, DACS, RAO 2017/Getty Images. **70–71** © Estate of André Kertész – RMN-Grand Palais. Image © Centre Pompidou, MNAM-CCI, Dist. RMN-Grand Palais /Jacques Faujour. **73** Condé Nast/Getty Images. **75** © Center for Creative Photography, The University of Arizona Foundation/ DACS 2017. Museum of Fine Arts, Houston, Texas, USA/Museum purchase funded by the Caroline Wiess Law Accessions Endowment Fund, The Manfred Heiting Collection/Bridgeman Images. **77** © Estate Brassaï – RMN-Grand Palais. Image © Centre Pompidou, MNAM-CCi, Dist. RMN-Grand Palais/Philippe Migeat. **79** Berenice Abbott/Getty Images. **81** Library of Congress. **83** The J. Paul Getty Museum, Los Angeles. **85** © 2017. Christie's Images, London/Scala, Florence. **86–89** Weegee(Arthur Fellig)/International Center of Photography/Getty Images. **90-91** National Archives. **92–93** Robert Capa © International Center of Photography/Magnum Photos. **94–95** Margaret Bourke-White/Time & Life Pictures/Getty Images. **96–97** Getty Images/Gamma-Rapho. **99** © Robert Frank, from The Americans. **100–101** Elliott Erwitt/Magnum Photos. **102–103** Slim Aarons/Getty Images. **105** © ADAGP, Paris and DACS, London 2017/ Scala, Florence. **107** Eve Arnold/Magnum Photos. **108–109** Mondadori Collection /UIG/REX/Shutterstock. **110–113** NASA. **115** © Eggleston Artistic Trust. Courtesy Cheim & Read, New York. **116–117** © 2016 The Associated Press. Nick Ut/AP/REX/Shutterstock. **118–119** Ian Berry/Magnum Photos. **121** © 2017. The Andy Warhol Foundation for the Visual Arts, Inc./Artists Rights Society (ARS), New York and DACS, London 2017. Photo Scala, Florence/bpk, Bildagentur fuer Kunst, Kultur und Geschichte, Berlin. **122–123** Courtesy of the artist and Metro Pictures, New York. **124–125** Courtesy of the artist. **126–129** Martin Parr/Magnum Photos. **131** Courtesy of the artist and Nathalie Obadia Gallery. **132–133** © Thomas Struth. **135** © Wolfgang Tillmans, courtesy Maureen Paley, London. **137** © Gillian Wearing, courtesy Maureen Paley, London. **139** Courtesy of the artist and Marian Goodman Gallery. **140–141** © Hiroshi Sugimoto. **142–143** © Nobuyoshi Araki/Courtesy of Taka Ishii Gallery, Tokyo. **144–145** Richard Drew/AP/REX/Shutterstock. **146–147** Courtesy of the artist. **148–149** © Gregory Crewdson. Courtesy Gagosian. **150–151** © Andreas Gursky. Courtesy: Sprüth Magers Berlin London/DACS 2017. **152–153** © Edward Burtynsky, courtesy Metivier Gallery, Toronto/Flowers Gallery, London. **154** Dennis Stock/Magnum Photos. **156** The J. Paul Getty Museum, Los Angeles. **157** Getty Images. **158** John Kobal Foundation/Getty Images. **159** © Estate Brassaï – RMN-Grand Palais. Image © Centre Pompidou, MNAM-CCi, Dist. RMN-Grand Palais/Philippe Migeat. **160** Library of Congress. **161** The J. Paul Getty Museum, Los Angeles. **162** The J. Paul Getty Museum, Los Angeles. **163** The J. Paul Getty Museum, Los Angeles. **164** Elliott Erwitt/Magnum Photos. **165** Eddia Adams/AP/REX/Shutterstock. **166** © ADAGP, Paris and DACS, London 2017/Scala, Florence. **167** Dennis Stock/Magnum Photos. **168** Berenice Abbott/Getty Images. **169** Courtesy of the artist. **170** Ian Berry/Magnum Photos. **171** Jacob Riis/Getty Images. **172** Reg Lancaster/Getty Images. **173** Bill Brandt/Picture Post/Getty Images. **174** Henri Cartier-Bresson/Magnum Photos. **175** Library of Congress. **176** © Andreas Gursky. Courtesy: Sprüth Magers Berlin London/DACS 2017. **177** Ernst Haas/Getty Images. **178** Courtesy of the Jersey Heritage Collections. **179** The J. Paul Getty Museum, Los Angeles. **180** Getty Images. **181** Bettmann/Getty Images. **182** © Zed Nelson, courtesy of the artist. **183** Martin Parr/Magnum Photos. **184** Hy Peskin/Getty Images. **185** Justin de Villeneuve/Getty Images. **186** Chris Steele-Perkins/Magnum Photos. **187** © Richard Prince. Courtesy Gagosian. **188** The J. Paul Getty Museum, Los Angeles. **190** Getty Images. **192** SSPL/Getty Images. **193** The J. Paul Getty Museum, Los Angeles. **194** Library of Congress. **195** The J. Paul Getty Museum, Los Angeles. **196** The J. Paul Getty Museum, Los Angeles. **197** The J. Paul Getty Museum, Los Angeles. **198** The J. Paul Getty Museum, Los Angeles. **199** © Stephen Shore. Courtesy 303 Gallery, New York. **200** The J. Paul Getty Museum, Los Angeles. **201** Imagno/Getty Images. **202** The J. Paul Getty Museum, Los Angeles. **203** Library of Congress. **204** The J. Paul Getty Museum, Los Angeles. **205** © Lee Miller Archives, England 2017. All rights reserved. www.leemiller.co.uk **206** Gjon Mili/The LIFE Picture Collection/Getty Images. **207** Steve McCurry/Magnum Photos. **208** Mondadori Collection/UIG/REX/Shutterstock. **209** © Alexey Titarenko. Courtesy Nailya Alexander Gallery, New York. **210** Weegee (Arthur Fellig)/International Center of Photography/Getty Images. **211** Ginny Winn/Michael Ochs Archives/Getty Images. **212** SSPL/Getty Images. **213** Getty Images. **214** © 2017 The Metropolitan Museum of Art/Art Resource/Scala, Florence. **215** Michael Christopher Brown/Magnum Photos.